U0844073

中国农民专业合作组织研究

——基于国家与社会关系的视角

李姿姿 著

全国百佳出版社
中央编译出版社
Central Compilation & Translation Press

图书在版编目(CIP)数据

中国农民专业合作组织研究——基于国家与社会关系的视角/李姿姿著.—北京:中央编译出版社,2011.12

ISBN 978-7-5117-1120-5

Ⅰ.①中…

Ⅱ.①李…

Ⅲ.①农业合作组织-研究-中国

Ⅳ.①F321.4

中国版本图书馆CIP数据核字(2011)第232405号

中国农民专业合作组织研究——基于国家与社会关系的视角

出 版 人 和 龑
策划编辑 贾宇琰
责任编辑 侯天保
责任印制 尹 珺
出版发行 中央编译出版社
地　　址 北京西城区车公庄大街乙5号鸿儒大厦B座(100044)
电　　话 (010)52612345(总编室)　(010)52612341(编辑室)
(010)66161011(团购部)　(010)52612332(网络销售)
(010)66130345(发行部)　(010)66509618(读者服务部)
网　　址 www.cctpbook.com
经　　销 全国新华书店
印　　刷 北京瑞哲印刷厂
开　　本 787毫米×1092毫米　1/16
字　　数 220千字
印　　张 14.25
版　　次 2011年12月第1版第1次印刷
定　　价 45.00元

本社常年法律顾问:北京大成律师事务所首席顾问律师　鲁哈达

凡有印装质量问题,本社负责调换,电话:(010)66509618

目　录

图表索引

图表索引

第一章 导 论

合作社作为一种人们基于各种需要而联合起来实行集体互助、自我服务的组织形式，是近代以来一种重要的群众性经济组织。从 1844 年世界上第一个合作社“罗虚戴尔公平先锋社”在英国诞生以来，合作社原则逐步扩展到世界各地，众多发达国家和发展中国家都进行了合作社建设。在中国，人们对合作社的认识从 20 世纪初由梁漱溟、晏阳初等有识之士带有理想主义的合作社最初尝试，到新中国成立前革命根据地实行的合作社实践，在新中国成立后“政社合一”的人民公社体制确立时达到顶峰，尽管人民公社已经不是真正意义上的合作社了。20 世纪 80 年代初，席卷全国的家庭联产承包责任制改革引发了农村社会急剧的组织变迁，农民在获得生产经营的自主权的同时，也从“三级所有，队为基础”的人民公社管理体制中解脱出来，集体经济被分配到户，合作社也连同人民公社体制的解体而成为历史。

十几年以后，当合作社已经被人们淡忘的时候，农民又以各种合作组织的方式组织起来，合作社再次出现在人们的生活当中。然而，不同的是，与人民公社相比，这次合作的性质和方式已经发生了根本变化，是在家庭承包责任制基础上的农民以独立的身份进行的自愿联合，具有了新的内涵和新的功能，是一种新型的农民合作经济组织。在这些新型农民合作经济组织当中，各种传统和集体的要素也以新的方式参与其中，与新出现的合作要求共同塑造了多种多样的农民合作形式，并在新旧要素的互动中发生着改变，形成了传统合作组织与新型合作组织、集体与个体、国家与社会相互融合的趋势，体现了一种新的国家与社会关系。

当前学界对农民合作组织的研究十分丰富，经济学学者对合作组织的组织类型、产权安排和制度绩效进行了深入探讨，政治学学者关注了农民组织与基层治理的关系，社会学学者则分析了以集体经济为基础的乡村再组织问题。但是，在这些研究中，农民合作组织都被看做一个相对独立的主体，没有将其置入更大的社会环境来讨论。本项研究试图用国家与社会关系的视角对当前的农民合作组织进行解读，通过对不同的国家层次与社会互动的分析，表明当前农民合作组织是多元化和多层次主体之间相互合作的结果。本章首先介绍研究的背景，然后回顾有关农民合作组织的研究文献，在此基础上阐明本项研究的基本思路，最后说明研究方法和全书的章节安排。

一、问题的提出

合作社是近代资本主义经济体制下的产物，是一种基于生产要素的组合而不是特定的所有制形式。1844 年世界上第一个合作社“罗虚戴尔公平先锋社”诞生后，建立了合作社原则，这些原则具体的内容随时间变迁发生了改变，不同国家的合作社也存在差异，但合作社的两条基本原则一直保留下来，即民主管理和剩余按照交易额返还，这成为鉴定一个组织是否是合作社的基本标准。

合作社这种经济社会组织产生之后，就成为很多发展中国家推动农村经济发展的一种政策选择。很多第三世界国家的政策制定者认为，通过集中农民的生产和销售，可以形成规模经济，从而避免小农经济存在的不足。合作社的民主管理原则也被认为可以实现农村经济、社会与政治发展的目标，即“保护其不致被市场排斥而边缘化，扩大生产与提高产量，使农村居民收入分配保持相对公平，通过民主治理，促进农民对农村事务的自主参与”①。因而在全世界，尤其是在发展中国家，合作社的发展和国家之间存在十分密切的

① 〔美〕安·赛德曼、罗伯特·赛德曼：《发展进程中的国家与法律：第三世界问题的解决和制度变革》，冯玉军、俞飞译，法律出版社 2006 年版，第 292 页。

关系。

合作社在中国的发展也经历了类似的过程。在近代中国，合作社从一种社会理念和民间实践逐渐上升为一种政府行为。最早传播合作理念的是孙中山、薛仙舟等人，他们受国外合作社思潮的影响将合作社思想传入中国，并将合作社看做是实现民生主义的一个手段。孙中山曾指出："有了合作社，就可以说是分配之社会化，就是行社会主义来分配货物"①，薛仙舟则主张通过合作改造民众，实现社会"合作共和"制度；在民间实践上，最早有华洋义赈会进行的乡村信用合作社、梁漱溟的乡村建设研究院和晏阳初的中华平民教育会，这些合作实践的目的是为了改变中国的积弱贫困，帮助农民摆脱愚昧，带有启发中国民智和改善民生的理想和愿望。1928 年，国民党政府设立合作事业指导委员会，1934 年颁布《中华民国合作社法》，开始了民国政府行政推动的发展路径。与此同时，20 世纪 20 年代以来在中国共产党的推动下也开展了合作社运动，1923 年在海陆丰农民运动中建立了农民协会和农民消费合作社，1927 年毛泽东在《湖南农民运动考察报告》中写道："合作社，特别是消费、贩卖、信用三种合作社，确是农民所需要的。"② 1932 年，中华苏维埃成立了合作社指导委员会后，合作组织得到大力发展，组建了消费合作社、信用合作社，并发展了农业生产互助活动，此后多种形式的合作社在苏区、边区和解放区发展起来，为革命政权的巩固和战争胜利打下了社会和经济基础。新中国成立初期，土地改革使农民成为自耕农，在农户缺乏生产资料的情况下，共产党根据自愿互利的原则实行各种形式的生产互助合作，组建了互助组和初级组，帮助农民调剂生产工具，克服了农户分散作业的困难。但是，此后国家通过集体化运动将农民组织进入高级社和人民公社，违背了农民的自愿原则，国家还建立了统购统销制度将农民的商品活动完全纳入国家的渠道，并将供销合作社和信用合作社也从农民的合作组织变为执行国家政策的工具。在国家的全面控制下，农民合作的自主性完全被压制。

---

① 孙中山：《孙中山全集》（第九卷），中华书局 1981 年版，第 375 页。

② 毛泽东：《湖南农民运动考察报告》，见《毛泽东选集》（第一卷），人民出版社 1991 年版，第 40 页。

改革开放以来，家庭联产承包责任制的实施和人民公社体制的解体，使农民从政治和经济双重管控中脱离出来，他们对国家和集体的依赖性逐渐减少。家庭联产承包责任制使农户成为独立的商品生产者，极大地释放了农民的生产积极性，农民有了自主创新和自由选择的机会；同时，随着购销体制的改革和市场机制的引入，农民逐步脱离了按计划生产和按计划交售的轨道，开始面向市场，社会和经济生活出现分化。

然而，尽管家庭联产承包责任制破除了人民公社对农民的组织控制，但并没有提供能真正满足农民对公共经济生活需要的制度安排。面对农村中出现的对集体的需求，一些农村地区以集体经济为依托重新将农民组织起来，从而出现了乡村的"再组织化"过程。部分学者将这一再组织化过程中对集体的回归称为"新集体主义"①。"新集体主义"的特点是以集体作为经济、政治和社会的组织者，充分发挥各个利益主体的积极性，通过社区经济、社会实体、联合、联营、股份合作制企业、集团公司等组织形式，将分散的资源拥有者联合起来，实现资源的有效配置和乡村经济的迅速发展。但是，随着改革的不断推进，乡村集体经济组织的制度安排也发生了变化，部分地区通过将集体经济承包给个人，变成了个人与集体合资或者个人控股；而乡镇企业的改制，也使得以集体所有制为基础的地方权威面临终结②，因此，社区合作组织往何处去成为一个新的问题。

与这一"再组织化"不同的是，另一部分农村地区则采用"合作"的方式来解决对组织的需求，这类农民合作组织以家庭承包经营为基础，以农民为主要成员，围绕某个专业或产品组织起来，在技术、资金、采购、销售、加工、储运、开发等环节开展互助合作，是农民自我服务、自我发展和自我保护的经济互助组织，组织内部实行民主管理、平等互利的原则。最初出现的是农村专业技术协会，主要由政府发动农业科技人员带头成立，负责为农

---

① 王颖：《新集体主义——乡村社会的再组织》，经济管理出版社1996年版，第197—208页。

② 邱泽奇：《乡镇企业改制与地方威权主义的终结》，载《社会学研究》，1999年第3期，第82—92页。

户提供信息、技术服务，着重于农业生产技术的推广、研制和开发。20世纪90年代后，农村出现了提供产前产后综合服务的农村专业技术协会，它们主要组织农业生产和农产品销售。进入2000年以来，合作组织进入了快速发展的阶段。2003年农业部的统计表明，我国有较规范的农民专业合作经济组织15万多个，其中入社农户2363万户，占全国农户总数的9.8%。①

同样是以农民为主体的联合组织，“再组织化”中的社区合作组织与农民专业合作组织却存在差别。（见表1－1）首先，在成员资格上，合作组织的成员资格是基于农民自愿选择的结果，是经营相同产业的农民的联合，而社区

表1－1　社区合作组织与农民专业合作经济组织的比较

项　目	农民专业合作经济组织	社区合作组织
经营主体	协会或合作社	集体企业
成员资格	后致的/开放的	先赋的/封闭的
地域界限	没有限制	行政村
组织结构	扁平的	等级的
权力核心	理事会	村组织

合作组织的成员资格是先赋的，只要是社区成员就获得成员资格，而不论是否经营相同的产业；其次，与成员资格相关联的是，合作组织没有地域限制，可以进行跨村、跨县的联合，而社区合作组织虽然其生产要素融于市场，可以进行跨村的经济活动，但是组织边界是固定的，一般以行政村为界；再次，合作组织是民主管理的横向结构组织，合作社的利润除保留公积金外在成员间公平分配，而社区合作组织是以村组织为核心的等级结构组织，集体收入以社区为单位在所有成员间进行再分配；最后，在合作组织当中，地方政府通常以间接的方式参与其中，而社区合作组织中政府直接参与经济发展，地方政府与集体经济形成了“情同父子、亲如兄弟”的连接体。② 合作组织可

① 郑文凯：《新时期农民专业合作经济组织的建设与发展》，见《中国农民合作经济组织发展论文集》，促进中国农民合作经济组织发展国际研讨会，2006年12月，第58页。

② 王颖：《新集体主义——乡村社会的再组织》，经济管理出版社1996年版，第18页。

以看成是具有现代意义的社团性质组织，而社区合作经济组织是具有前现代特点的共同体性质组织。

如果说以上是两种合作组织在结构和功能上的差异，那么两者实质性的差别则在于组织产权性质的差异。研究中国乡村的美国学者戴慕珍（Jean C. Oi）指出，集体所有制具有两层含义，第一层含义是，集体经济的产权是集体所有，但并不是中央政府，而是指乡村两级所有；第二层含义是，集体企业是集体所有而不是社区个人所有，成员通过乡村以福利的形式提供的公共产品获得收益。[①] 与之不同的是，合作组织是基于个体利益上的联合，合作社的产权由个人所有，成员通过入股的形式参与其中。因此，在合作组织当中可以看到多元化的参与主体。例如，黄祖辉将农民合作组织的产权安排分为三类：协会、合作社和股份合作社，在股份合作社中，由农业企业、农技推广单位、基层供销社和农村精英出资为股东，再吸收少量社员股金组建[②]，潘劲则指出参与合作组织的单位有地方政府、科协、农机推广站、农牧局等部门、供销社、企业、专业技术能手和社区组织等[③]。

由此可见，不同的产权安排体现国家在农民合作组织中能够发挥的不同作用。在社区合作组织中，集体的产权安排导致经济分层与权力分层相互交织，农村能人、村组干部和政府官员联结成或公开或隐蔽的联盟，组成介于国家和私人的中间组织。[④] 对这样的中间组织，张静指出，尽管“工业和商业

---

① Jean C. Oi, “The Collective Foundation for Rapid Rural Industrialization”, Vermeer, Edward B., Frank N. Pieke and Woei Lien Chong (eds.), *Cooperative and Collective in China's Rural Development: Between State and Private Interests*, Armonk, N. Y.: M. E. Sharpe, 1997, p. 93.

② 黄祖辉：《中国农民合作社的制度安排》，见中国（海南）改革发展研究院编：《中国农民组织建设》，中国经济出版社2005年版，第263页。

③ 潘劲：《合作社理论与中国农村合作社实践》，中国社会科学院农村发展研究所2001年资料，第54—55页。

④ Edward B. Vermeer, Frank N. Pieke and Woei Lien Chong (eds.), *Cooperative and Collective in China's Rural Development: Between State and Private Interests*, Armonk, N. Y.: M. E. Sharpe, 1997.

发展改善了地方就业和生活水平，但是它仍然是以权力垄断和派生关系的非市场原则为基础的”①。因此，在这当中形成了一个介于国家和个人的中间地带，权力主要集中在乡村两级政治权威手中。而合作组织中的权力安排由股金结构和组织章程决定，成员之间是一种平等的关系，权力集中在由成员民主选举的理事会中。因此，与社区合作相比，合作组织不是一个居于国家和私人的中间地带，而是一个集体和个体力量相互交融的场所，集合了国家与社会的各种要素，在其中公与私、国家与社会以包容的而不是排他的方式结合。

转型时期的社会结构处于急剧的变迁当中，不同利益主体之间的关系也处于动态的变化过程中，是以合作组织中不同主体之间的利益联结方式也必然是多样的。有学者对江苏省75家农民专业协会的考察发现，其中38家由经济实体牵头成立，30家专业协会不从事经营，其中18家由政府官员担任会长，另有12家则由经济大户兼任会长，完全实行按惠顾额和交易额分配的很少。② 这体现了我国农民合作组织还处于起步阶段，发展还不完善，同时也说明合作组织中利益主体的多元化，不同主体之间的权利还未界定，利益博弈正处在一个动态的过程中。其中，我们最为关注的是政府在农民合作组织中的参与和作用，因为这对合作组织产生和发展的宏观和微观环境都有至关重要的影响。对于这样一种国家和农民的互动关系，现在我们对它的了解还是远远不够的，对这种互动关系进行现象归纳和理论探讨，将有利于我们更深入地理解中国的国家与社会关系，也有益于一个更合理的农民合作组织制度安排的出现。

基于此，这里试图将农民合作组织置于一个更大的社会环境中，从国家与社会关系的视角来探讨农民合作组织中传统的国家力量与新兴的社会力量之间的互相型塑关系。

① 张静：《基层政权：乡村制度诸问题》，浙江人民出版社1998年版，第292页。

② 应瑞瑶：《合作社的异化与异化的合作社——兼论中国农业合作社的定位》，载《江海学刊》，2002年第6期，第70页。

二、文献回顾

农民合作组织问题已经得到学界的广泛关注，相关的研究也十分丰富，不同领域的学者从自身的专业视角出发，对农民合作组织进行了研究。总体来看，现有研究集中于经济学、政治学和社会学三个领域，这些研究发现十分有助于我们对农民合作组织的理解。

（一）经济学领域的研究

20 世纪 80 年代末，国内学术界围绕合作社理论进行了系统研究，尤其对合作社概念进行了讨论，一部分学者对合作社采取较为广义的定义，认为合作经济包括了两个或两个以上合作者投资兴办的经济实体，或者认为合作经济包含联合从事经济活动的各种经济形式；① 另一部分学者对合作社采取狭义的定义，认为不能将所有带“合”字的组织形式都当做合作经济，主张以历史上形成特定含义和国际公认的合作社原则来定义合作社。② 随着对合作社认识的逐步深化，90 年代以来，学者基本认同第二种观点，即认为合作社是具有国际合作社原则的经济组织。③ 按照 1995 年国际合作社联盟对合作社的定义，合作社是人们自愿联合、通过共同所有和民主管理的企业，来满足共同的经济和社会需求的自治组织。合作社的基本原则体现在以下几个方面：成员自愿加入和自愿退出；内部实行民主管理，一人一票；利益分配按照社员的惠顾额分配；资本报酬有限。

20 世纪 90 年代初，农民合作组织在中国开始缓慢发展，并且出现了股份合作制等组织创新，学界对合作组织的分析从理论分析转向现实探讨，通过

① 李添：《对农村合作经济的再认识》，载《学术研究丛刊》，1985 年第 3 期，第 68—71 页；刘亚明：《合作经济概念的探讨》，载《北京农村经济》，1986 年第 2 期。

② 杨坚白：《合作经济学概论》，中国社会科学出版社 1990 年版，第 13 页。

③ 张晓山：《走向市场：农村的制度变迁与组织创新》，经济管理出版社 1996 年版；杜吟棠主编：《合作社：农业中的现代企业制度》，江西人民出版社 2002 年版，第 1—25 页。

回顾和检视新中国成立以来中国合作社的发展历程，为改革开放后合作组织实践中出现的问题提供借鉴。这一时期对合作组织进行综合分析，讨论的内容包括股份合作制、土地股份制、供销社改革问题、合作社在市场经济中的作用等。[①] 为了借鉴国外合作经济的经验以促进中国合作组织发展，这一时期对国外合作运动也进行了介绍。[②]

随着农民合作组织数量的增加和作用的加强，人们从对合作组织的讨论从综合分析进入分类探讨，开始出现专门针对农民专业合作经济组织的文章和专著。面对类型多样的农民合作组织，学界首先不得不对各种合作组织进行类型学的区分。部分学者将合作组织分为新型合作组织与传统合作组织，指出供销社、信用社和社区集体经济组织是传统的农民合作组织，它们在计划经济体制下失去了合作性质，尽管改革开放后进行了恢复合作性质的改革，但它们在产权性质、组织结构和成员资格等方面都不具备合作经济的特征；新型农民合作组织是指改革开放以来以农民为主体进行的各种联合形式，它基于农民对重新合作的需求而产生，采取了灵活多样的制度安排，在联合农民共同参与市场竞争发挥了积极作用。[③]

尽管学界在传统与新型农民合作组织分界的认识上基本一致，但对什么是新型农民合作组织却存在分歧：有的学者认为，只有合作社和专业技术协会才属于新型农民合作组织[④]，有的学者指出，以土地入股的形式建立的社区性合作社因其将集体股份量化到个人，也是一种新型农民合作组织[⑤]；有的学

---

① 秦柳方主编：《中国各种经济合作社》，中国文史出版社 1994 年版；江惠生主编：《合作经济理论与农村改革》，华南理工大学出版社 1995 年版。

② 徐更生、熊家文主编：《比较合作经济》，中国商业出版社 1992 年版；王树桐：《世界合作社运动史》，山东大学出版社 1996 年版；毕美家、管爱国主编：《亚洲农村合作社经济》，中国商业出版社 1997 年版。

③ 魏道南、张晓山：《中国农村新型合作组织探析》，经济管理出版社 1998 年版，第 3—4 页。

④ 徐旭初：《中国农民专业合作经济组织的制度分析》，经济科学出版社 2005 年版，第 46—48 页。

⑤ 王景新：《乡村新型合作经济组织崛起》，中国经济出版社 2005 年版，第 111—114 页。

者指出，农业行业协会是实行行业管理的非营利社会团体，不是市场经济组织，不应该包括在新型合作组织之内[①]。这些分类既涉及理论讨论，也关系到实践问题，尤其在合作组织的立法过程中，对合作组织概念的内涵和外延的界定决定了国家对合作组织的管理体系，因此受到学者的广泛关注和讨论。[②]

在上述概念探讨和类型研究的基础上，学者对于农民合作组织的研究集中在两个向度：一是解释农民合作组织的出现和持续发展；二是评判农民合作组织的出现和发展与社会环境之间的互动关系。

在解释农民合作组织出现和发展的问题上，主要的研究进路有两类：一是从宏观制度方面作出的解释，即认为农民合作组织出现和发展关键在于合作组织的制度安排存在着特定的优势，因而社会客观要求农民合作组织的出现和发展，这类研究着重考察这些特定的制度安排是什么；二是从个体行为角度提出的解释，即认为农民合作组织的出现和发展关键在于农民对合作有特定的需求和具备特定的合作能力，因而农民的行为选择为合作组织的发展准备了不可或缺的基础，这类研究关注于农户的合作意愿和个体特征。

从宏观制度解释来看，主要强调制度需求和制度供给两个方面：从制度需求来看，农业生产对自然条件的依赖性、农业生产的地域分散性和相对于市场的滞后性，使合作经济组织成为农业生产的必然选择，而农民专业合作经济组织的制度安排可以使农户利益得到改善，获得规模经济，降低交易费用，提高农民的市场进入能力，协调降低风险等，使农民所在的经济体系变得更有效率；从制度供给来看，改革开放以来农村社会的各种组织难以承担组织农民进入市场的责任：集体经济组织从农民的生产服务中退出，政府涉农部门受传统体制的束缚，服务功能弱化，供销社和信用社成为与农民只是一般商品交换关系的半官半商组织，它们无法提供农业社会化服务、维护农

---

① 胡剑锋、文聪：《农业行业协会：利益代表而非经济合作》，载《浙江大学学报（人文社会科学版）》，2004年第5期，第21—22页。

② 应瑞瑶、何军：《中国农业合作社立法若干理论问题研究》，载《农业经济问题》，2002年第7期，第2—4页。

民合法利益，促使农民自发形成合作组织。①

从个体行为解释来看，主要强调农民的个体特征、合作意愿和合作行为三者之间的关系。通过采用问卷调查的方法，这些分析发现，农户参与合作组织的意愿受户主的文化程度、生产的商品化程度和农户从事的农产品种类等因素的综合影响。农户对加入合作组织表现了较高的意愿，但是由于缺乏对合作知识的了解，个体之间存在较高的协调成本；农村中缺乏有经营能力和奉献精神的带头人，使得合作意愿与合作行动之间还存在很多不确定性因素；农民自发形成合作组织比较困难，呈现较高的组织意愿和较低的组织参与并存的现象，从而使农户对政府存在较强的依赖性，有相当一部分农户希望由政府领办合作组织。这些分析不约而同地表明，农民有合作意愿并不自然形成合作组织，外部力量的推动也起着至关重要的作用，其中政府的政策支持是农民合作形成的重要保证。②

与对农民合作组织形成机制的研究相比，评判农民合作组织的出现和发展与社会环境之间的关系的研究还未充分展开，主要集中于对合作组织与政府关系的分析。这一研究取向主要从两方面展开：一方面，借鉴国际经验，指出中国政府在合作组织发展中的规范性角色和作用。有学者从政府提供服务的内容出发，指出国家与农民合作组织的良性互动对于农民合作组织的健

① 黄祖辉：《农民合作：必然性、变革态势与启示》，载《中国农村经济》，2000年第8期，第4—5页；徐旭初：《中国农民专业合作经济组织的制度分析》，经济科学出版社2005年版，第103—123页；Achim Fock and Jun Zhao，“Farmer - controlled Organizations in China：Pushed Forward or Taking - off?：An Assessment against International Experience”，Paper presented at International Conference on Promoting the Development of Farmer Cooperative Economic Organization in China，Beijing，Dec. 16 - 17，2006。

② 孙亚范：《现阶段我国农民合作需求与意愿的实证研究和启示——对江苏农户的实证调查与分析》，载《江苏社会科学》，2003年第1期，第204—208页；郭红东、蒋文华：《影响农户参与专业合作经济组织行为的因素分析——基于对浙江省农户的实证研究》，载《中国农村经济》，2004年第5期，第10—16页，第30页；石敏俊、金少胜：《中国农民需要合作组织吗？——沿海地区农户参加农民合作组织意向研究》，载《浙江大学学报（人文社会科学版）》，2004年第5期，第35—43页。

康成长和加速农村经济的市场化进程至关重要，政府应该通过提供立法、政策扶持、公共物品等方面进行支持，而不应该介入合作组织的日常经营中；有学者则从政府参与合作组织的不同阶段出发，认为在合作社起步阶段，国家应该对合作组织提供帮助，包括组织合作社教育、合作社立法、提供各种优惠服务、实行财政援助以及传播技术和管理知识等，弥补个人主动性不足的问题，但是合作组织发展成熟后应该自力更生，降低政府的干预；① 另一方面，则从中国的具体实际出发，探讨中国政府与合作组织关系的特殊性。部分学者指出，不同于西方国家以宽松的政策环境来支持专业合作组织的发展，我国各级政府更多地采取行政介入方式，使农民专业合作组织从一开始就与各级政府部门衍生出十分复杂的关系，表现出较为明显的行政主导趋向，但合作组织在保护农民利益方面已经开始发挥作用。② 现有研究对农民合作组织与乡村政权组织等其他社会要素之间的相互关联还未涉及，尚有待进一步研究和探讨。

从总体上看，经济学领域对农民合作经济组织的研究最为集中，其主要关注合作组织的组织性质、产权结构和制度绩效，采用制度分析、理论阐述、个案比较和抽样统计的方法，为我们提供了中国专业合作组织发展的基本框架和整体图景。

（二）政治学领域的研究

在政治学领域，学者的关注点集中在国家、村社与农民三者的关系中，著述颇多，现选其中有代表性的概述。作为一项曾对中国农民生活产生巨大影响的农村合作化运动，人民公社首先得到政治学学者的关注，对人民公社

---

① 苑鹏：《中国农村市场化进程中的农民合作组织研究》，载《中国社会科学》，2001 年第 6 期，第 72—73 页；张晓山、苑鹏：《合作经济理论和实践》，中国城市出版社 1991 年版。

② 黄祖辉：《农民专业合作组织发展的影响因素分析——对浙江省农民专业合作组织发展现状的探讨》，载《中国农村经济》，2002 年第 3 期，第 19—20 页；郭晓鸣、曾旭晖：《农民合作组织发展与地方政府的角色》，载《中国农村观察》，2005 年第 6 期，第 25—26 页。

进行了相关讨论，其中比较具有代表性的是秦晖提出的小共同体与大共同体的观点。他从中国的“大共同体本位”传统出发，解释“为什么‘小私有’的中国农民比俄国村社农民更易于被集体化”这一公社建立之谜。① 他认为，自秦以来确立的一元化统治的法家传统压抑了小共同体的生长，使缺乏自治纽带的农民无法抵御大共同体的侵害，从而使集体化在中国迅速得以实行，很少受到抵抗。因此，秦晖指出，在大共同体本位的中国，公民权利的发展障碍主要来自国家，主张通过小共同体来保护公民权利，实现中国的现代化转型。② 沿着这一理路，秦晖认为当前的农民合作组织可以看做是具有小共同体性质的组织，它起着维护农民权利的作用，进而认为促进农民合作组织发展最重要的条件在于打破城乡二元格局，国家赋予农民平等的权利。

如果说以上研究是从农民的权利出发的，那么另一部分研究则强调农民的组织能力。他们对中国农民是否具有合作的能力提出质疑，认为通过形成农民合作组织来应对市场和自然风险存在诸多障碍。他们认为，农民是高度原子化和利益计算短期化的，由于合作的收益较小而成本却可能很高，农民可能不愿意支付合作成本，使农民自发的合作很难持续下去。因此，这一研究强调社区内部制度环境与外部力量对农民合作的影响，通过对社区内部制度环境的考察，学者发现在具有乡村精英和社区记忆的村社，农民合作可以自发形成，而缺乏这些条件的社区则合作难于形成和持续。在不具有内生的合作能力的村庄，县乡行政力量的渗透就成为必然，但需要对这种自上而下的行政权力进行限制。③

在农民合作产生机制进行分析的基础之上，学者对农民组织的具体形态

---

① 秦晖：《农民中国：历史反思与现实选择》，河南人民出版社 2003 年版，第 253—274 页。

② 张乐天也对人民公社进行了解释，他认为人民公社中国家对乡村的强制性渗透破坏了千百年来形成的村落传统，最终导致公社体制的崩溃，因而认为“村落传统”是中国传统的关键。见张乐天：《告别理想：人民公社制度研究》，东方出版社 1998 年版，第 53 页。

③ 贺雪峰：《乡村治理的社会基础——转型期乡村社会性质研究》，中国社会科学出版社 2003 年版，第 203—214 页；贺雪峰：《市场经济下农民合作能力的探讨》，载《探索与争鸣》，2004 年第 9 期，第 18—20 页。

展开了讨论。首先，部分学者对农民组织进行了类型学研究，将农民组织分为经济组织、政治组织和农民社区自治组织的不同类型，强调农民组织作为利益集团参与政治过程的作用，主张农民成立自己的组织表达利益，并进而影响政治决策。① 其次，就如何看待农村中传统组织的复兴及新出现的非政府组织的作用进行了讨论，一部分学者指出应该利用农村的传统的自组织资源，并将之导入现代国家的法治轨道实现对农村的改造，另一部分学者指出农村新兴的非政府组织起着沟通村民和政府，保护村民利益的作用，从总体上推进了农村的民主和善治。② 最后，部分学者提出需要建构新的农民组织，比如农会，他们提出借鉴我国台湾地区的农会和日本农协的经验，在中国成立以农民为主体、体现农民意志和利益的农民组织，这种组织不仅仅是经济组织，而是具有保护农民利益、表达农民意愿功能的农民政治组织；但是也有学者怀疑现行制度安排下这一类组织是否能真正做到保护农民利益，因此对这一问题的讨论深入到国家整体制度安排等更为宏观的层面。③

总体而言，政治学学者强调农民组织对农民利益的保护功能以及与国家制度结构和乡村治理的关系，关注合作组织与社会、政治结构之间的关联，较少关注合作组织内部治理问题。

（三）社会学领域的研究

社会学对合作组织的关注主要集中于对改革开放以来非农化村庄的再组织现象进行解释，对农民专业合作组织的研究则是作为这一大背景中的一个

---

① 程同顺：《中国农民组织化研究初探》，天津人民出版社 2003 年版，第 25—31 页。

② 张鸣：《来自传统世界的资源》，载《读书》，2003 年第 1 期，第 151—152 页；俞可平：《中国农村民间组织与治理的变迁——以福建省漳浦县长桥镇东升村为例》，见俞可平：《中国公民社会的兴起与治理的变迁》，社会科学文献出版社 2002 年版，第 29—66 页。

③ 于建嵘：《农会组织与建设新农村》，载《中国农村观察》，2006 年第 2 期，第 71—78 页；党国英：《乡村低水平制度均衡的破解路径》，载《战略与管理》，2003 年第 4 期，第 34—49 页；赵树凯：《乡村治理：组织和冲突》，载《战略与管理》，2003 年第 6 期，第 1—8 页。

分支存在的。

所谓村庄“再组织”是指这些村庄在产业及土地使用上向第二、三产业转化的过程中，以集体行动的方式在村域内发展非农产业，形成了以集体经济为基础的社区合作组织。王颖通过对20世纪90年代上半期广东南海市农村再组织过程的实证研究，提出了“新集体主义”观，她指出“新集体主义”体现的是一种以个人利益为基础，以共同富裕为目标的社会合作精神，它兼顾个人、集体和国家的利益，摆脱了意识形态的、以根本利益一致为前提的利益关系协调模式，组织结构上以集体社区为基础，同时又借助经济组带扩展了组织整合的广度与力度。① 如果说王颖分析的社区合作是政府推动和农民自组织相结合的产物的话，那么“内源性发展”概念则更适合解释以村庄为主体的社区再组织过程，折晓叶认为村庄合作体系是在内部条件不断成熟的条件下产生的，是以农民为主体的，它受到国家大共同体的影响，同时村庄也以自身的视角解读大共同体传统，对大传统进行再建构。② 此后，类似的研究理路对这一现象从不同角度进行了研究，相继提出了“村庄单位化”、“新传统主义”等说法，在一定程度上丰富了经验研究，使这一理论更具有解释力。③

但是，随着乡镇企业转制的结束，学者开始对这些“超级社区”面临的问题进行反思，部分学者强调改制对再组织社区中村社权威的影响，认为集体制和地方政府经营的方式造成了这些乡镇企业的弱势性格，使其在市场竞争中必然走向改制，而改制则标志着地方权威主义的终结和公社制度性遗产的失效；另一部分学者强调改制对再组织中的公共物品来源的影响，认为在乡村企业改制中，大部分村社区没有保留集体股份，而是把少部分股份量化

① 王颖：《新集体主义——乡村社会的再组织》，经济管理出版社1996年版，第197—203页。

② 折晓叶、陈婴婴：《社区的实践——“超级村庄”的发展历程》，浙江人民出版社2000年版，第3—30页。

③ 毛丹：《一个村落共同体的变迁——关于尖山下村的单位化的观察与阐释》，学林出版社2000年版；项继权：《乡村集体化与民主化——若干乡村的实证分析》，载《中国农村观察》，1999年第2期，第53—58页。

到村民个人，很多乡村企业又把量化到个人的股份回购，这样，村社区合作方式就由于集体产权的弱化而发生了转型，重新转变为以个人联系和亲缘关系为主导。① 这些研究表明，以集体经济为依托的社区合作组织向何处发展依然有待探索。

在“再组织”的理论框架下，学者对农民专业合作组织有所涉及，但是都将其纳入社区合作体系分析，指出各种专业技术协会、合作社都是乡村再组织的一部分，强调农民合作与社区合作的共性，因此很少关注两者的不同之处。

此外，也有一部分学者从第三部门的角度出发来看待农民合作组织。例如，折晓叶在《荷兰农业合作组织的中介功能及其启示——兼谈农民与市场的中介问题》一文中对经济不发达的农业地带农民的合作方式进行了探索性研究。王颖在《社会中间层——改革与中国的社团组织》一书中提到了专业合作经济组织，将其作为连接国家与社会的中介组织。杨团的《延安市农民技术经济组织调查报告》是专门针对专业合作经济组织的分析，通过对延安市农民技术经济合作组织的调查，作者认为随着国家和集体从农村生产领域的撤退，原来由国家承担的管理社会的权力空间需要新的组织来填补，而农村专业技术协会作为农村中最重要的第三部门，是连接国家与农民的中介组织，建议政府放开涉农领域，将部分权力转移给农民专业技术协会，形成政府与专业技术协会之间的合作关系。②

社会学领域对农民合作的研究表现出对村社及其内部关系的关注，强调村庄传统资源在市场化过程中勾连传统与现代、村庄与城市、国家与农民的作用。研究一方面强调村庄对外部环境的适应，另一方面也指出村落共同体故有的内聚性和封闭性带来的问题。由于社区合作大多是发生在经济发达、

① 邱泽奇：《乡镇企业改制与地方威权主义的终结》，载《社会学研究》，1999 年第 3 期，第 82—92 页；毛丹：《中国农村公共领域的生长——政治社会学视野里的村民自治诸问题》，社会科学文献出版社 2006 年版，第 102 页。

② 王颖：《社会中间层——改革与中国的社团组织》，中国发展出版社 1993 年版，第 45—48 页；折晓叶：《荷兰农业合作组织的中介功能及其启示——兼谈农民与市场的中介问题》，载《管理世界》，2002 年第 6 期，第 195 页；杨团：《延安市农民技术经济组织调查报告》，见中国社会学网：www. sociology. cass. cn，2006 年。

从农业向工业变迁的地区，而农民合作组织更多产生于集体经济不发达，以农业为主要产业的村庄，因此这些理论不能直接用来解释农民合作组织的产生和发展，但是为更好地理解农民合作提供了必要的理论准备。

既有的关于农民专业合作组织的研究十分丰富，且已达到相当的深度，因而对我们进一步理解合作组织提供了必要的理论背景和知识准备。但是，既有研究也表现出某些缺陷。首先，各学科关注自身的研究偏好，学科之间缺少有效的沟通。比如，政治学与社会学着重研究农民组织与乡村社会之间的关系，较少单独关注合作经济组织这一特殊的组织类型，而经济学的研究往往关注合作经济组织的制度安排与经济绩效，很少对合作组织产生的社会作用进行分析。其次，现有研究注重合作组织的内部结构，对合作组织与其他主体之间的关系分析不充分，尤其对合作组织与村组织、乡镇政府以及其他涉农机构的关系很少涉及，研究缺乏深度和广度。最后，现有研究大多注重合作组织产生的微观环境，缺乏对宏观环境的分析，比如各级基层组织、经济组织以及非政府组织等之间的关系，以及中央、地方与乡镇政府的关系，事实上，只有通过理解这些外部环境，才能够更好地认识农民合作组织。

三、研究设计、概念界定与研究方法

（一）研究设计

从以上对合作组织研究的简单回顾可以发现，现有研究倾向将农民合作组织当做一个独立的组织来分析。然而，这样一个分析视角对处于制度变迁中的中国农村来说过于简单，它忽略了合作组织所处环境的多样性，以及不同主体之间互相影响的动态过程，而这些都对中国农民合作组织的形成和发展起着关键的作用。因此，这里将其放到更大的社会环境中，从国家与社会关系的角度来考察合作组织的发展。

国家与社会关系是政治学长期以来关注的一个话题。在以往的研究中，人们往往通过国家—社会二分法来看待问题，认为国家与社会是零和博弈的关系。但是，自20世纪90年代以来，人们逐渐打破了这种二分的视角，以米格代尔（Joel S. Migdal）、埃文斯（Peter B. Evans）、奥斯特罗姆（Elinor Ostrom）为代表的学者提出了国家在社会中、国家与社会共治、公与私的合作伙伴关系等理论，认为国家与社会存在合作与互补的关系，二者是互相型塑的。[①] 这一观点得到国内学者的认可，邓正来和景跃进在《建构中国的市民社会》中提出了市民社会与国家关系的"良性互动说"，指出在转型时期的中国，一个适度有效的国家是市民社会健康发展的保障。[②] 在这里，国家与社会是辩证的关系，通过国家与社会的互相赋权，一个更为强大的国家和社会可以同时存在。基于这一理论，本书的研究逻辑如下：

首先，国家是合作组织产生和发展最重要的影响因素。与社区合作组织相比，农民合作经济组织不以集体经济为依托，但是这并不意味着集体力量或国家力量的退出，它们只是以新的形式参与其中。由于农民合作组织成员资格的开放性和产权边界的不确定性，各种主体都通过成员资格和产权关系相联结，在各种主体中，我们认为国家的作用是最主要和显著的，因为在国家主导的改革中，国家决定了合作组织的制度环境、合作组织的合法性以及政策支持，这些都对合作组织发展起着关键的作用，国家对合作组织的参与体现了改革开放后国家权力对社会的再进入过程。

其次，国家是多层次的。托尼·赛奇（Tony Saich）曾指出："在国家与社会关系领域，我们需要一种能够包容当前处于变动中的复杂关系的理论，来解释国家不同层次的制度的流动性、模糊性和交融性。"[③] 当前中国国家与

---

① Joel S. Migdal, *State in Society: Studying How State and Society Transform and Constitute One Another*, Cambridge: Cambridge University Press, 2001; Peter B. Evans (ed.), *State – Society Synergy: Government and Social Capital in Development*, Berkeley: University of California, 1997; Elinor Ostrom, "Crossing the Great Divide: Coproduction, Synergy, and Development", in Peter B. Evans (ed.), *State – Society Synergy: Government and Social Capital in Development*, Berkeley: University of California, 1997, pp. 85 – 118.

② 邓正来、景跃进：《建构中国的市民社会》，载《中国社会科学季刊》，1992年第1期。

③ Tony Saich, "Negotiation the State: The Development of Social Organizations in China", *The China Quarterly*, No. 161, Mar. 2000, p. 141.

社会关系的复杂性，也使我们不能采用单一视角来看待合作组织的形成。在合作组织的发展过程中，国家并不是以整体的形式出现，而是表现为一种多层次的形式，其中，中央政府、地方政府、政府部门和村组织分别成为合作组织的推动中心。中央政府是推动合作组织发展最重要的层面，它规定了合作经济组织发展的宏观制度环境。此外，地方政府是国家的另一个重要层面。在有关农民合作经济组织的政策还没有上升到全国性的政策之前，地方政府预先进行了充分的准备和实践。比如，在国家税务总局没有出台针对合作社的税收优惠政策时，部分地方政府通过政策或者协调，对合作组织给予税收优惠；全国性合作组织立法出台以前，合作组织的登记也由各地政府根据具体情况决定。国务院发展研究中心农村经济研究部 2006 年的调查指出，有 55% 的合作组织是由地方政府发起成立的（见图 1－1），可见地方政府在合作组织发展中的重要性。

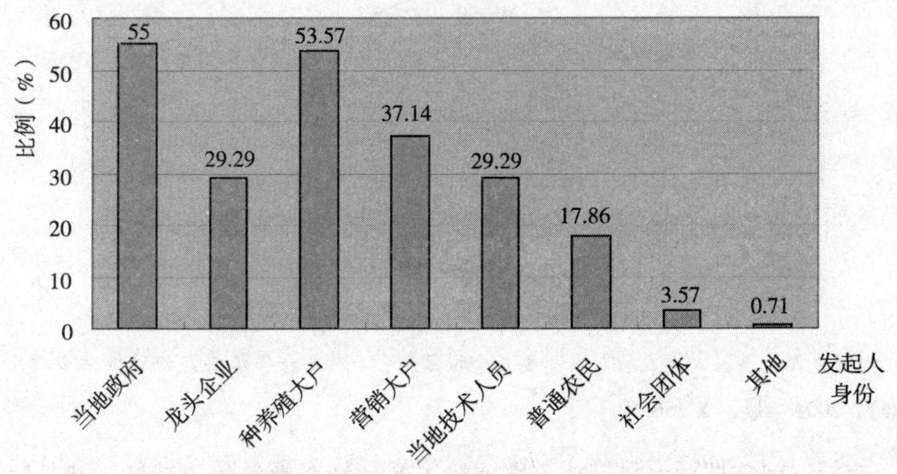

图 1－1　农民合作经济组织发起人情况

资料来源：国务院发展研究中心农村经济研究部：《中国农民合作组织现状、问题和建议》，2006 年版。

政府涉农部门是影响合作组织发展的又一个层面，其中供销合作社与合作组织关系最为紧密。尽管供销社并不是政府部门，但是它承担了部分政府职能部门的任务，表现出政府部门具有的特征。供销社是合作组织立法的推动者之一，1999 年、2003 年，全国供销合作总社先后向国务院建议出台《供销合作社法》、《合作社法》；供销社还是合作组织联合的最重要的推动力量，从全国供销总社提供的数据来看，截至 2005 年底，供销社系统领办的合作组织有 3.1 万多个，占全国比较规范的农民合作组织点数的 20.8%（按全国 14 万个农民合作经济组织计算），全国有近 1000 个县（市）由供销社领头成立了农村合作经济组织联合会。①

村社是合作组织产生的微观环境，对合作组织起着最为直接的作用。由于我国的农民合作组织发展尚在起步阶段，大量的还是以村为主要活动范围。全国人大农业与农村委员会课题组对 15 个省份的调查显示，有 90% 的农民合作组织局限于本乡镇（见图 1-2）；另据 10 个省份的调查资料显示，有 50% 以上的合作组织活动区域仍然仅限于本村。② 由此可见，村社依然是当前农民合作组织最主要的活动范围。

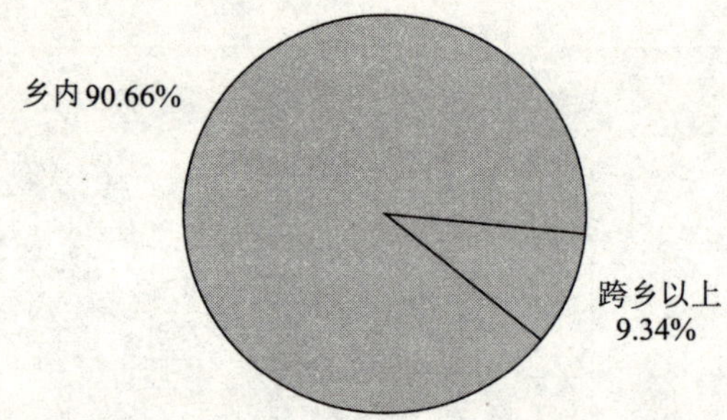

图 1-2　农民合作经济组织活动区域分布情况

资料来源：全国人大农业与农村委员会课题组：《农民合作经济组织法立法专题研究报告》，2004 年版，第 156 页。

再次，国家是自主的。政治制度对于各种社会力量的超越性，就是国家的自主性。国家自主性涉及两个因素：一是政府机构的能力，即政府对经济

① 供销合作总社合作指导部：《供销合作社发展农民合作经济组织的主要成就与经验》，见《中国农民合作经济组织发展论文集》，促进中国农民合作经济组织发展国际研讨会，2006 年 12 月，第 63、65 页。

② 全国人大农业与农村委员会课题组：《农民合作经济组织法立法专题研究报告》，2004 年 3 月，第 9 页。

和社会生活的管理和协调能力；二是政府独立于社会中各利益群体的自主性程度。国家自主性不是一种固定的结构特征，不同层次的国家在不同时期有不同的自主性，这些自主性是由历史环境、行政结构、财政资源等原因共同决定的。孙立平指出，国家的自主性有两种可能的类型，一种是指国家对于特定的社会力量的超越，形成的是国家对于社会利益的代表；另一种是国家的狭隘利益置于整个社会之上，表现为国家对所有社会力量的排除。① 因此，国家的自主性在不同层次表现也不一样，这取决于它们所面临的问题和所处的环境。

最后，国家是嵌入社会的。“嵌入”指的是联系国家与社会的一系列具体的社会关联，通过这些社会关联，国家和社会中的行为者可以就相互关心的目标和政策进行反复沟通和协商，通过这种制度性渠道建立的关系就是嵌入关系，它使协商的双方相互依存，任何一方不能离开对方而行动。国家不同层次由于具有不同的自主性，因此它们嵌入社会的方式也存在差异，具体的嵌入方式将在每一部分详细讨论。

（二）概念界定

为更好地说明相关问题，有必要在此对本书所涉及的若干重要概念给出界定或解释。

1. 农民专业合作经济组织

农民专业合作经济组织是本文研究的对象，它是指农民基于个体利益的基础上围绕生产、销售、加工等农业生产的需要，依据加入自愿、退出自由、民主管理的原则组成的互助性经济组织。② 合作经济组织是农民联合自助、约定共营的一种组织形式，其特点是合作体即为一个法人经营共同体，各“合

---

① 孙立平：《向市场经济过渡中的国家自主性问题》，载《战略与管理》，1996 年第 4 期，第 73 页。

② 在本书中，将根据情况使用“合作组织”、“农民合作组织”、“农民合作经济组织”等类似称呼，但是并不改变其所指的含义，其后不再一一说明。

作人”仍然是具有私人财产和分户经营的单位。[①] 当前学界对农民专业合作经济组织叫法各不相同，有专业合作社、专业协会、产业化协会、研究会、联合体等，并没有一个统一的名称，本书采用黄祖辉的定义，将三种类型的合作组织统称为农民专业合作经济组织，即合作社、股份合作社和专业协会。[②]（见图1-3）

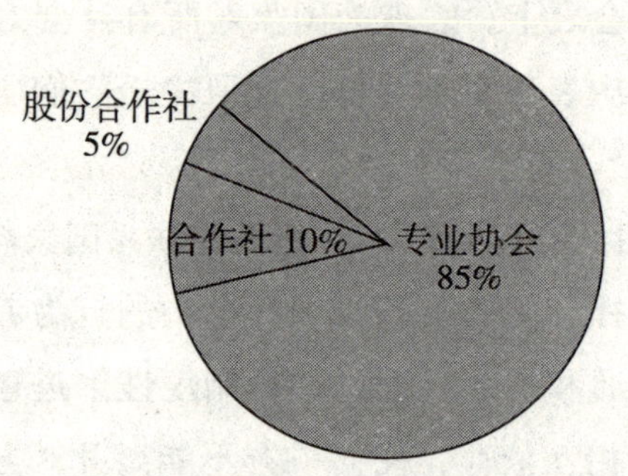

图1-3　农民合作经济组织的股权结构类型

资料来源：黄祖辉：《中国农民合作社的制度安排》，见中国（海南）改革发展研究院编：《中国农民组织建设》，中国经济出版社2005年版，第266页。

（1）合作社。合作社的原则最早可追溯到“罗虚戴尔原则”（Rochdale Principles）：自愿入社；民主管理，一人一票，不以股金多少决定表决权；按惠顾额分配盈余；资本报酬有限，成员股金数额有一定的限制。概括而言，合作社是社员联合所有、社员民主控制、社员经济参与并受益的社会经济组织。在合作社中，社员交纳一定数量的股金，年底按照存款利率进行股金分红，并按照社员销售的产品数量返还利润。合作社对外追求利润，但内部不以利润为目的，因此合作社既有企业的性质，但是又区别于完全寻求资本报酬的企业。我国的合作社多在工商管理部门登记，约占全国合作组织总数的10%。

（2）股份合作社。股份合作社是指股份制与合作制相结合的一种组织，

① 牛若峰：《也论合作制》，载《调研世界》，2000年第8期，第13页。

② 黄祖辉：《中国农民合作社的制度安排》，见中国（海南）改革发展研究院编：《中国农民组织建设》，中国经济出版社2005年版，第266页。

通常由企业、政府涉农部门或农户出资作为股东，吸收少量社员股金组成，利润按照股份和交易额相结合的方式分配。它是合作社的一种变形，一般在工商管理部门登记，约占全国合作组织的5%。本书研究中不包括社区集体经济改造的社区股份合作社、土地股份合作社等。

（3）专业协会。专业协会从性质上说属于社会团体，按照1998年10月25日国务院发布的《社会团体登记管理条例》规定，社会团体是指由中国公民自愿组成，为实现会员共同意愿，按照其章程开展活动的非营利社会组织。《社会团体登记管理条例》规定，社会团体不得从事营利性经营活动，社会团体为社会提供相应服务，可以收取合理的服务费用，但盈余部分或清算后的资产只能用于社会公益服务事业，不能在成员中分配。因此，专业协会与合作社的区别在于它不是经营实体，没有利润分配，成员与组织间没有经济上的关联，成员与组织的关系比较松散。农民专业协会主要开展农业技术推广和技术服务，也涉及产前、产后服务，多数在民政登记注册，约占中国农民合作组织总数的85%。

合作社、股份合作社与专业协会一起构成了改革开放后的农民专业合作经济组织，它们区别于社区合作经济组织、供销社和信用社，后三种组织都是计划经济体制时代留下的制度遗产。由于目前我国农民合作组织发展尚欠规范，大部分合作组织性质模糊，难以明确划定归属，加上这里研究重点在合作组织与外部环境的关系，因此笔者不讨论这三种合作组织类型的内在差异，而是总体上使用农民合作经济组织这一概念。

2. 嵌入性

“嵌入性”是一个社会学、经济学和政治学广泛使用的概念，它指的是不同的行为主体或者制度结构之间的相互制约和相互合作关系。人们很早就注意到了经济行为受社会环境的制约，例如波兰尼（Karl Polanyi）提出，人类的活动是嵌入在社会制度之中的，这些制度包括经济的与非经济的制度；[①] 斯

① 〔英〕卡尔·波兰尼：《大转型：我们时代的政治与经济起源》，冯钢、刘阳译，浙江人民出版社2007年版，第39—40页。

科特（James C. Scott）的研究也指出，东南亚地区农民的生活受“安全第一”的生存伦理支配，当超过这一伦理的底线时就将引起社会的反叛。[①]

格兰诺维特（Mark Granovetter）在1985年开创性的论文中延续并发展了这一概念，指出以往的学者看到了经济行为与社会环境的“嵌入性”关系，但是他们将这看做是前市场或者前现代社会的情况，认为现代社会中人们越来越疏远，市场行为不受伦理道德的约束，但事实并非如此，在现代社会里，市场上和组织内的人因嵌入在具体的人际关系和结构之中而产生互相信任，从而对各种违法行为构成制约。格兰诺维特指出，在现代市场中各种社会因素对经济行为发生着重要的影响，经济活动是嵌入于具体的社会关系中的，都要受到社会关系和伦理责任的约束，只有在具体的社会关系中，我们才能理解具体的经济活动，以及它们的内容和形式。[②]

对嵌入性概念的应用有两种路径：第一种是个体主义路径，主要应用于理性选择和社会学中。理性选择将嵌入看做是囚徒困境中的合作，认为理性的个体基于对未来的期望而进行合作；社会学者认为嵌入关系指的是人们之间的长期互相合作与信任关系。第二种是整体主义路径，主要应用于制度经济学和政治学中，制度经济学用嵌入性来分析社会交换与经济交换之间的关联博弈[③]；政治学者埃文斯借用嵌入性分析新兴工业化国家在经济发展中的作用，指出“嵌入”是指联系国家与社会的一套具体的社会关联（social ties），通过这些社会关联，国家和社会中的行为者可以就相互关心的目标和政策进行反复的沟通和协商，这种制度性的渠道就是嵌入关系，双方相互依存，任何一方不能离开对方而行动。[④] 因此，嵌入性在个体意义上是指经济行为受社会制度的影响以及在此基础上建立的互惠、合作和信任关系，在整体意义上

---

① 〔美〕詹姆斯·C. 斯科特：《农民的道义经济学：东南亚的反叛与生存》，程立显、刘建等译，译林出版社2001年版，第4—15页。

② Mark Granovetter, "Economic Action and Social Structure: The Problem of Embeddedness", *The American Journal of Sociology*, Vol. 91, No. 3, Nov. 1985, pp. 481 - 510.

③ 〔日〕青木昌彦：《比较制度分析》，周黎安译，上海远东出版社2001年版，第55页。

④ Peter B. Evans, *Embedded Autonomy: States and Industrial Transformation*, Princeton, New Jersey: Princeton University Press, 1995, p. 12.

指的是制度和组织结构与其他环境之间的制度性沟通关系。本书在整体意义上使用嵌入性概念，将嵌入性理解为一种具有经验内涵的抽象概括，沿用埃文斯的嵌入性定义，指合作经济组织发展过程中，国家的不同层面与社会建立的各种正式和非正式的社会关联，“嵌入性”在中国语境中的应用将在结论部分进行讨论。

（三）研究方法

本项研究采取规范研究与实证研究相结合的方法。规范研究就是从历史或理论的角度推演出结论，实证研究就是从实证调查的个案材料中推导出结论。在逻辑推理上，前者表现为演绎，即把普遍的法则运用到特定事例上；后者表现为归纳，即从观察到的资料发展出概化的通则，可以解释所观察的事项间的关系。如艾尔·巴比所言，“在实际运用中，理论和研究的互动是通过永无止境的演绎—归纳—演绎的交替过程来完成的”①，在本项研究过程中，这两种方法也不是截然分开的，而是互相支持，互为补充。一方面，以国家与社会互动的理论为切入点，从制度和历史变迁中描述国家与社会关系的基本特征；另一方面，采用多个个案比较的方法，力求从多个个案的分析和比较中勾勒出一个基本的图景，得出关于国家与社会关系的一般性结论。通过演绎和归纳相结合，本书对中国合作组织的发展作一个探索性的研究，试图建立起一个能够解释农民合作组织这一现象的关于国家与社会关系的理论。

本次研究的实证调查主要采用社会学的参与观察法和深度访谈法。笔者参与了国务院发展研究中心农村研究部的合作经济组织研究项目，多次深入各地调查，获得了良好的现场进入机会，与地方政府、供销社和合作经济组织三方面的相关人员进行了接触，对各方面情况作了全面了解。其中地方政府的分析主要来自内蒙古 WC 县、河北 W 县、江苏苏州 WZ 区三地②，2005

① 〔美〕艾尔·巴比：《社会研究方法基础》，邱泽奇编译，华夏出版社 2002 年版，第 43 页。

② 基于调查对象的要求，书中部分调查地点和访谈对象采用字母代替。

年5月至2006年11月曾先后对三地地方政府的相关负责人进行了访谈，并对当地的合作经济组织进行了个案调查；对供销社的分析主要来自山东省ZH市和RZ市供销社，于2006年6月、8月和9月先后三次赴山东进行调查，访谈对象共30多人，包括省供销社、市县供销社和基层供销社负责人，并参与供销社内部的讨论会和供销社举办的农民合作组织培训交流会；对合作组织的个案则来自以上各地及其他调查中涉及的农民合作经济组织，参与观察了调查对象的日常活动，如理事会、会员大会、交易活动等，并对相关负责人和主要成员进行了深度访谈。

除了通过实地调查收集一手材料以外，还通过文献研究的方法了解合作组织的发展历史和现状。历史材料包括1959年史敬棠主编的《中国农业合作化运动史料》，1986年杨德寿主编的《中国供销合作社史料选编》和1998年郭铁民、林善浪主编的《中国合作经济发展史》，这三本书收集了从20世纪初到80年代末以来中国合作经济组织发展的历史资料；[①] 美国学者马克·赛尔登（Mark Selden）的《革命中的中国：延安道路》和爱德华·弗里曼（Edward Friedman）等学者的《中国乡村，社会主义国家》也对从抗日战争时期到人民公社时期的合作社进行了分析，有助于更好地理解当代中国合作社的意义。[②] 为了了解80年代以来合作经济组织发展历程，还查阅了《中国供销合作经济》和《中国合作经济》期刊，并参考了山东省部分供销社社志。这些资料为了解中国合作组织的制度框架奠定了基础。

另外，随着国家对农民合作组织的重视，相关政府部门也进行了调查研究，这些材料构成了本项研究的重要基础。20世纪90年代中期农业部组织了对中国新出现的专业技术协会的政策研究，包括党和国家支持农村专业技术

① 史敬棠：《中国农业合作化运动史料》，生活·读书·新知三联书店1959年版；杨德寿主编：《中国供销合作社史料选编》，中国财政经济出版社1986年版；郭铁民、林善浪：《中国合作经济发展史》，当代中国出版社1998年版。

② 〔美〕马克·赛尔登：《革命中的中国：延安道路》，魏晓明、冯崇义译，社会科学文献出版社2002年版；〔美〕弗里曼、毕克伟、赛尔登：《中国乡村，社会主义国家》，陶鹤山译，社会科学文献出版社2002年版。

协会的相关政策介绍、农村专业技术协会的经验总结和国外合作组织管理的经验交流。[①] 进入2000年以来，合作组织的类型开始多样化，合作社成为国家政策扶持的重点，国家将农民合作经济组织纳入立法进程，迫切需要对全国农民合作组织的发展概况进行了解，由农业部、全国人民代表大会农业与农村委员会、国务院发展研究中心农村经济研究部、国家发展和改革委员会等机构独立或联合进行了多项调查，提供了一系列有关合作组织的调查报告。[②] 此外，各省市农业部门也下发了农民合作组织的培训材料，这些材料汇集了与合作组织有关的法律、政策、领导讲话、合作社基本知识和案例介绍，主要是为政策执行者提供参考，提高其管理合作组织的专业技能。[③] 政策研究反映了国家合作组织政策的变迁过程，提供了全国范围内农民合作组织发展的总体概貌，并对若干合作组织案例进行了解析，有利于我们理解合作组织发展的政策和制度环境。

---

① 农业部农村合作经济指导司编：《亚太国家农村合作社经济》，中国农业出版社1994年版；农业部农村合作经济指导司编：《引导农民进入市场的新型经济组织——农民专业协会》，中国农业出版社1995年版；农业部农村合作经济指导司、农业部经营管理总站、中国农村合作经济管理学会编：《发展中的农村合作经济：中外合作经济研讨班论文集》，中国农业出版社1995年版。

② 农业部农村经济体制与经营管理司、农业部农村合作经济经营管理总站编：《农民专业合作经济组织建设参阅资料》，2004年12月；农业部农村经济体制与经营管理司：《农民专业合作组织专刊》，2005年3—6月；全国人大农业与农村委员会课题组：《农民合作经济组织法立法专题研究报告》，2004年3月；国务院发展研究中心农村经济研究部：《中国农民合作经济组织发展论文集》，促进中国农民合作经济组织发展国际研讨会，2006年12月；国家发展和改革委员会：《中国农民商业组织的发生、活动与经验》，2005年12月。

③ 比如北京市农村合作经济经营管理站编：《农民专业合作经济理论与实践》，2002年版；陕西省农业厅编：《陕西省农民专业合作经济组织建设参阅资料》，2005年3月等。

四、章节安排

全书分三个部分展开讨论。第一部分包括导论和第二章，主要是对研究背景和研究方法进行交代。导论部分介绍了选题缘由、研究思路和研究方法；第二章介绍本书的理论工具，即国家与社会互动的理论，主要对国家与社会互动理论的演变进行介绍，并对该理论在本书中的应用进行说明。

第二部分包括第三至七章，是全书的主体部分。第三章是对农民合作组织的历史分析，回顾了从 19 世纪初到改革开放以来农民合作组织的发展历程，探讨历史经验对当前农民合作组织发展带来的制度性影响。第四章讨论中央政府在合作经济组织中所起的作用，分析改革开放以来国家自主性的发展、合作组织制度框架的设定以及合作组织的政策变迁。第五章分析地方政府与合作经济组织的关系，主要分析县乡一级政府的作用，通过实例解析的方式分析地方政府在政策执行过程中对社会的嵌入途径。第六章分析供销合作社作为政府部门对合作经济组织的参与，探讨了国家行政体制改革导致供销社部门利益增加以及在变化的制度环境中供销社与农民合作组织关系的变化。第七章分析村组织与合作经济组织的互动，从村组织的双重角色来分析村组织与合作组织之间的关系。

第八章是结论部分。这一部分对农民合作组织中体现的新型合作关系的特征进行概括，指出它区别于传统的集体合作与改革开放后再组织过程中的"新集体主义"，是具有新型"合作"理念的现代组织；然后分析合作组织的形成机制，认为农民合作既不是国家主导下的村庄再集体化，也不是纯粹的村庄"内源化发展"的结果，而是国家与社会合作的结果；在此基础上讨论了我国的农民专业合作组织未来模式与国家权力的关系；最后本书尝试性地将当前我国新型的国家与社会关系概括为"国家与社会的互嵌性"，并对这一关系模式在中国语境中的特点和意义进行了讨论。

第二章　回顾与检讨：理论工具的选择

理论与实践总是相互依存的，一个有解释力的理论需要通过实践来检验；而实践如果得不到理论的指引也会迷失方向。在国家与社会关系的讨论中，人们随着实践的变迁而对理论进行补充和完善，继而加深对事实的理解，在“社会中心论”和“国家中心论”之后，20 世纪 90 年代以来许多学者提出了“国家与社会互动”的理论，指出国家与社会是相互型塑和互相影响的。但是，“国家与社会互动”的理论并没有完全抛弃原有理论，而是在既有理论基础上的发展，它与社会中心论和国家中心论在概念和思想上都存在继承关系。基于此，本章首先介绍国家与社会互动之前国家与社会关系研究的两种取向，然后分析国家与社会互动理论的产生与发展和在中国研究中的应用，最后指出该理论在中国和本项研究中的运用。

一、国家与社会关系研究的两种取向

国家与社会的关系是政治学研究中一个由来已久的话题，在有关国家与社会关系的理论中，存在着社会中心论和国家中心论两种分析国家与社会关系的取向，国家与社会互动理论是在这两种研究取向的基础上发展起来的。

20 世纪 50 和 60 年代，在行为主义的兴起下，政治学以多元主义和结构功能主义为主流，采用社会中心作为解释政治和政府的方法。在这种取向之下，国家被看成一个传统的过时概念，主要是对与宪政原则有关的法律和政治制度进行探讨，不适用于分析和比较在规模、结构、文化上差别巨大的新政治体。阿尔蒙德（Gabriel A. Almond）曾指出，政治学家应该通过研究社会而不是政府来更好地研究这些国家的政治："这些地区的宪法和正常的政治制度变化频繁，而且通常与真实的运行相去甚远，所以对其进行具体描述无助于预测这些系统的行为……更重要的是要分析它们的传统文化、西方和其他因素对它们的影响、它们政治社会化和招募的做法、它们的政治基础如利益集团、政党、通讯传媒等。"①

在社会中心论的框架内，还有一些更加细碎的学派差别。占主流的理论是多元主义和结构功能主义。多元主义意味着社会由代表不同群体的集团组成，决策被理解为在相关利益集团间进行价值分配的过程；国家或政府并没有独立的自主性，只是各种利益团体竞相抉择的场所，社会竞争中拥有资源优势的集团便成了在竞争中获胜的力量，从而也就成了支配政府政策的意向来源。结构功能分析方法则为建立政治系统论提供了理论工具。这一时期的政治分析借用社会学中的研究方法和理论来建构关于政治的系统分析方法，建构一个能够解释不同国家的通用的系统，因此结构功能主义将国家作为一个独立的考察对象，更多关注政治体系拥有的一般性结构和功能：结构包括议会、行政和官僚体系等制度和政党、利益团体等非正式团体的作用；功能包括输入功能和输出功能，在输入方面的功能包括政治社会化和招募、利益表达、利益集中、政治传播等，输出包括制定规则、运用规则和对规则的裁决。

尽管行为主义导向下的政治学取得了长足的发展，但是20世纪80年代以来，社会中心论受到学者的批评和反思。人们指出，社会中心论把国家当

---

① Gabriel A. Almond, "Introduction: A functional Approach to Comparative Politics", in Gabriel A. Almond and James S. Coleman (eds.), *The Politics of the Developing Areas*, Princeton, NJ: Princeton University Press, 1960, pp. 3 – 64，转引自弗朗西斯·哈戈皮安（Frances Hagopian）：《重访发展政治学》，王正绪、方瑞丰译，载《开放时代》，2006年第4期，第93页。

成一个黑匣子，认为从中可以产生出设定的政策结果，而事实上并非如此，不同的政治制度对政策结果影响巨大，因此不仅需要解释国家内部如何运行，而且需要分析国家如何影响经济发展的机会、物质分配、政治联盟和代表的基础等，甚至包括政治认同。彼得·埃文斯（Peter Evans）和席塔·斯考契波（Theda Skocpol）1985年出版了《把国家带回来》一书，对这一取向所讨论的内容和所采用的方法进行了总结，标志着研究重点从社会中心向国家中心的转变。① 国家中心论提出了一种新的研究框架，即强调国家作为独立变量对政治的作用，他们认为需要提高对国家能力和国家结构的认识，解释国家是如何形成、如何被人所认识的，进而探讨国家的干预行为以及国家与社会群体之间的关系对社会的影响。

国家中心论批判了多元主义和结构功能主义。它们指出，研究发现，事实上政府比其他行为者在政治决策中发挥着更重要的作用，但多元主义的前提无法包容这一事实，在多元主义看来，政府部门仅仅是相互冲突的社会利益群体的反应，国家并不以一个整体出现，也没有自己的利益。而结构功能主义中，当学者将他们的理论应用到西欧历史或者其他非西方国家的时候，会发现历史模式和其他国家的结果与预设的概念和假设常常存在差别，因此国家中心论批判了现代化理论中的目的论，认为经济发展不必然导致政治发展，政治发展是在国家建设过程中由具体的国际和国内斗争决定的，在讨论经济发展和政治发展的时候需要加入对政治制度的分析。

国家中心论的中心议题主要集中在两个方面：一是国家自主性。国家自主性是指国家拥有对领土和人口的控制权，可以形成和追求自己的目标，而不仅仅是社会利益群体、阶级或社会的要求的反应者。国家行为是代表社会的整体利益和国家的利益，不是受利益团体、选举团体或者商业企业的压力下形成的政策。国家中心论强调理性官僚的重要，认为国家官僚可以形成整体性和全局性的战略规划，超越资本家的偏见和狭隘的要求，也超越利益团体的自利性要求。但斯考契波同时指出，一方面国家可以超越部门利益，国

① Peter Evans, Dietrich Rueschemeyer and Theda Skocpol (eds.), *Bringing the State Back In*, Cambridge, UK: Cambridge University Press, 1985.

家行为在很多时候是一致的和适当的，另一方面无论国家如何自主，它也不可能是完全“中立”的，自主性国家行为倾向于强化权威、政治权力和对社会的控制。因此，自主性国家行为的特征之一就是强化国家官员的集体性的特权（prerogatives of collectivities of state officials）。①

二是国家对政治运行和其他社会团体的影响。这一观点继承了托克维尔对法国大革命的分析方法，认为国家的结构和行为影响了社会群体的形成，导致不同的社会政治群体的政治能力、政治思想、政治要求的变化，影响了政治文化，鼓励某种模式和集体性政治活动，使得某些政治事件成为重要。因此，国家的结构和行为影响了政治文化、集体性政治行为、阶层的形成和政治事务的议程。比如内特尔（Nettl）指出，美国、英国、欧洲大陆国家对国家的理解存在差异，不同的政治体系的历史使人们对国家“主权”、“行政秩序”有不同的理解。② 施密特（Schimitter）分析了“法团主义”的形成，指出国家建立和批准利益集团，对它们进行支持以维持其垄断代表权，有决定其领导人的权力，国家通过这种方式巩固自己对社会团体结构上的优势，成为社会冲突和利益代表的界定者。③ 皮埃尔·勃宁鲍姆（Pierre Birnbaum）指出了法国和英国工人阶级运动在意识形态和态度上的差异，认为法国中央集权化的官僚体系与社会高度隔离，助长了无政府主义、马克思主义倾向和政治军事化，而英国的官僚体系与社会隔离程度较低，因此鼓励英国工人和他们的领导走议会渐进主义道路和私人契约性工资谈判制度。④ 总之，从这一

① Theda Skocopol, “Bring the State Back In: Strategies of Analysis in Current Research”, in Peter Evans, Dietrich Rueschemeyer and Theda Skocpol (eds.), *Bringing the State Back In*, Cambridge, UK: Cambridge University Press, 1985, p. 15.

② J. P. Nettl, “The State as a Conceptual Variable”, *World Politics*, Vol. 20, 1968, pp. 563 – 564.

③ Philippe C. Schmitter, “Still the Century of Corporatism?”, in Frederick B. Pike and Thomas Stritch (eds.), *The New Corporatism: Social – political Structures in the Iberian World*, Notre Dame, IN: University of Notre Dame Press, 1974, pp. 85 – 131.

④ Pierre Birnbaum, “State, Ideologies and Collective Action in Western Europe”, *International Social Science*, Vol. 32, 1980, pp. 671 – 686.

角度出发，国家被看成一种制度结构，社会群体通过集体行动形成政治目标并采取行动，但是这些行动并非产生于社会自身，而是产生于国家和社会的交接点（meeting points）上。因此，国家中心主义认为，社会认同、利益集团和阶级等社会经济现象都取决于国家的制度结构和行为，同时，社会行为者也试图影响国家的结构和行为。

要言之，国家中心论既把国家作为一个行为者，也作为一种影响政治的制度结构，一方面，国家被看成一种组织，官僚通过这一组织追求独立的目标，并可以更加有效地促使其达致实现；另一方面，国家更为宏观地看成是组织和行为的制度框架，它可以影响社会中的组织和阶级的政治意义和行动方式。国家中心论不同于结构功能主义这样的宏观理论，主张走出抽象的概念分析，进行比较和历史分析，形成有关国家作用的中层理论，讨论国家在社会和经济政策中的作用。

二、国家与社会互动理论的产生与发展

无论是社会中心还是国家中心，都以国家与社会的零和博弈关系为前提，一方所增必然导致另一方所失；进入 20 世纪 90 年代以来，人们开始关注国家与社会之间的非零和博弈关系，认为国家与社会可以互相赋权，形成一种互相增权的局面。这一理论从两个方向展开。首先，以米格代尔（Joel S. Migdal）为代表的学者认为，事实上，很多第三世界国家并不如国家中心论所言的独立于社会和强大，社会长期存在着的复杂的网络关系在很大程度上限制了国家的能力。他们提出突破国家—社会二分的限制，建立“国家在社会中”（state in society）的理论，把国家看做社会的一部分，国家可以型塑社会，但是也嵌入社会中并为社会所型塑。[①] 其次，一部分国家中心论者也开始修正原有假设，以检验国家和社会的相互影响如何导致政治发展中的诸多现

① Joel S. Migdal, Atul Kohli, Vivienne Shue (eds.), *State Power and Social Forces: Domination and Transformation in the Third World*, New York: Cambridge University Press, 1994, pp. 7 – 34.

象。他们认为，有必要重新思考国家的能力：国家的作用依然重要，但国家只有嵌入社会才能实现真正的自主；而社会内在的不足也需要国家力量介入，以培育社会发展所必需的物质和文化基础。东亚发展型国家的经济奇迹和第三世界国家扶贫与发展的经验事实为这一观点提供了基础。[①] 尽管两者研究取向侧重点各不一样，但它们互相交映，丰富和发展了国家与社会互动的理论，也为我们进一步研究提供了良好的起点。

"国家在社会中"由米格代尔等学者提出，其目的是对"国家中心论"模式的超越，认为国家主导论在方法上和解释力度上都存在不足。米格代尔认为，"国家中心主义"认为国家是一个统一的完整的整体，将国家拟人化，看做可以根据自身利益最大化采取理性行动。但这种分析方法掩盖了国家形成过程和社会中争夺控制权力的斗争的复杂性，因此需要打破国家一体化的概念，来分析国家的不同部分如何与社会不同部分发生联系。在解释力上，他认为国家中心论不能解释为什么第三世界国家有的国家能够实现目标，而有的国家失败，在"强社会"、"弱国家"的地方，国家贯彻自己的能力受到极大限制，正如米格代尔所言："至少对于第三世界的社会来说，国家中心的研究方法就像在谈论着老鼠夹，却对老鼠一无所知一样。"[②]

1994 年，米格代尔、科利（Atul Kohli）和许惠文（Vivienne Shue）主编了《国家权力与社会力量——第三世界中的控制与转型》一书，强调国家和社会的相互冲突、适应和创造，提出了"国家在社会中"的研究方法。2001 年，米格代尔在专著《国家在社会中：研究国家与社会如何相互型塑和相互

---

① Peter B. Evans, *Embedded Autonomy*: *States and Industrial Transformation*, Princeton, New Jersey: Princeton University Press, 1995; Peter B. Evans (ed.), *State - Society Synergy*: *Government and Social Capital in Development*, Berkeley: University of California, 1997.

② Joel S. Migdal, "Prologue", in *Strong Societies and Weak States*: *State - Society Relations and State Capabilities in the Third World*, Princeton, New Jersey: Princeton University Press, 1988, p. 16.

建设》中对"国家在社会中"进行了阐释。[1] 概括而言，"国家在社会中"主要包括以下内容：

首先，国家与社会的"关联程度"影响国家的有效性。国家概念被分为"理论上"的国家和"现实中"的国家，在理论上，国家具有独立的作用；但在现实世界，国家并不是唯一的中心角色，也不是自主于社会的力量。国家相对于社会的"自主性"并不能决定国家的能力，国家独立于社会的能力有时候导致的是"强"国家，例如快速工业化国家，但有时候则导致的是"弱"国家，比如非洲很多国家。因此，国家与社会的相互交织关系才能决定国家的能力和有效性。

其次，需要对国家概念进行分层。米格代尔提出，要对国家采取一种"人类学的视角"（anthropology of the state），将关注点从国家高层转向国家的不同部分，尤其是国家组织结构最底层与社会相接的地方，将国家分为不同的层次进行分析。他认为国家自上而下可以分为四层：最高决策中心（the commanding heights），指的是国家机器顶端的最高行政决策者，尽管最高决策者有赖于下级提供的信息和执行政策，但是两者并不能等同，其他层次的行为者都试图影响最高决策者；中央政府（the agency' s central offices）指的是国家决策的神经枢纽，负责制定国家政策、安排资源的分配，政府部门对最高首领负责，但是他们之间也互相协商，是全国性利益团体试图影响的目标；地方政府（dispersed field offices）组织地方组织执行政府政策，制定并执行地方政策，在一个固定的次国家范围的区域内行事，包括行政部门、立法团体、法院、军事和警察组织；执行者（trenches）指的是直接面对社会执行国家政策的官员，例如收税员、警察、教师、士兵和其他直接执行政府政策的官员，他们直接与社会打交道。每一层级的国家组织都面临三方面的压力：第一来自上级监督者，第二来自下层，第三来自同僚。由于国家组成部分的多样性，因此对同一问题很难形成一个全国统一的模式，每一个组成部分由于自身的历史原因，形成了不同办事风格（esprit de corps），国家政策的制定和执行反

---

① Joel S. Migdal, *State in Society: Studying How State and Society Transform and Constitute One Another*, Cambridge: Cambridge University Press, 2001.

映了不同行为者基于不同压力下的不同行为的集合。因此，米格代尔指出："当我们问国家的自主性的时候，我们更应该问的是在哪一级是自主的？因为不同层级所面临的压力是不一样的。"①

再次，社会呈现网状的结构。社会由不同的力量组成，包括正式组织、非正式组织和社会运动等观念联合体，它们的权力来自组织内部的等级结构、对符号资源的使用等。不同社会力量之间在政治、经济、文化、宗教、心理等领域展开斗争或者联盟，为争取对社会的主导权而竞争。

最后，国家与社会互动的多元性。"国家在社会中"规避了国家—社会零和博弈，指出国家与社会互动可以达致四种可能的结果：第一是整体转型，即国家对社会的渗透导致国家全面控制社会；第二是国家与现存社会力量合作，即国家吸纳新的组织、资源、符号和力量使它可以对现存的社会组织进行控制，建立一个新的统治模式；第三是现存社会力量改变国家，即国家控制了社会力量，但是没有能建立一个新的统治模式，或者国家产生了新的统治模式，但是由非国家的力量占主导位置；第四是国家未能有效整合社会，这将导致国家与社会的隔离。在现实生活中，大部分表现为第二种和第三种模式，即国家与社会处于相互型塑的过程当中。

如果说"国家在社会中"理论所指出的国家与社会关系是一个动态变迁的过程的话，那么"国家与社会共治"则直接指向国家与社会的良性互动。事实上，国家与社会互相支持并不是新的概念，但人们一般认为经济发展需要以公私分界为前提。而"国家与社会共治"理论指出，国家与社会、公与私之间并没有明确的分界，公民参与可以增加国家力量，国家制度可以建立一个促进公民参与的环境，两者互为条件，通过一定的制度设计将国家嵌入社会或者让公众参与公共服务，可以实现国家与社会的共治。②

---

① Joel S. Migdal, "Prologue", in *Strong Societies and Weak States: State - Society Relations and State Capabilities in the Third World*, Princeton, New Jersey: Princeton University Press, 1988, p. 17.

② Xu Wang, "Mutual Empowerment of State and Society: Its Nature, Conditions, Mechanisms, and Limits", *Comparative Politics*, Vol. 31, No. 2, Jan. 1999, pp. 231 - 249.

这一理论主要从社区发展的经验研究中提升理论概括，其中拉姆（Wai Fung Lam）对中国台湾地区灌溉系统的研究和奥斯特罗姆（Elinor Ostrom）对发展中国家公共服务的研究指出了国家与社会建立制度性关联的重要。① 拉姆的研究指出，中国台湾地区灌溉体系的成功就是建立在这种嵌入性关系上的。灌溉协会的工作人员有的成长在那里，有的原来就是当地的农民，身份是嵌入在社区中的，如果工作完成不好，就会受到当地人的批评。这样，协会官员需要农民的地方性知识、农民对灌溉设施的维护、农民的捐款及其义务劳动来完成灌溉任务，农民也需要地方官员确保水能够传送到当地，在农民和灌溉协会官员中形成了一种互相需要的关系。奥斯特罗姆则比较了巴西东北地区城郊的用水和卫生服务以及尼日利亚的小学教育两个项目中的公共服务，结果发现，巴西的地方官员鼓励当地居民参与公共服务，并制定了共同管辖规则，这比全部由政府承担公共服务更加有效；而尼日利亚的个案表明，在殖民结束以前尼日利亚由村庄承担当地的小学教育，但20世纪70年代以后小学教育收归公有，排除了地方参与公共教育的机会，而国家资金紧缺使小学教育并不能得到保障。由此奥斯特罗姆指出，公民参与可以提高国家的行动能力，形成公私之间的合作（coproduction）。

在以上经验研究基础上，埃文斯对国家与社会共治进行了理论总结。他把国家与社区之间的合作关系分为两种模式：第一种是互补性（complementarity），即国家提供私人不能提供的公共物品来培育人们的合作，这些产品可以是无形的，比如法治、公开性、技术改进等，也可以是有形的，例如交通、基础设施、技术推广等，这些无形或有形的物品可以提高人们的合作能力；第二种是嵌入性（embeddedness），即指政府官员参与社区的日常生活，通过塑造自己的社区成员身份，获得社区成员的信任和认同。埃文斯指出，互补

① Wai Fung Lam, "Institutional Design of Public Agencies and Coproduction: A Study of Irrigation Associations in Taiwan", Elinor Ostrom, "Crossing the Great Divide: Coproduction, Synergy and Development", both in Peter B. Evans (ed.), *State - Society Synergy: Government and Social Capital in Development*, Berkeley: University of California, 1997, pp. 11 - 47, 85 - 118.

性和嵌入性之间并不矛盾，嵌入性需要以公私之间的分工为前提，即政府和社区团体负责不同的公共产品的提供；互补性需要嵌入性来保障，也就是需要建立国家与社区之间的社会关系网络以及在此基础上形成的规范和信任。埃文斯的分析指出了国家在公民合作能力建构中所起的积极作用，如果缺少国家的参与，传统的互助组织和关系网络并不会自动转换成现代的具有生产性的社会资本，因此国家可以通过建立一定的机制使传统的信任关系向现代合作理念转换。①

埃文斯对后工业化国家经济转型的研究也体现了“国家与社会共治”的观点。他在《嵌入性自主：国家与工业转型》一书中对国家与社会二分法提出了批评，指出经济转型最成功的国家往往是与社会嵌入最紧密的国家。② 他区分了两种类型的国家，即掠夺型国家和发展型国家，掠夺型国家将个人利益最大化置于集体利益之前，国家无法阻止领导人追求个人利益；发展型国家中的官员是具有韦伯意义的理性官僚，他们赋予国家“自主性”，国家也嵌入在一套具体的社会纽带中，这些纽带将国家与社会联系起来，为目标和政策的协商提供制度性渠道。他认为既有“嵌入性”也有“自主性”的国家才能称得上发展型国家，也才能成功实现经济战略。

与“国家在社会中”不同的是，埃文斯并不否定国家的力量，相反，他不赞同最小国家的假定，在他看来，“除了战争和维护秩序外，引导经济转型已经成为国家最重要的作用。因此现在的问题不在于国家干预经济的多少(how much)，而是以何种方式干预经济（what kind)”③。因此，“嵌入性自主”继承了“国家主导”中对国家作用的认可，同时认为国家作用受社会结构的影响，在一定意义上可以说是对“国家主导”模式的一种修正。

---

① Peter B. Evans (ed.), *State - Society Synergy*: *Government and Social Capital in Development*, Berkeley: University of California, 1997.

② Peter B. Evans, *Embedded Autonomy*: *States and Industrial Transformation*, Princeton, New Jersey: Princeton University Press, 1995, pp. 10 - 13.

③ Peter B. Evans, *Embedded Autonomy*: *States and Industrial Transformation*, Princeton, New Jersey: Princeton University Press, 1995, p. 10.

除了这两个研究方向以外，20 世纪 90 年代对公民社会的关注使研究非营利组织的学者也看到了国家与第三部门的合作关系，形成了关于国家与社会互动、公私合作关系的理论，提出了“治理”与“善治”的理念。[①] 这些观点与“国家在社会中”和“国家与社会共治”一起，为国家与社会良性互动提供了经验借鉴和理论支持。

三、国家与社会互动理论在中国和本项研究中的应用

国家与社会互动理论在中国首先应用于对全能主义国家的研究。美国学者许慧文（Vivienn Shue）指出，强大的社会团体可以和强大而具有弹性的国家并存，也就是说“强社会”并不一定意味着“弱国家”，可以实现社会和国家的互相赋权，但是没有嵌入社会的“强”国家事实上是脆弱的，不能经受社会变迁的考验。

许慧文指出，改革开放前中国社会政策的失败并不仅仅是社会主义意识形态、计划经济或国家权力过分强大等因素导致的，而且还是因为国家与社会之间缺乏有效的契合（engagement）。1949 年后，国家形成了对社会生活的全面控制，但也造成了社会的蜂窝状，即社会在按照意识形态分类组织起来的同时，也被分割成无数小的和互相割裂的单元。在农村，集体化运动将农民限制在小的无所不包的生活与劳动单位中，农民没有与超出集体单位以外的社会发生直接交往的机会；在城市中，人们的生产和消费也被限制在以工作场所为基础的单位中。这种格局造成了社会的两极化，一端是政策制定的最高层，一端是直接执行政策的地方官员，在这中间则是各级很少拥有真正权威的行政组织。人们用“庇护网络”和“地方保护主义”来适应这种蜂窝状的组织结构，导致私人关系网和地方保护主义盛行。因此，社会组织和政治的实际运行逻辑是地方主义和宗派主义，而正式动力则来源于阶级斗争的意识形态，这造成了国家的社会逻辑和人们的日常生活相脱节。国家的实际

---

① 俞可平：《治理与善治》，社会科学文献出版社 2000 年版。

控制能力遭到地方庇护主义和宗派主义的侵蚀，不能收集到制定政策所需的信息和进行政治动员，同时，国家对意识形态的强调使国家与社会关系成为一种仪式象征，脱离了日常关系，导致国家与社会的日益分离。①

除了对全能主义的中国国家能力进行再思考以外，学者对改革开放后的地方政府也进行了分析，例如戴慕珍对地方法团主义的研究。戴慕珍在对财政改革激励下的地方政府行为进行经验描述的基础上提出了“地方法团主义”理论，认为在经济发展过程中，地方政府具有公司的许多特征，官员们完全像董事会成员那样行动。她将这种政府与经济结合的新制度形式称为地方法团主义，认为地方政府和企业相互嵌入形成“你中有我，我中有你”的局面，构成中国乡村工业经济发展的推动力。②

20 世纪 90 年代末以来，由于社会团体在管理公共事务和提供公共产品中的重要作用逐渐为人们所认同，人们也开始反思市民社会与国家之间的零和博弈关系，采用国家与社会互相增权来看待中国的社会团体发展。郁建兴采用“国家在社会中”理论分析了社会团体与国家的关系。他认为，中国的民间组织正在从“政府的助手”变为“政府的合作者”，它们在从国家中分离出来的同时又以新的方式与之建立起连接：一方面，国家以特别的方式对民间组织进行管理，将其整合进政府系统；另一方面，民间组织也借用某些特殊的形式来获得合法性，如主动引入国家符号和进入国家正式体制参与公共决策。因此，中国民间组织的发展实际上带来了政府组织的扩张，只不过这种扩张方式不再是行政命令，而是一种基于利益表达基础上的有组织的服务。在这个过程中，双方的能力都有所加强：国家变得更靠近社会，其合法性、渗透能力和控制能力都有所增强；而民间组织也得到了政府和社会双方面的认同，得以利用自身的双重身份来获得政府体制内外的资源。“国家和民间组

① Vivienne Shue, “State Power and Social Organization in China”, in Joel S. Migdal, Atul Kohli and Vivienne Shue (eds.), *State Power and Social Forces: Domination and Transformation in the Third World*, Cambridge University Press, 1994, pp. 65 – 88.

② Jean C. Oi, “The Role of the Local State in China's Transitional Economy”, *The China Quarterly*, Vol. 144, Dec. 1995, pp. 1132 – 1149.

织之间的互动非但没有使国家和社会处于一种分离的状态，相反，它们之间的界限正变得越来越模糊。中国当前的民间组织现象向我们传递了这样一个事实，即国家和社会正在通过交换界定相互的关系。”①

顾昕对改革开放后的专业社团的分析也指出，国家对专业社团空间无所不在的穿透和无所不能的控制已经不复存在，专业人士自发组建专业性社团的常规性合法渠道已经存在。国家在专业性社团空间的发展中不仅维持了控制，而且还提供了一定的支持。因此，当政府进一步转变职能，在实现从全能性政府向服务性政府转变的过程中，把更多的服务递送工作转移给民间非营利性组织时，将可以出现国家与社会相互增权的局面。② 为了对这一观点提供经验上的支持，顾昕等学者对社会团体进行了定量分析，选取浙江省、黑龙江省和北京市 2858 个社团为分析单位，来检验社会团体的独立性、民主性和代表性与其公共服务效能之间是否存在冲突。他们的研究结果发现，那些自主性强、民主治理良好的民间社团组织与其“政府服务效能”并不冲突，表明社会团体的自主性与公共服务作用并不矛盾，社团可以充当政府的助手。③

美国学者托尼·塞奇也提出了中国国家与社会团体的“协商关系”模式。通过对中国社会团体行动策略的分析，托尼·塞奇指出，由于国家政策执行能力下降，一部分社会团体使用各种策略来规避社团管理条例对社会团体的严格限制，例如登记成企业或者以其他的社会组织为掩护等，另一部分社会团体则通过和政府建立协商关系，影响政策制定过程或政策制定日程，如中国计生协会、自然之友和妇女协会等。不同于以往研究主要强调国家的主动性，托尼·塞奇指出社会团体并不是被动的，它们也积极参与公共政策制定，

---

① 郁建兴、吴宇：《中国民间组织的兴起与国家—社会关系理论的转型》，载《人文杂志》，2003 年第 4 期，第 148 页。

② 顾昕、王旭：《从国家主义到法团主义——中国市场转型过程中国家与专业团体关系的演变》，载《社会学研究》，2005 第 2 期，第 155—175 页。

③ 顾昕、王旭、严洁：《公民社会与国家的协同发展——民间组织的自主性》，载《开放时代》，2006 第 5 期，第 103—112 页。

并与国家建立了一种共生关系（symbiotic relationship）。①

王旭（Xu Wang）则用国家与社会相互赋权（mutual empowerment）的理论对中国的村民自治进行了分析。他认为村民自治是在国家领导下进行的民主改革，但问题是改革在多大程度上改变了地方权力结构？基层民主改革对中国未来的民主化的作用如何？围绕这些问题，王旭考察了农村政治变迁的动力以及国家与社会之间的相互型塑关系，指出村民自治是国家为了解决农村改革后乡村面临的合法性和治理危机而自上而下推动的改革。在村民自治的制度安排下，中央的改革派与普通农民之间建立稳固的合作关系，通过给农民民主权利来限制地方政府，表现为一种“三明治策略”（sandwich strategy）②。村民自治的结果是导致了国家与社会相互赋权：一方面，村民扩大了参与地方政治生活的权利；另一方面，国家治理农村的能力也得到了提高。王旭认为，中国民主改革将突破这种工具性意义，对更高层民主产生影响：国家出于基层管理需要而进行的工具性改革将会逐渐演变为一种渐进的政治发展，社会力量逐渐向国家渗透，并且最终限制国家的专制权力。③

从上述介绍可以看出，每一次理论变迁都是以原有理论为基础的，不同理论之间并不互相排斥，而是有着很大的继承性，不同的理论由于关注的侧重点不同而呈现差异。就本项研究来看，“国家在社会中”理论提供了两个研究起点：第一，它主张把国家看成非统一的组织体系，国家的各个部分由于

---

① Tony Saich, “Negotiating the State: The Development of Social Organizations in China”, *The China Quarterly*, No. 161, Mar. 2000, pp. 124 – 141.

② “三明治策略”是乔纳森·福克斯（Jonathan Fox）在对墨西哥民主化运动的研究中提出的一个概念，他将推动墨西哥民主化改革的行动称为“三明治策略”，即农村中的草根组织、对政策实施能产生实际影响的体制内改革派以及国家与社会中的改革反对派三个群体之间的互动，前两者结合起来抵制后者，从而推进民主进程。有学者对中国基层政策执行的分析也涉及这一概念，见 Kevin J. O'Brien and Lianjiang Li, “Selective Policy Implementation in Rural China”, *Comparative Politics*, Vol. 31, No. 2, Jan. 1999, pp. 167 – 186。

③ Xu Wang, “Mutual Empowerment of State and Peasantry: Village Self – government in Rural China”, Ph. D. dissertation, Princeton University, 2001.

所具有的合法性、与社会成员的信任关系不同，因而“嵌入”社会的情况也存在差异，有必要研究国家权力的不同层面与社会的互动方式。对国家与社会关系正处于变迁的转型期的中国而言，这种方法尤其具有适用性，因为它提供了一个可以容纳多种可能性的研究框架，以便更有效地分析中国农民专业合作组织中的复杂关系和未来走向。第二，这一理论模糊了国家与社会的边界，正如张静所言，“国家与社会通过互动进行互相型塑，国家的中心部分和边缘部分同社会的各个群体互动，这些互动有着不同的形态、特质、速度和结果”①。在农民合作组织中，由于它的产权关系是开放性的，因此各种传统力量以新的方式参与其中，形成了形式各异的合作组织。因此，“国家在社会中”的研究取向十分有助于理解中国农民合作组织中的复杂关系。

但是，“国家在社会中”依然是一个相对宏观的理论，它并没有提供更为具体的分析工具，也没有指出不同层次国家与社会互动的性质，以及国家与社会如何互相型塑。② 也许“国家在社会中”的重要性在于它代表了一种新的研究思路。与之相比，“国家与社会共治”理论提供了更具操作性的分析工具。拉姆、奥斯特罗姆和埃文斯等学者的研究认为，国家与社会之间需要建立一种制度性的关联，这种制度性关联是指国家对社会的“嵌入”，包括提供基础设施和人员协助，它可以是正式的制度，也可以是非正式的关系，嵌入可以建立国家与社会的互相信任，培育社会资本。这为我们将国家与社会的不同部分置于一个相互关联的整体中来考察提供了理论支持。

从中国现有的相关研究看，对国家与社会互动的研究仍然处于起步阶段，在理论和经验上都存在有待完善之处。就理论上来看，国家与社会赋权中的国家权力、国家结构以及社会确指什么？国家与社会边界的模糊是否意味着

① 张静：《政治社会学及其主要研究方向》，载《社会学研究》，1998 年第 3 期，第 20 页。

② 不少学者指出了“国家在社会中”理论的这一不足，见 Sony Pellissery，“‘State - in - Society’ Approach and Implications for Rural Development Policy”，*Asia - Pacific Journal of Rural Development*, Vol. 15, No. 1, July 2005；欧阳景根：《政治能力建设：国家与社会关系视野中的政治发展和政治可持续发展模式》，载《江苏社会科学》，2006 年第 3 期，第 109 页。

国家与社会边界的消解？在什么条件下国家与社会可以达到互相赋权而不是互相削弱？这些问题都需要我们从理论上来厘清。从经验研究来看，以“国家与社会互动”为理论导向进行的经验分析依然很少，这样就限制了我们检验该理论在中国语境下的适用与否，以及对该理论的补充和创新。鉴于此，本项研究采用“国家与社会互动”视角来分析中国农民专业合作组织中国家与社会之间的互动关系，试图对农民合作组织进行政治社会学的初步解读，也为中国的国家与社会关系研究提供理论和经验上的贡献。

第三章　制度遗产：农民合作组织的历史演变

从世界经验来看，合作运动最初是一种由大众发起的“自下而上”的民间运动，随着合作运动的扩展，由于合作组织的制度安排具有维护弱势群体和整合社会的作用，合作运动逐步走向“自上而下”政府推动的合作政策，合作制度成为许多国家政府发展经济、稳定社会的经济工具。① 作为后发国家，中国的合作组织也产生在这样的背景之下。从 1918 年第一个合作社——北京大学消费合作社诞生之日起到现在，中国的合作运动已走过 90 多年的历程，在这个过程中，合作社的发展一直受到国家力量的影响。

19 世纪末 20 世纪初，中国面临传统秩序崩溃、国家政权分裂的局面，呈现政治解体和社会解组叠加在一起的总体性危机。② 在这样的背景下，中国革命始终肩负着两方面的任务：一方面是民族国家和国家体系的建构，另一方面则是对社会进行整合。作为一种联合分散的小生产者的经济组织形式，合作社一直受到共产党的关注，从建党初期到新中国成立前，中国共产党始终强调乡村的合作社建设，将其视为整合乡村社会和发展农村经济

① 潘劲：《合作社理论与中国农村合作社实践》，中国社会科学院农村发展研究所 2001 年资料，第 4—5 页。

② 孙立平：《动员与参与——第三部门捐款机制个案研究》，浙江人民出版社 1999 年版，第 2 页。

的重要方式。[1] 新中国成立后，国家对农民合作组织的控制逐步扩大，农民合作社经历了从合作到集体的曲折发展历程，到人民公社时期农民合作已经失去了合作的性质，农民合作也失去了本该应有的保护农民的功能，“合作社”亦成为一个特定时期具有特定意义的名词。农民合作近100年的历史经验沉淀在人们的记忆和日常行为中，改革开放后，当国家和农民试图重建新型农民合作组织时，这些历史记忆和经验构成了农民合作组织最大的制度遗产，对当前的农民合作组织起着有形和无形的影响。

一、新中国成立前共产党领导下的农民合作组织实践

（一）第二次国内革命战争时期：合作社制度体系的初步建立

中国共产党自诞生之初就十分重视合作社的发展。在第一次国内革命战争时期，主要集中在宣传、发动农民成立合作社上，主张依托各地农协建立和发展合作社。1927年6月《中共中央农民部关于协作社之决议草案》指出，“当北伐军继续向北方军阀进攻，帝国主义者向华侵掠时，合作社只能得着政府很少的帮助，因此，合作社的经济，需自己独立，只有向乡村募集的方法，所以在乡村各公款内，农协应当拨一部分作为合作社的基金。”[2]

第二次国内革命战争时期，随着中华苏维埃政权的建立，合作社的组织制度建设得到发展。1931年11月7日，中华苏维埃共和国成立，建立了中国革命行政上的组织和指导者。1932年2月，为了从组织上加强对苏区经济的统一领导，成立了国民经济人民委员部，其下设立合作社指导委员会，专门

① 解放前的合作社实践包括中国共产党领导下办的合作社、国民党统治区的合作社以及各种社会团体办的合作社。本章仅对中国共产党领导下办的合作社进行介绍，其他合作社的相关内容，可参看郭铁民、林善浪：《中国合作经济发展史》（上册），当代中国出版社1998年版。

② 杨德寿主编：《中国供销合作社史料选编》（第二辑），中国财政经济出版社1990年版，第5页。

负责指导根据地的合作社；1932 年 4 月 12 日，中华苏维埃临时中央政府颁布了《合作社暂行组织条例》；1932 年 9 月，中央财政人民委员会制定了《合作社工作纲要》；1933 年 6 月，中央国民经济人民委员部颁布了《发展合作社大纲》，对合作社的意义、作用、种类和组织系统等进行了规定。此后，合作社得到大力发展，构成以粮食合作社、消费合作社、生产合作社三种合作社为主的合作社系统。(见表 3－1)

表 3－1　中央苏区合作社情况

	1933 年 8 月以前		1934 年 2 月	
消费合作社	社数	417	社数	1140
	社员	82940	社员	295993
	股金	91670	股金	322525
粮食合作社	社数	457	社数	10712
	社员	102182	社员	243904
	股金	94894	股金	242079
生产合作社	社数	76	社数	176
	社员	9276	社员	32761
	股金	29351	股金	58552

资料来源：杨德寿主编：《中国供销合作社史料选编》(第二辑)，中国财政经济出版社 1990 年版，第 193 页。

1．消费合作社

为了克服经济封锁，组织赤区和白区的经济联系，以便输出根据地的农副产品和输入根据地必须的工业品，苏区政府十分重视消费合作社的发展。第五次“反围剿”开始后，苏区财力物力消耗巨大，针对这种情况，1933 年 8 月毛泽东作了《粉碎敌人五次“围剿”与苏维埃经济建设任务》的报告，提出要进一步发展合作经济，号召 100 万人进合作社，其中 50 万人进消费合作社，50 万人进粮食合作社。1933 年 8 月 16 日，中央国民经济人民委员部发布关于《目前革命战争环境中的经济建设任务》，要求每个乡至少建立一个消费合作社。1933 年 12 月，瑞金中央消费合作总社成立。在中央的大力倡导下，消费合作社的发展进入了高潮，1933 年 8 月前有 417 个，到 1934 年 2 月发展到 1 140 个。(见表 3－1)

2．粮食合作社

在国民党的经济封锁政策之下，苏区根据地外来工业品极少输入，内地农产品销不出去，秋收时节，农民不得不低价卖出粮食购买日用品，而商人则将粮食囤积起来高价出售，造成苏区粮食供应紧张。加上 1932 年下半年起，国民党发动了第四次“围剿”，苏区发生了严重的经济困难，汀州、上杭、瑞金等地发生粮食饥荒，威胁红军的供给和农民的生活。面对日益严重的经济困难，苏维埃政府大力推动粮食合作社的建设。中央规定农民的股金可用钱缴也可用谷缴，秋收后社员须用钱时，就可将粮食以比市价高的价钱卖给合作社，合作社收买的谷子，可以存储一小部分，供给来年青黄不接时社员的急需，其余大部分可陆续运到粮价高的地方出卖或出口。中央苏区要求各级政府“必须由上而下召集各级主席、贫农团、雇农会等联席会议，动员广大群众入股，建立和发展粮食合作社组织，限 10 月底以前，各主要县份，必须做到每乡都有粮食合作社的组织（边区除外）”①。“现在即刻开始，务要在每一乡成立一个粮食合作社。”②

3．生产合作社

由于“反围剿”对革命根据地造成了严重破坏，大批农村青壮年参加红军，根据地劳动力不足的矛盾尖锐。1933 年，临时中央政府颁布了《劳动互助社组织纲要》，规定劳动互助以换工为基础，以村为单位，最大的也只能以乡为单位，实行自愿互利原则，民主管理，互换劳动，分散经营，没有公共财产。纲要指出，劳动互助社的作用，是在农村中农民互相帮助、做工、有

① 杨德寿主编:《中国供销合作社史料选编》（第二辑），中国财政经济出版社 1990 年版，第 29 页。

② 杨德寿主编:《中国供销合作社史料选编》（第二辑），中国财政经济出版社 1990 年版，第 29 页。

计划地去调剂农村中的劳动力，使一方面劳动力有余的不致闲置，一方面劳动力不足的，不致把农事废弃。由于劳动互助社坚持自愿互利原则和以村为单位，保证了互助社的灵活性和有效性。此外，为了解决耕牛不足的问题，党和政府还大力倡导农民组织犁牛站和犁牛合作社。

这一时期的合作社体现了将国家政权建设和农民的经济需求相结合的特点。一方面，通过发动群众、利用和改造乡村现有的协作形式，合作社成为连接政府和农民的渠道，起着整合乡村资源的作用；另一方面，通过组建国家政权组织和加强政府对合作社的管理，建立党和政府与社会连接的桥梁。这样自下而上和自上而下相结合，合作社成为国家向社会延伸的神经末梢，为革命战争提供粮食等战时物资，保障了革命根据地的生产和供应。

（二）抗日战争时期：村庄建设与国家建设的统一

抗日战争初期，随着共产党在国内外影响增大，共产党获得了巨大的外援。任弼时在《陕甘宁边区财政经济工作的基本方针》中指出："此时政府的财政开支主要依靠外面的捐助筹集，直到 1939 年还有 87．5% 是靠外款。边区人民、部队、学校、机关等除食盐、皮毛及大部分粮食之外，几项重要生活必需资料如布、棉、铁、纸和部队机关的一部分粮食，一部分煤油，都需要靠外面采购来保障供给。"① 随着战争进入相持阶段，日本对边区进行了残酷的摧毁与破坏，封锁经济，削弱边区抗日力量，实现"以战养战"，"以华制华"，抗日根据地面临严重的经济困难；而 1939 年国共之间的军事摩擦升级，也加剧了边区物资供应紧张。

但是，现有的边区合作社依然存在两方面的不足：一方面，合作社主要以消费合作社为主，但时局的紧迫需要进行生产自救，就要大力发展以生产为主的合作，保障边区物资供应；另一方面，这一时期的合作社存在政府包办的现象，农民参与性不强，比如毛泽东就曾指出："在 1939 年以前，合作社以公家的股金为基础，再加上向群众摊派而得的股金，这时候是带着公营

① 杨德寿主编：《中国供销合作社史料选编》（第二辑），中国财政经济出版社 1990 年版，第 344 页。

性质的，多为县、区政府的公营商店。”①

政府针对这些缺陷对合作社进行了改造，使抗日战争时期的合作社和第二次国内革命战争时期相比呈现三个特征：

第一，以村为单位建立合作社。第二次国内革命战争时期，临时中央政府颁布的《合作社工作纲要》中规定，合作社组织系统是乡支社—区分社—县总社—省总社—中央总社，虽然生产合作社以村为主，但消费合作社、粮食合作社都是以乡为单位组建的；抗日战争时期，战争和动荡的环境要求分散经营，所以这一时期将县合作社的股金退还村社，以村为单位建立合作社，将各种性质的合作社统一起来，一村一社，集中进行村社的建设。

第二，合作社是统一战线的群众性经济组织，广泛吸收各级群体参加。第二次国内革命战争时期的《合作社工作纲要》中指出，只有非剥削的阶级成分，如工人、中农、贫农、雇农、独立劳动者、城市贫民才可以加入合作社，商人、富农、工厂主、工头等剥削阶级不准加入合作社；在抗日战争时期，在统一战线的指导下，1939 年中央颁布的《各抗日根据地合作社暂行条例示范草案》第十八条规定，凡本边区之居民除汉奸卖国贼外，不分阶级、职业、性别、信仰，均可入股为会员，并享有同样之权利与义务。山东省在发动合作社时指出，“首先应由发起人组织合作社筹备委员会，尽量吸收当地之士绅名流及热心合作事业之人士参加”②。

第三，克服政府包办，实行民办公助。第二次国内革命战争时期的合作社股金以政府投资为主，体现了政府的主导作用；为了克服政府包办带来的问题，抗日战争时期提出“克服包办代替，实行民办公助”的方针，取消政府摊派入股的方式，以群众利益为出发点，发动群众入股。因此，这一时期合作社发展的重点是将合作社普遍到各个乡村，将更多的群众团聚与组织到合作社中，“一切经济活动通过合作社”，使合作社成为经济活动的杠杆。

---

① 郭铁民、林善浪：《中国合作经济发展史》（下册），当代中国出版社 1998 年版，第 585 页。

② 杨德寿主编：《中国供销合作社史料选编》（第二辑），中国财政经济出版社 1990 年版，第 288 页。

以村庄为合作建设中心、吸收不同阶层的人入社和面向群众的建社方针，使党和政府对社会渗透的深度和广度都得到拓展。凯汀（Pauline Keating）对延安地区合作社的研究指出，抗战时期的延安革命根据地的“主要任务不是打破旧的阶级结构，而是让萧条的生产得到恢复，房屋得到重建，而且共产党的军队驻扎在此地，也需要一个相对安稳的环境和繁荣的经济，因此，村庄建设成为国家建设的必不可少的部分”①。赛尔登（Mark Selden）也指出，这一时期的合作社政策通过提高村民的物质条件，建立了党和农民的联盟，构成了民主政治的前提。② 具体来看，这主要是通过以下三个途径实现的。

第一，实行“民办官助”的办社方针，达到公私两利的目的。公私两利是从陕北南区合作社总结而来的经验。在政府收公粮以前，南区合作社先动员老百姓照上年应交的公粮给合作社，将公粮数目作为农民的股份，由合作社来替政府保管公粮，在政府未支用以前，合作社可以将公粮周转盈利。运用这种方式，政府试图将公债、教育经费、自卫队哨站经费等都由合作社一收一缴，使政府任务和农民的利益相结合。

第二，发展劳动互助合作，进行村庄建设。1943 年 10 月，毛泽东在《论合作社》中把建立在以个体经济为基础的劳动互助组织，即农民的农业生产合作社看做土地革命、减租减息之后的第二个革命。他指出：“今年边区在发展生产上，又来了一个革命，这就是用合作社的方式，把公私劳动力组织起来，发动了群众生产的积极性，提高了劳动效率，大大发展了生产。”③ 在这一方针政策的指导下，各地劳动互助组织得到大力发展。以陕甘宁边区为例，1943 年全边区 338760 个劳动力中，有 81128 个约占 24% 的劳动力组织在变工

① Pauline Keating, “The Yan’an Way of Cooperativization”, *China Quarterly*, No. 140, Dec. 1994, pp. 1025 – 1051.

② Mark Selden, “Yanan’s Communist Reconsidered”, *Modern China*, Vol. 21, No. 1, 1 Jan. 1995, pp. 1025 – 1051.

③ 杨德寿主编：《中国供销合作社史料选编》（第二辑），中国财政经济出版社 1990 年版，第 334 页。

队、扎工队、唐将班子之内，有的县份将70%的劳动力组织起来了。[①] 劳动互助利用了民间传统的劳动互助形式，但是也对之进行了重新定义，在内容上和组织形式上发生了变化：从短期的、临时的劳动互助向长期固定的劳动互助发展；从本族亲友参加向全村参加发展；从各种农业耕作、输送扩展到变工修埝地、修水漫地、修水利、进行农事准备；从家庭互助发展到村庄建设。赛尔登也指出，建立超出一家一姓的社会经济网络，是引导农民建设新的社会与国家的关键的一步。[②]

第三，将公私合作互助的方式推广到军队、党政机关、学校、公营商店等一切组织当中。延安生产合作社发展起来后，毛泽东看到了合作互助的巨大潜力，提倡在部队机关、学校、公营工厂和公营农场中大力推广合作社，“我们部队机关学校的群众生产，虽不要硬安上合作社的名目，但是这种在集中领导下用互相帮助共同劳动的方法来解决各部门各单位各个人物质需要的群众的生产活动，是带有合作社性质的。这是一种合作社”[③]。通过公私合作、公私两利，把一切老百姓的力量、一切部队机关学校的力量、一切男女老少的全劳动力半劳动力都组织起来，让党政军民商都用合作的方式解决生产和供给问题。

总体来看，抗日根据地时期的合作社运动是一场村社区建设，同时也和国家政权建设有着共同的利益基础。“村庄的利益通过与国家合作而不是抵制得到实现。团结的、合作的和强大的村庄建设是国家建设的一部分。”[④] 通过提倡“民办官助”的办社原则和“公私两利”的指导思想，合作社实现了双重目标，一方面展现了民主的风气，把人民的生产积极性极大调动起来，赋予了农民发展生产的能力，另一方面也服务于政府的需要，为政府提供了物

① 《陕甘宁边区财政经济工作的基本方针》，1944年4月，见杨德寿主编：《中国供销合作社史料选编》（第二辑），中国财政经济出版社1990年版，第334页。

② 〔美〕马克·塞尔登：《革命中的中国：延安道路》，魏晓明、冯崇义译，社会科学文献出版社2002年版，第234页。

③ 《毛泽东选集》（第三卷），人民出版社1991年版，第931页。

④ Pauline Keating, “The Yan’an Way of Cooperativization”, *China Quarterly*, No. 140, Dec. 1994, pp. 1025 – 1051.

资支持和保障。

（三）解放战争时期：国家政权建设的推进

抗战胜利后，各解放区开展了练兵、减租和生产运动，合作运动和劳动互助得到较大发展。1946 年 6 月，国民党发动全面内战，解放区面临空前的压力，为了增加国家的动员能力，获得农民的支持，共产党进行了土地改革，促进了农民生产积极性的提高。但土地改革的极端化发展使贫雇农在农村中占据主导地位，取得了对合作社的主导权，阶级路线与合作社的管理形成冲突，对合作社发展带来了冲击。

1946 年上半年，全面内战迫在眉睫，在紧要关头，中国共产党只有依靠人民群众来同国民党进行斗争。1946 年 5 月，中共中央发布了《关于土地问题的指示》，1947 年 7— 9 月，制定了《全国土地法大纲》，实行了土地改革。土地改革调动了农民的生产积极性，增加了国家的动员能力，加上战争对劳动力的需求增加，边区军民创造了很多劳动互助和战争支前相结合的方法。如晋察冀边区，将战勤组和拨工组合一，生产互助就是战勤组。同时组织远征的民兵与在家民兵之间的拨工互助、组织妇女儿童和老人的互助队、组织几个拨工组合并的联组拨工、全村范围内的大拨工，按户把整半劳动力组成拨工、勤务和民兵合一的拨工组等。① 在晋冀鲁豫边区，则普遍实行参战生产统一领导，由各系统干部共同组织生产与参战委员会或指挥部，并吸收互助队长或组员参加，明确分工，各尽其职，全盘考虑全村劳动力、畜力、生产、代耕等问题。用这种方法，主要劳动力都被组织起来，如太行山区的男劳动力组织起来的占 80%—90%。② 这些劳动互助和战争支前相结合的方式为解放战争的胜利提供了保障。

但是，土地改革通过阶级路线来强化国家战争动员的能力，在扩大国家

---

① 郭铁民、林善浪：《中国合作经济发展史》（下册），当代中国出版社 1998 年版，第 725 页。

② 史敬棠编：《中国农业合作化运动史料》（上册），三联书店 1959 年版，第 821—822 页。

能力的同时却给农村的合作经济带来了冲击。例如，在晋冀鲁豫边区的太行山区，土地改革中没收了地主和富农在合作社的股金，一些村把技术熟练的中农换上业务不熟练的贫雇农领导，造成合作社垮台。1948 年 5 月 17 日，太行行署发布了《关于解决合作社现存问题的几个原则的命令》中指出："土地法公布，民主整党以来，由于我们放弃领导，致使大批村庄在自发组织起来的贫农团或贫雇组的操纵领导下，有的不分好坏地将合作社的干部撤职，换上了什么贫雇社长、贫雇会计，或派贫雇代表住在合作社内监视一切，以及对老基础一概否认的态度，确使合作社大批的干部躺倒不干或不敢积极负责的干。有的已因此而赔垮或弄的账目不清无法分红；有的将合作社由贫农团接收后或因片面的为贫雇农服务将资本赊出无法要回，或因分用股金而全部垮台了。"[①] 在这样的情况下，农村经济陷于严重的死滞状态，破坏了农村发展生产的条件，各地农民纷纷要求抽股。

1948 年解放战争进入反攻时期，随着战争的胜利和土地改革的完成，党的工作重点由战争转向经济建设。如何对占国民经济总产值 90% 的分散的个体的农业经济和手工业经济管理，防止出现两极分化，使他们过渡到社会主义成为党的主要考虑。这一时期，党对合作社的性质和作用的看法也发生了新的变化。在第二次国内革命战争时期，合作社被看做是抵制资本家剥削的阶级组织，其作用是促进社会主义经济发展，缩小剪刀差；抗日战争时期，合作社是建立在个体经济基础上的集体劳动组织，其作用是联合各种力量进行生产建设，为战争胜利提供保障。到解放战争后期，合作社的作用更多地从发展经济转移到政治改造上来。1948 年 9 月，刘少奇在《论新民主主义的经济与合作社》中指出："由广大的小生产者及广大的消费者在国家领导之下组织起来的合作社经济。这是国家经济的极广大而可靠的同盟军。这是无产阶级领导下的新民主主义国家用以帮助、领导和逐步改造广大小生产者的主

① 杨德寿主编：《中国供销合作社史料选编》（第二辑），中国财政经济出版社 1990 年版，第 868 页。

要工具。”[①]“与投机资本斗争，与旧资本主义成分斗争，并组织小生产最后在极广大范围内彻底改造小生产成为大生产，这就是合作社在无产阶级领导的新民主主义国家制度下的客观历史作用与历史任务。”[②] 1948 年 12 月，刘少奇在华北财政经济委员会所做报告《新中国经济建设的方针与问题》中又强调指出：“没有合作社，无产阶级就不能在经济上领导农民，不能实现无产阶级与农民的联合，这在新中国的经济建设中是一个带决定性的问题。”[③] 毛泽东在七届二中全会上的报告也指出：“占国民经济总产值百分之九十的分散的个体的农业经济和手工业经济，是可能和必须谨慎地、逐步地而又积极地引导它们向着现代化和集体化的方向发展的，任其自流的观点是错误的。”[④]由此可见，党和政府从强调合作社整合社会资源、发展生产的作用转向强调其改造小生产者、使社会主义制度战胜资本主义制度的作用上来。

在这一目标的引导下，合作社建设主要从两方面进行：一是为防止土地改革后的两极分化，推动劳动互助组织的发展；二是推动供销合作的建设。土地改革后不少地方出现了土地买卖的现象，随着土地买卖的发展，少数中农上升为富裕中农，一些分得土地的贫农又开始失去土地。为了防止两极分化，巩固土地改革的成果，只有开展互助合作社，才能实现共同富裕。1949 年 5 月，张闻天对东北土地改革后的农村进行调查后指出，多数农民的生活有改善，阶级分化已经开始，提议发展劳动互助等办法，提高农村生产力，为农村集体化准备有利条件。与此同时，政府十分重视供销合作社建设，主张将农民和小商品生产者组织到供销合作社中，免除中间商人的盘剥。薄一波指出：“必须自上而下，自下而上地普遍组织供销合作社，这是把小生产者和国家结合起来的一根

---

① 中共中央文献研究室、中华全国供销合作总社编：《刘少奇论合作社经济》，中国财政经济出版社 1998 年版，第 2 页。

② 中共中央文献研究室、中华全国供销合作总社编：《刘少奇论合作社经济》，中国财政经济出版社 1998 年版，第 8 页。

③ 中共中央文献研究室、中华全国供销合作总社编：《刘少奇论合作社经济》中国财政经济出版社 1998 年版，第 21 页。

④《毛泽东选集》（第四卷），人民出版社 1991 年版，第 1432 页。

经济纽带。"[①] 1948 年 9 月，张闻天为中共中央东北局起草的《关于东北经济构成及经济建设基本方针的提纲》指出："如果没有广大供销合作社作为桥梁和纽带，把小生产者与国营经济结合起来，无产阶级领导的国家，就无法在经济上对于千千万万散漫的小生产者实行有力的领导，就不能顺利进行新民主主义的国民经济的建设，私人资本主义就会去领导千千万万的小生产者，无产阶级领导的国营经济就无法实施对于国民经济的领导。"[②]

总体来看，这一时期是合作社的性质和作用的调整时期，合作社的发展总体上依然遵循生产力和生产关系、经济和政治、计划与市场协调的原则。首先，在发展劳动互助中，主要发展的是小型的生产合作社，如互助组、变工组等，它们规模小、组合灵活，属于建立在自愿和两利的原则上的一种不定型的组织。其次，主张通过供销合作社的发展带动生产合作社，如张闻天指出："为使农村向着集体化的方向发展，今天应特别重视农村供销合作社。在今后农村生产力发展的过程中，农民最关心的是供销问题。因此，今后使农村走向集体化的道路是先供销合作然后生产合作。农民在生产上的集体化，必须在城市工业给予他们以农业机器之后。"[③] 最后，尽管国家开始建立对合作社的全面管理，但没有垄断市场交换，广大乡村依然通过各种生产、运输、消费合作社将农民与市场联系起来，农民可以自由与市场进行交换，也可以自由退出合作社。

二、新中国成立后到改革开放前农民合作组织的曲折发展

新中国成立后，国家积极推进各种合作事业，建立了农业生产合作组织、农村供销社和农村信用社三大合作组织。但是，随着国家对三大合作组织的

① 薄一波：《关于华北人民政府施政方针的建议》，1948 年 8 月 11 日，见杨德寿主编：《中国供销合作社史料选编》（第二辑），中国财政经济出版社 1990 年版，第 694 页。

② 杨德寿主编：《中国供销合作社史料选编》（第二辑），中国财政经济出版社 1990 年版，第 695 页。

③ 杨德寿主编：《中国供销合作社史料选编》（第二辑），中国财政经济出版社 1990 年版，第 775—776 页。

改造，合作组织从最初具有的相对独立性发展成对国家的全面依附，从表达成员利益发展成为执行国家政策的工具，完全失去了合作的性质。

（一）国家对三大合作社的改造

1. 对生产合作社的改造

新中国成立后，我国农业生产合作组织的发展经历了互助组—初级社—高级社—人民公社的发展。土地改革后，实行农民的土地所有制，土地及其他生产资料归个人占有，一家一户经营。但是，仅依靠一家一户分散的土地、耕畜和农具不能完全满足农村经营活动开展的需要，因此农村中出现了通过互助合作解决实际存在困难的意愿。1951 年 12 月，中共中央发布《关于农业生产互助合作的决议》，指出要用明白易懂而且为农民能够接受的道理和办法去教育和促进农民群众逐步联合组织起来，实行农业的社会主义改造，使农业能由落后的小规模生产的个体经济变为先进的大规模生产的合作经济。政府倡导和组织农民成立互助组，生产资料依然归个人所有，实行个体经营，互助组也从最初的临时互助发展到常年互助。这一时期坚持自愿互利的原则，反对强迫命令和急躁冒进、盲目追求高级形式的做法。到 1951 年，全国参加农业生产互助组的农户占总农户的 19.2%，形成了互助合作组织和农民个体经济并存的局面，对农业生产的恢复和发展起到了积极的作用。

1953 年初，中央针对 1952 年农业互助组发展中的一些冒进做法进行了调整，但到 1953 年底，随着中共中央《关于发展农业生产合作社的决议》的发布，农业生产合作社又掀起了一轮高潮。《决议》提出用农业生产合作社带动互助组的大发展，并提出了农业生产合作社发展的计划数字：从 1953 年冬季到 1954 年秋收以前，全国农业生产合作社应由现在的 1.4 万多个发展到 3.58 万个，这导致 1954 年农业产合作社数量大增。到 1955 年，加入农业生产合作组的农户有 1692 万，占总农户的 14.2%。（见表 3－2）但这一时期主要以初级社为主，加入合作组的农户中，有 99.8% 参加的是初级社。① 和互助组相比，初级

① 秦柳方、陆文龙主编：《中国各种经济合作社》，中国文史出版社 1994 年版，第 7—9 页。

社具有“半私半公”性质，以土地入股、统一经营为特点，土地和其他生产资料的所有权仍然由社员私有，但支配权和使用权都为合作社统一掌握，实行统一经营；土地入股根据自愿和互利的原则，并可以根据自愿的原则退股。

1956年，随着农业合作化高潮的到来，高级合作社数量迅猛发展。相较于初级社，高级社的所有制进一步扩大公有化特征，土地和其他生产资料全部归劳动者集体所有，牲畜和大农具等主要生产资料都折价归社，生产资料的支配权和使用权由集体掌握。1956年底，参加高级社的农户达到87.7%，1957年进一步达到96%，绝大部分农民都被归入高级社中。①

表3-2 1950—1957年参加各种农业生产互助合作组织的农户占总农户的比重 (%)

年份	合计	农业生产互助组	农业生产合作组
1950	10.7	10.7	
1951	19.2	19.2	
1952	40.0	39.9	0.1
1953	39.5	39.3	0.2
1954	60.3	58.3	2.0
1955	64.9	50.7	14.2
1956	97.2	0.9	96.3
1957	97.5		97.5

资料来源：秦柳方、陆文龙主编：《中国各种经济合作社》，中国文史出版社1994年版，第8页。

1958年8月，中共中央通过了《关于在农村建立人民公社问题的决议》，全国出现了办人民公社的高潮，到1958年10月，全国的农业生产合作社全部并转成人民公社，99%以上的农户都加入了人民公社，实现了农村的人民公社化，也达到集体化的最高层次。人民公社和高级社存在很大的差别：从内容来看，人民公社的特点是“一大二公”，“大”就是指经营规模大，工农商学兵、农林牧副渔全面发展，“公”就是生产资料所有制公有化程度高，农

① 程同顺：《中国农民组织化研究初探》，天津人民出版社2003年版，第151页。

户的自留地、家禽家畜、家庭副业等归公社所有；从性质上看，人民公社是一个“政社合一”的组织，既是一个生产单位，也是一级基层政权组织，乡政权和人民公社管理委员会合并为一；从管理方式来看，社员的生产和分配都由公社统一安排，生产由公社统一指挥和调配，分配上实行工资制和供给制结合。尽管1962年对人民公社制度进行了调整，实行“三级所有，队为基础”，以生产队为核算单位，实行按劳分配，多劳多得，允许社员经营家庭副业和自留地，但基本没有改变人民公社政社合一的体制，这种状况一直延续到1983年人民公社体制解体。

2．对供销合作社和信用合作社的改造

供销合作社是在新中国成立前原有的购销合作社基础上，通过自上而下建立供销合作社管理体系而组成的。在新中国成立初期，供销社由农民集资办起来，并完全按照合作经济的办法进行管理和经营，实行民主管理和独立核算，分配制度也比较规范。1954年，中华全国合作社联合总社改名为中华全国供销合作总社，负责国家对农村的计划收购和计划供应业务以及对农村商业的管理，并根据行政区划以乡、区为单位建立基层供销社，从而形成了一个自上而下的系统。1956年社会主义改造结束后，供销合作社逐渐向国营商业和行政机构靠拢。1958年4月，县以上供销社与同级国营商业部门合并，利润不再向成员分红，而是上交国库，此后基层合作社及以上的各级供销合作社都由集体所有制转变成全民所有制。同年12月，国家将基层供销社连同其在农业生产合作社建立的供销部都下放给人民公社，合作社的人员和资产都归公社使用，社员缴纳的股金不再分红，供销社从群众性经济组织变成了“官办”商业。这不但使供销社失去了经营自主权，而且供销系统上下之间的联系也被切断。

尽管1962年恢复供销合作社的集体所有制性质并退还股金在一定程度上回归了供销社的民办性质，但是并不彻底，“供销合作社在归口管理方面，受同级财贸办公室或商业部门领导；职工在政治待遇和福利待遇方面，与同级国家机关的职工相同”①。在“文化大革命”期间，供销社又受到“左”的思

① 秦柳方、陆文龙主编：《中国各种经济合作社》，中国文史出版社1994年版，第133页。

想的冲击，再次与国营商业合并为一套机构，各级供销合作社被撤并，人员下放，供销社再次变成了“全民所有制”的商业组织，民办和合作的性质基本丧失。

信用合作社也是在新中国成立前根据地原有的信用合作社基础上发展而成，到1955年基本上每个乡都有信用社，实行独立经营，民主管理，接受国家银行的领导。但到1958年以后，农业合作化运动的变化波及信用社，信用社下放给生产大队，信用社的职工由生产大队管理，盈亏由生产大队统一核算，财务和业务都受生产大队的领导，信用社失去了自主经营权。此后，国家又通过行政的力量规定信用社业务范围，大大限制了信用社的自主权，脱离了实际，使信用社等同于国家银行的基层机构。

（二）国家对三大合作社改造的影响

国家对三大合作组织的改造给中国的农业合作运动带来了重要的影响，它们成为改革开放后新型农民合作组织产生和发展最直接的制度背景。

第一，生产合作先于供销合作。解放战争前期的合作社建设存在一个基本共识，即通过供销合作社的发展带动生产合作社，如1948年刘少奇指出，“目前农村中的供销合作社，则是在经济上指挥农民小生产者的司令部，是组织农村生产与消费的中心环节，是在土地改革后在经济上组织农民与小手工业者最主要的组织形式”①。但新中国成立后，对合作社的认识发生了变化。经过土地改革，农民的生产积极性极大提高，但是有的地方出现了土地买卖、雇工的现象。因此，有的地方提出把老区互助组提高为土地入股的农业生产合作社，以逐步动摇、削弱直至否定私有基础。1951年9月召开全国第一次农业互助合作会议，通过了《中共中央关于农业生产互助合作的决议（草案）》，根据生产发展的需要和可能的条件，在全国范围开展互助合作，这样就破除了生产合作社需要物质、经济和思想上具备一定条件才能形成的观念，为生产合作社中的急躁冒进倾向埋下了基础。

① 鲁振祥：《建国前后新民主主义经济建设探索中的张闻天和刘少奇》，载《党的文献》，2000年第5期，第42页。

第二，生产、销售和信用三大合作社的分割。如果说合作社的改造将供销、信用社变成国家机关的一部分，削弱了合作社的合作性质，对农民利益造成侵蚀的话，那么更重要的影响在于，它切断了三大合作社之间的关联，使合作社成为各自独立的体系。在这种结构体系下，生产合作社成为最基层的行政单位，供销和信用成为接受条块管理的国家机关，三个体系之间的相互联系主要来自于国家的计划指令，而不是基于农民的真正需要。生产合作社既不是专业合作社，因为它更多的是一种带有政社合一性质的管理机构，也不是综合合作社，因为它缺少信用、销售等相关业务活动。相比而言，日本的综合农协则保留了生产、销售和信用三个业务，后两者的盈利收入为前者的发展提供资金，把属于农民的利益还给当地农民。例如，日本的综合农协可兼营五项业务：信用、购买、销售、利用与保险，在纵向结构上，日本在市、町、村组织农民入股建立基层农协，然后由基层农协入股在都、道、府、县一级组成县级联合会，由基层农协和县级联合会入股组成全国农业协同组织。[①] 入股的农民就是农协组织最基本的单位，也是农协保护的对象。因此，三大合作社分割使中国合作社运动史上建立起来的组织关联被打破，改革开放后农民融资、产品销售和生产资料购买的困难成为制约农民合作的极大障碍，使新型农民合作组织的建设面临先天不足的局面。

第三，农民对集体和国家的全面依附。在人民公社体制下，农村的基本格局是"三级所有，队为基础"，队是最重要的农村组织，家庭和个人都是次要的，在经济上、政治上和认识上隶属于集体，村集体和农民之间是支配与被支配的行政隶属关系，不存在权力与义务对等的契约关系。而且农民没有生产经营自主权和劳动时间的支配权，对分配也没有支配权，因此农民被禁锢在自己的土地上，不能在农业生产之外寻找新的就业门路，使农民对集体存在经济上、政治上和人身上的全面依附。随着村集体成为国家行政管理的最末端，农民失去集体的保护屏障，国家权力全面渗透到农民的日常生活中，同时，国家通过供销合作社和信用合作社垄断了生产资料的获得和产品的销

① 毕美家、管爱国编：《亚洲农村合作社经济》，中国商业出版社 1997 年版，第 122—153 页。

售，并通过工业产品和农业产品的价格剪刀差从农民身上获取了工业发展所需的基础，对农民利益造成了极大的损害。

因此，新中国成立后国家对社会全面控制，生产合作社、供销社与信用社的人事权、经营权和财务权全面依附于国家，农民的生产和生活都统一在国家控制之下，合作社失去了原本的服务于农民的性质，成为执行国家工业化战略的政策工具。

三、改革开放以来农民合作组织的兴起

1978年后，我国农村进入了一个新的历史发展时期。以家庭联产承包责任制为核心的一系列农村政治经济体制改革使农民与国家和集体的关系发生了巨大的变化，“政企合一”的人民公社体制解体，计划经济时期的统购派购制度也发生相应的改革。这些改革的结果就是催生了新型的多种多样的农民联合生产的形式，改变了过去只有一种所有制和组织形式的局面，使农民合作组织呈现多元化发展的趋势。

1978年以后，中央大力推行以家庭联产承包责任制为核心的农村政治经济改革，国家权力从社会领域和经济领域收缩。到1983年，全国普遍实行了以包干到户为主要形式的家庭承包责任制。家庭联产承包责任制实行集体统一经营与农户分散经营双重结合的办法，农户承包耕种集体的土地，实行自主经营和核算，收成除上交集体提留以外都由承包农户自主处理，而对于适于集体统一经营的项目，则仍然采用集体统一经营的办法。在联产承包责任制下，生产经营的基本单位已经转移到了个体农户，生产队作为经营核算单位的职能已经失去，而一些地方公社和生产队这两层也不存在。1979年后，国家开始对政社合一制度进行改革，重建乡政府作为政权的基层单位，并在乡以下建立村民委员会作为基层群众自治组织。随着“三级所有，队为基础”和政社合一制度的解体，人民公社体制也逐渐退出了历史舞台。

农村政治经济体制改革恢复了农民的经营自主权，并重建了农民与国家和集体的关系。家庭联产承包责任制解除了计划体制对农民行动的禁锢，还农民

生产经营自主权和劳动时间的支配权，农民不但对生产具有决定权和决策权，而且对分配也有支配权，只要交够国家和集体的征购和承包额，留下的都是自己的，从而将农民从计划经济的控制中释放出来。农民有了生产经营自主权，也就意味着有了对自己的劳动拥有支配权，可以在农业生产之外寻找新的就业门路，创造新的财富。同时，家庭联产承包责任制的实行还改变了农户与国家和集体的关系：计划经济体制下，农村的基本格局是“三级所有，队为基础”，队是最重要的农村组织，国家和农民之间是支配与被支配的行政隶属关系；联产承包责任制后，国家、集体和农民的社会关系发生了全面重组，农民与集体之间通过承包确定了双方的权、责、利，恢复了农民及其家庭的主体地位。

此外，国家对统购派购制度的改革也改变了农民经营的外部环境。1985 年起，国家改革农产品的统购派购制度，实行合同定购和市场收购的办法，除棉花、麻糖等大宗工业原料的收购由国家定购以外，肉、禽、蛋、菜等鲜活易腐商品逐步开放，其他农产品完全放开的都实行自由购销，国家与农民的互动关系也开始趋向契约化。[①] 商品流通渠道也逐步放开，农副产品市场不受经营分工的限制，实行多渠道直线流通，国营、集体、个体都可以参与，农民也自发组织起来进入流通渠道，单一所有制被打破，出现了个体、私营、合作经济、联合经济、国营经济等多种经济成分并存的局面。

在国家调整与社会关系的背景下，农民具有了自主经营权、对村集体的独立权和对国家的独立权，为农民开始进行个体意义上的联合提供了条件，农民合作经济组织从萌芽不断发展壮大。20 世纪 80 年代初，家庭联产承包制改革使农户取得生产经营自主权，成为独立的商品生产经营者，他们在发展过程中产生了组织起来进行技术服务的需要，于是在中国科协等有关部门扶植下发展了专业技术协会。1980 年，四川和广东等省出现了全国首批农村专业技术协会，主要为农户提供信息、技术服务，着重于农业生产技术的推广、研制和开发。80 年代末，专业技术协会得到快速发展，1987 年，全国农村专业协会已有 7.8 万个，这时的专业技术协会以技术服务为主，少量办有经济实体，大部分集中

① 陆学艺：《中国农村现代化道路研究》，广西人民出版社 1998 年版，第 130—132 页。

在生产服务领域，流通领域很少。此外，这一时期还存在大量形式各样的联合体，根据农业部对全国29个省、自治区和直辖市的统计，1984年全国有联合体46.7万个，从业人员355.7万人，1988年全国农村各种联合体的数量达47万个，从业人员433.97万。①

20世纪90年代初，农村中出现了既具有科技水平又能提供产前产后综合服务的专业技术协会，它们在提供技术服务的同时也组织农业生产和农产品销售。据农业部1990年统计，全国各类农民专业合作组织有123.1万个，其中40%是服务型，60%是生产经营型。90年代后期，农民合作的领域不断扩大，数量和规模也逐渐发展起来，农业部有关部门的统计显示，截至1998年底，农村有各类专业合作组织148万多个，其中种植业占63.1%，养殖业占14.4%，加工运输业占6.1%，其他行业占16.4%，全国有跨县的专业合作组织5240个，跨乡的专业合作组织8140个。②

进入2000年以来，专业合作经济组织成为具有特定内涵和定义的组织，与社区经济合作组织、合伙企业、股份公司等联合体区别开来。2004年农业部的统计表明，全国30个省区市（不含西藏）共有规模较大、管理较好、活动比较规范的农民合作经济组织95330个，会员1150多万人。③ 2006年，加入农民合作组织的农户有3870万，占全国农户总数的13.8%；2008年的数据显示，《中华人民共和国农民专业合作社法》实施以来，全国在工商机关依法新登记并领取法人营业执照的农民专业合作组织法人26397家，成员总数350947人，成员出资总额159亿元。④

和以往的农民合作组织相比，改革开放以来的新型农民合作组织的一个显

---

① 杜润生：《当代中国的农业合作制》（下），当代中国出版社2002年版，第175页。

② 潘劲：《合作社理论与中国农村合作社实践》，中国社会科学院农村发展研究所2001年资料，第18页。

③ 全国人民代表大会农业与农村委员会课题组：《农民合作经济组织立法专题研究报告》，2004年3月，第6页。

④ 郭晓鸣、宋相涛：《以制度创新促进农民合作组织可持续发展——“〈农民专业合作社法〉颁布后中国农民合作组织发展新动向”国际研讨会综述》，载《中国农村经济》，2008年第11期，第74页。

著特征就是多样化，它们在组织类型、产生方式、成员关系、外部关系、组织层次和参与主体等方面都呈现多种形式。从组织类型看，新型农民合作组织可以分为经典合作社、具有股份化倾向的合作社和专业协会；[①] 从产生方式来看，分为内生型和外生型；[②] 从成员关系看，可以分为契约型合作社、出资型合作社和会员制合作社；[③] 从合作组织与外部关系来看，有的公司直接参股与合作组织结成利益统一体，有的只是签订订单建立互惠契约关系；从组织的层次看，有从事单一服务的专业合作组织，有产加销一体化的协会，也有不同合作组织之间的联合。此外，合作组织的参与主体多元化，包括农户、村社区、政府及其职能部门和龙头企业等，国务院发展中心农村经济研究部2006年对全国9省140个农民合作组织的调查统计显示，19%的合作组织理事长由政府官员担任，50%由生产大户担任，31%由企业负责人担任，37%由村委会负责人或村支书担任，17%由技术人员担任。[④] 这些新型农民合作组织以村民个体利益为基础，通过资本和劳动的联合，将村民和村外的市场联系起来，为中国农民的生活和生产开创了新的空间。

小　结

从我国合作组织的发展历程可以看出，合作组织的发展过程有很强的行政推动色彩，国家与社会关系的变化直接影响合作组织的兴衰。新中国成立前的合作社主要是作为政府整合乡村社会、发展村庄经济的一种手段，为国

① 黄祖辉、徐旭初、宋瑜：《中国农民合作社的制度安排》，见中国（海南）改革发展研究院编：《中国农民组织建设》，中国经济出版社2005年版，第266页。

② 潘劲：《流通领域农民专业合作组织发展研究》，载《农业经济问题》，2001年第11期，第53—54页。

③ 杜吟棠，潘劲：《新型农民专业合作组织的雏形——京郊若干案例调查》，见杜吟棠主编：《合作社：农业中的现代企业制度》，江西人民出版社2002年版，第364页。

④ 国务院发展研究中心农村经济研究部：《中国农村经济合作组织现状、问题和建议——对140个农村经济合作组织个案的调查报告》，2006年2月。

家权力渗入乡村社会提供了组织支持。在这一过程中，国家能够做到确保农民的福利和粮食消费，合作的推进是渐进的、自愿的，能够包容农村中各种文化、宗教和经济观念，能够平衡市场和计划、国家利益和农户利益之间需要，并且起到调节生产关系和农业技术提高之间的关系的作用。① 合作社一方面调动农户的生产积极性，为经济建设和战时提供物资支持，起着汲取资源、整合社会力量的作用；另一方面将国家政权延伸到乡镇和村落，深入农民的生产、生活和销售过程，建立了国家政权和农民利益之间的密切联系，扩大和稳固了政权建设的基础。② 新中国成立后，随着国家对社会控制的深化，合作社的意识形态色彩增加，合作社被看做是引导个体经济逐步走向集体化的有效方式，同时，国家通过合作社组织农民，能够更容易以较低的价格获取农民的粮食、棉花和其他农业原料，合作社失去了合作性质，成为一个具有行政级别的政府机构。改革开放后，家庭联产承包责任制的实施使国家与社会关系开始松动，农民有了自主经营权，从对国家的全面依附中解脱出来，合作组织成为个体农民自发形成的自我保护的组织，还原了合作社本来应该有的意义。（见表3－3）

改革开放为农民合作组织的出现提供了有利的制度环境，但是这并不意味着农民合作组织就可以自然产生和发展起来。事实上，农民合作组织的发展面临的是一个十分复杂的环境，处于不同社会地位、有不同利益要求和对合作理念有不同理解的各种主体都在其中发挥着各自的作用。如果说本章描述提供的是静态的制度环境，那么理解中国农民合作组织发展更重要的是“行动中”的环境，即不同主体间的互动所形成的社会结构和权力格局，以下几章中将着重讨论改革开放以来农民合作组织是如何在政府和社会行为者的

① Mark Selden, "Household, Cooperative and State in the Remaking of China's Countryside", in Vermeer, Edward B., Frank N. Pieke, and Woei Lien Chong (eds.), *Cooperative and Collective in China's Rural Development: Between State and Private Interests*, Armonk, N. Y.: M. E. Sharpe, 1997, p. 22.

② Pauline Keating, "The Yan'an Way of Co－Operativization", *The China Quarterly*, Dec. 1994, No. 140, pp. 1025－1051; Mark Selden, "Yanan's Communist Reconsidered", *Modern China*, Jan. 1995, Vol. 21, No. 1, pp. 1025－1051.

互动和博弈中发展的。

表3－3　中国农民合作经济组织发展历程

	新中国成立以前	新中国成立后—1978 年	1978 年以来
背 景	农村生产凋敝，农民生活贫困，需要动员农民发展农村经济	意识形态的影响和重工业战略的驱动下，国家全面控制社会	家庭联产承包责任制全面推行，国家全面控制社会的关系松动
发展程度	合作社以生产、运销、消费合作为主，对抗日战争和解放战争的胜利起到了重要的支持作用	农业合作化发展成集体化，不能适应商品经济发展的要求；供销和信用合作社成为政府机构，失去合作性质	跨生产、流通领域的新型农业一体化经营组织陆续出现，农民合作组织呈现多元化

第四章　中央政府：政策变迁研究

中央政府规定了合作组织的宏观性制度框架。从计划经济向市场经济的转型时期，是国家自主性调整、完善与增强的时期，通过重塑国家与社会的关系，将社会力量纳入既有制度框架内，建立与社会的合作与伙伴关系，国家强化了对社会的控制和管理能力。在合作组织的发展过程中，合作组织的发展阶段、合作的内容和管理环境都体现了国家的“可控式”改革路径，表现为国家对社会的较强的自主性。但是，转型时期也是社会自主性逐步增强的过程，社会自主性必然对国家自主性产生影响，通过考察改革开放以来国家对合作组织的政策变迁发现，随着民间自发的合作组织的逐步成长，国家对合作组织的态度从一开始的体制内统合逐步转变为认可体制外力量，呈现国家自主性与社会自主性的套接和互嵌关系。

一、中央政府自主性的增长

（一）国家自主性概念的定义

国家自主性是马克思国家理论中的一个重要概念，马克思在对经济基础与上层建筑、市民社会和国家关系的研究后得出，国家本质上是阶级统治的工具，市民社会决定国家。但是马克思也指出，国家具有一定的独立性和自主性，并从三个方面阐释了国家的自主性。首先，国家有相对于经济基础的自主性，政治和意识形态对经济基础存在反作用；其次，国家在履行社会职能时，有相对于统治阶级的自主权，表现为国家维护社会公共利益，从事社会公共管理，调节阶级冲突，调节阶级内部矛盾；最后，执政集团和官僚拥有自身的利益，对整个社会，包括统治阶级和非统治阶级都具有自主性。

继马克思之后，西方马克思主义学者对国家自主性问题进行了深入研究，通过对国家自主性概念进行发展和重新阐释以理解资本主义国家的现实。波朗查斯从结构主义出发，认为生产方式是由不同要素的结合形式决定的，在这种结合中，政治、经济和意识形态都有可能在某一时期起着统治作用，但归根到底是由经济决定的；密里本德则从工具主义的角度出发，认为国家相对于统治阶级来说具有一定程度的自主性，而并非绝对听从统治阶级的使唤的简单工具。① 在他们看来，国家的相对自主性只是资本主义结构下统治方式的改变，它并不否定资本主义在经济上的统治地位。

与西方马克思主义学者不同，国家中心论者主要从国家与社会关系的角度来讨论国家自主性问题。他们采用了马克斯·韦伯对国家的定义，将国家看做是对一定地域及居住于其中的人们实行暴力垄断的组织。由于他们将国家看做一个具有独立利益的组织，因此也被称为“组织现实主义理论”（Organizational Realist Approach）。国家中心论者认为，国家自主性是指国家作为社会公共利益的代表，超越于社会特殊利益集团，为实现社会公共利益目标而自主行动的性质。国家自主性需要具备三个条件：国家主权的统一、高效的官僚体系和充足的财政资源。首先，主权统一即国家的领土完整；其次，理性官僚体系的作用十分重要，因为他们的中立才能保证决策不受利益团体的影响，因此国家中心论强调保持稳定的精英循环体系，让有专业技术的人员进入行政职位，使最具有活力的人员保持在官僚体系内部而不是进入非国家领域；最后，国家需要拥有对财政资源的使用能力，包括国家是否能够分

---

① 〔希腊〕波朗查斯：《政治权利与社会阶级》，叶林、王宏周译，中国社会科学出版社1982年版；〔英〕密里本德：《资本主义社会的国家》，沈汉、陈祖洲、蔡玲译，商务印书馆1997年，转引自郁建兴：《马克思国家理论与现时代》，东方出版中心2007年版，第155—179页。

配某些专项资金，制定对某一企业或行业的支持政策，以及国家汲取资源和分配资源的方式等。

国家中心论指出，不同国家在不同时期有不同的自主性，这些自主性是由历史环境、行政结构、财政资源等原因共同决定的，国家自主不应该被看做是“任何政府体制的固定的结构特征，它可以被获得也可以被失去”①。与西方马克思主义学者的分析相比，这一取向不再是纯粹理论上的讨论，也不局限于对资本主义的分析，而是着重分析具体的国家政策和国家与社会结构，探讨国家在不同政策领域、不同地区和不同发展阶段的自主性问题。

在早期以国家中心主义为取向的实证研究中，十分注重国家机构本身对国家自主性的作用，通常用国家机构的组织化特征来衡量国家的强弱，比如斯科洛尼克（S. Skowronek）认为，国家的自主性取决于国家组织倾向的制度化程度，包括中央政府的权力集中程度，中央政府到管辖范围进行制度控制的渗透力，中央政府内部的集中化以及政府内部机构的功能专门化。② 不过，由于这一视角过于强调国家决策相对于社会的独立性，因而受到一些学者的批评，他们指出决策自主性高的国家并不一定具有强的政策执行能力。鉴于此，此后的研究在考察国家自主性时加入了社会的维度，将国家与社会的合作与伙伴关系看做是衡量国家自主性的重要指标，比如彼得·埃文斯认为，拥有嵌入性自主的国家倾向于能够成功地实现国家的工业化，这种嵌入性自主取决于国家官僚和商业精英间进行信息沟通的制度化联系方式。③ 较之于彼得·埃文斯，阿图尔·科利（Atul Kohli）的研究强调国家权力而不是能

① Theda Skocpol, “Bring the State Back In: Strategies of Analysis in Current Research”, in Peter Evans, Dietrich Rueschemeyer and Theda Skocpol (eds.), *Bring the State Back In*, Cambridge: Cambridge University Press, 1987, p. 14.

② S. Skowronek, *Building a New American State: The Expansion of National Administration Capacities, 1877 – 1920*, Cambridge: Cambridge University Press, 1982, p. 19, 转引自杨雪冬:《国家的自主性与国家能力：组织现实主义国家理论述评》，载《马克思主义与现实》，1996 年第 1 期，第 113—114 页。

③ Peter Evans, *Embedded Autonomy: States and Industrial Transformation*, New Jersey: Princeton University Press, 1995, p. 12.

力或信息，包括国家掌握多少权力来用于汲取资源、确定财政支出重点以及向社会逐渐灌输纪律和目标的意义，他认为国家精英对权力的有目的的运用是发展中国家工业化能否成功的关键。①

我国当代很多学者也从国家独立于社会的视角来定义国家自主性。例如王沪宁指出："国家相对自主性，即指国家作为协调社会关系的力量，独立于社会各阶级之外，其中包括独立于统治阶级之外。这种形式上的相对自主性，决定了国家内部职能中的社会管理职能和国家的外部职能的执行，在必要的时候，在形式上不直接以实现统治阶级的利益为核心目标，而是直接以保障和维护整个国家与社会的利益为目标。"② 孙立平指出："政治制度对于各种社会力量的超越性，就是国家的自主性。"他认为，国家自主性涉及两个因素：一是政府机构的能力，即政府对经济和社会生活的管理和协调能力；二是政府独立于社会中各利益群体的自主性程度。③ 李景鹏指出："自主性主要是指国家可以按照整个社会的利益来制定政策而不受特殊集团利益的影响和干扰，即指国家的政策对于社会各集团特殊利益的超越。这种超越便是源于国家对整个社会的控制要求和责任。"④ 由此可见，中西方学者大多都是从国家和社会利益集团力量相比所具有的相对强度来理解国家自主性的。亨廷顿也曾指出，政治组织和程序独立于其他社会集团以及其他行为方式的程度，是衡量一个政治共同体制度化的关键要素。⑤ 因此，概括来看，国家自主性的内涵主要包括两方面：首先，国家是一个理性的主体，可以作出独立于社会组织的决策；其次，国家拥有贯彻政策的能力，如果一个国家能够制定政策却并不能将政策贯彻执行，那么国家的自主性就是弱的。国家自主性主要取

① 〔美〕阿图尔·科利：《国家引导的发展——全球边缘地区的政治权力与工业化》，朱天飚、黄琪轩、刘骥译，吉林出版集团有限责任公司2007年版，第450—451页。

② 王沪宁：《政治的逻辑》，上海人民出版社1994年版，第215页。

③ 孙立平：《向市场经济过渡中的国家自主性问题》，载《战略与管理》，1996年第4期，第66页。

④ 李景鹏：《走向现代化中的国家与社会》，载《学习与探索》，1999年第3期，第75页。

⑤ 〔美〕塞缪尔·亨廷顿：《变革社会中的政治秩序》，李盛平、杨玉生等译，华夏出版社1988年版，第20页。

决于两个方面，一是政府机构的能力；二是政府独立于社会中个利益群体的自主性程度。前者指的是国家的结构，后者指的是国家对社会的嵌入程度，只有在结构上具有整合性并且功能上具有专一性的国家才是具有自主性的，才能够制定并且贯彻政策的执行。

（二）改革开放以来中央政府自主性增长

改革开放前的中国被认为是全能主义的国家，即国家权力渗透日常生活中，对社会实行无处不在的控制，然而国家对社会控制严密并不等同于国家自主性很大，更不意味着就是一个“强国家”。现代国家建构的历史表明，国家的自主性是建立在国家与社会分离的前提下的，即只有存在独立的社会和国家领域，国家才能够成为一个行使公共权力和提供公共服务的机构。①

正如很多学者已经指出的那样，改革开放前的中国是结构高度集权和国家与社会低度整合相并存，即从组织结构上看，国家对社会全面控制，将人们的生产和生活的各个方面都纳入国家的渠道，但国家的政策执行能力并不一定和政策制定能力一样强，由于国家并没有建立对社会的弥散性渗透，社会呈现“蜂窝状”，整个国家似乎由互不相关的单位所组成，各个单位处于十分分散的状态。此外，计划经济需要较高的技术手段为依托，而改革开放前的中国并不具备发达的科层系统，政治决策主要建立在政治精英之间以意识形态为分界的派系权力斗争上。

改革开放是一个全方位调节国家与社会关系的过程，国家从社会、经济和政治等方面收缩自己的权力，自主的社会空间开始出现。在这一转型过程中，一个最显著的特征就是国家政权建设向制度化的方向发展。美国政治学者安德鲁·内森（Andrew J. Nathan）指出，中国政治体制保持生命力的原因在于政治的制度化，表现为四个方面：（1）政治更替的规范性增加；（2）政治精英的晋升标准倾向于专业能力而不是宗派关系；（3）体制内组织的分殊

---

① 李强：《从现代国家建构的视角看行政管理体制改革》，载《中共中央党校学报》，2008 年第 6 期，第 24 页。

和功能专业化；（4）政治参与制度化。[①] 薄智跃（Bo Zhiyue）也指出，改革开放以来，尤其是进入2000年以来，由于政治制度化的出现，中国的精英政治呈现与以往不同的特征：一方面，职位的权威开始大于政治正确的权威；另一方面，专家的作用开始大于意识形态的偏好。薄智跃认为，政治制度化导致政治结构发生变化，其中正式的制度比非正式的网络发挥更大的作用，并且正式制度已经在中国政治中占主导地位。[②] 中国学者胡鞍钢也指出，进入21世纪后，中国的长远发展目标是实现制度现代化，这意味着要从经济建设为中心转向制度建设为中心，其中，制度建设应该包括强制机制、汲取机制、共识机制、监管机制、协调机制、表达机制、整合机制、再分配机制等。[③]

从以上分析看出，改革开放后国家自主性的增长主要表现在政权建设的制度化上。一方面，正式制度的作用和权威不断扩大，部门功能分化明显，政治遴选和政治决策更多建立在理性考量的基础上；另一方面，国家的资源汲取能力增强，拥有较大的可以控制和调配的经济资源，其中前者主要表现为以行政体制改革为核心的行政体系建设，后者则体现在财政管理体制的改革中。

1. 行政体制改革

改革开放以来，中央政府的行政机构进行了六次大的改革，通过改革转变了政府职能，理顺了政府与市场、政府与社会关系。1982年进行了改革开放后第一次行政机构改革，改革的背景是“文化大革命”结束后大量受到冲击的干部回到政府部门，造成机构臃肿，不适应政治和经济工作发展的需要。改革要求减少各级部门的副职，提高干部素质，对国务院机构进行了精简，实施了干部队伍的革命化、年轻化、知识化和专业化建设，并建立了正常的干部离退休制度。

---

① Andrew J. Nathan, “China’s Changing of the Guard: Authoritarian Resilience”, *Journal of Democracy*, Vol. 14, No. 1, January 2003, pp. 6 – 7.

② Bo Zhiyue, *China’s Elite Politics: Political Transition and Power Balalcing*, World Scientific Publishing Co. Pte. Ltd., 2007, pp. 5 – 7.

③ 胡鞍钢：《第二次转型：以制度建设为中心》，载《战略与管理》，2002年第3期，第37页。

1988 年进行了第二次机构改革，其目标是推进政府职能转变，将政府的经济管理部门从直接管理为主转变为间接管理为主，加强宏观管理职能，弱化微观管理。改革后，国务院部委由原有的 45 个减为 41 个，直属机构从 22 个减为 19 个，非常设机构从 75 个减为 44 个。

1993 年的改革是在确立社会主义市场经济体制背景下进行的，改革的重点是转变政府职能，实行“政企分开”。按照建立社会主义市场经济体制的要求，加强宏观调控和监督部门，强化社会管理职能部门，减少具体审批事务和对企业的职级管理；理顺国务院各部门之间的关系，合理划分职责权限，避免交叉重复，调整机构设置。综合经济部门中组建了国家经贸委，以加强对国民经济运行中重大问题的协调，专业经济部门的改革被分为三类，其中一类由政府部门改为经济实体，另两类改为行业总会。通过改革，国务院原有 18 个专业经济部门撤销 7 个，新组建 5 个，国务院组成部门、直属机构从原有的 86 个减少到 59 个。

1998 年国务院对组成部门进行了大幅度改革，目标是规范政府行政管理体系，完善国家公务员制度，建立专业化行政管理队伍，建立适应社会主义市场经济体制的有中国特色的政府行政管理体制。改革裁撤了大部分工业专业经济部门，合并和组建了 4 个部委，改革后，国务院组成机构由原有的 40 个减为 28 个。

2003 年进行了第五次机构改革，目标是进一步转变政府职能，调整和完善政府机构设置，理顺政府职能分工，提高政府管理水平，改进管理方式，推行电子政务，提高行政效率。根据经济社会发展的需要，改革对政府职能进行了新的调整，设立和组建了国务院国有资产监督管理委员会、中国银行业监督管理委员会、商务部以及国家食品药品监督管理局。改革后国务院的组成部门共有 28 个。①

2008 年的改革是在党的十七大精神的指引下展开的，改革的目标是加快行政管理体制改革，建设服务型政府，改革的重点是探索实行职能有机体统

---

① 傅大有、袁勇志、芮国强：《行政改革制度创新》，上海三联书店 2004 年版，第 4—7 页。

一的大部门体制，合理配置宏观调控部门职能，加强能源环境管理机构，整合完善工业和信息化、交通运输行业管理体制，以改善民生为重点加强与整合社会管理和公共服务部门。改革后，国务院组成部门27个。①

从以上对六次行政改革历程的回顾可以看出，我国的行政机构改革在促进国家制度化建设上表现在以下几个方面：第一，政府从对经济的直接参与转化成宏观管理，减少了对微观经济活动的干预，大部分国务院部门变成专门提供公共产品的部门，将属于市场和社会的功能归还给市场和社会。第二，完善了政府的市场监管和社会服务职能，弥补了政府在管理市场经济和提供公共产品中的缺位。第三，进行了公务员制度建设，建立了一个知识型的行政干部队伍，向高效和科学决策的行政体制迈进。第四，通过职能合并和调整，加强了行政决策的开放性、民主性和回应性。从国家与社会关系的角度来看，历次行政机构改革最大的特点在于国家和社会分殊，即国家不断剥离超越政府范围的社会和经济管理职责，走向专门提供公共服务的职能专一化的现代性国家。

在这样的背景下，一个以专业技能为基础的技术专家官员群体正在日益成熟。在我国的政治体系中，参与公共政策制定的主要政府部门包括立法部门、行政部门、党的机构以及党和政府直属的研究机构等，就与农民合作经济组织相关的政策而言，主要的决策机构有农业部、财政部、国家发展与改革委员会、商务部、全国人大常委会农委会以及国务院研究室、农业部农研中心、国务院发展研究中心农村经济研究部等，它们共同参与农民合作组织相关政策在立法、执行和反馈等阶段的调查与研究，推动和完善有关合作组织的政策。在这些相关决策部门的负责人中，专家型官员占很大的比例。总体来看，专家型官员呈现以下几个基本特征：从年龄阶段来看，大部分介于50—60岁之间，60岁以上的较少，还有部分是40—50岁之间的中青年干部；从学历来看，几乎都是大学毕业，拥有经济学专业的学位，其中大部分拥有博士学位，有的还是大学的兼职教授或博士生导师；最后，从工作时间来看，

① 陈坚：《改革开放以来我国政府机构改革历程述略》，载《党的文献》，2008年第3期，第46—50页。

大部分都是在20世纪80年代开始进入政府部门，在90年代处于重要的领导岗位。[①] 因此，高学历、丰富的政府工作经验和相似的人生经历是这些专家型官员的共同特征。

专家型官员考虑问题时更多倾向于解决实际问题，他们对农民合作组织存在的必要性有足够的认识。正如对当代中国农村改革起到过重要作用的中央财经领导小组办公室副主任陈锡文在《中国农村的五大问题》中指出："在中国，农民之所以弱，非常重要的一条不在于他们的数量有多少，而在于组织化程度太低，凝聚不起来，没有自己的组织和声音，甚至在很多地方缺乏表达诉求的渠道。中央政府的政策制度在执行中的后果可能各不相同，但是从初衷来说，都为了保障农民权益，包括经济的、政治的，但实际效果可能没达到。所以我觉得，村民委员会这样的组织能起到什么样的作用确实需要认真考虑。对农民来说，他们更需要能够带领他们发展生产、进入市场、增加收入的组织，而这类组织极其短缺。从去年开始，全国人大常委会已经把建立农民专业合作经济组织列入立法议程，现在正在启动法律起草的工作。"[②] 尤其是对新中国成立后农民合作组织发展过程中的教训的切身感受，也使他们对农民合作组织采取一种更加务实的态度。

此外，他们对政府的权力边界有比较清晰的认识，承认政府与市场、国家与社会之间的职责划分。从政府与合作组织之间的关系来看，他们基本上认为政府对合作组织的主要职责不是直接参与管理，而是进行监管和提供服务；在发展合作组织的手段上，更加尊重农民的自主意愿而不是采用行政命令和强制的方式。国务院发展研究中心副主任李剑阁在2006年年底召开的"促进中国农民合作经济组织发展国际研讨会"上指出，"政府不能将农民合作经济组织纳入自己的行政体系之内，不能干预合作组织的内部事务。必须将自上而下的推动与自下而上的努力相结合。政府应在政策上给予合作经济

① 根据2005—2006年作者访谈和接触所得的资料的不完全统计得出。

② 陈锡文：《中国农村的五大问题》，见王景新：《乡村新型合作经济组织崛起》，中国经济出版社2005年版，总序第7页。

组织一定的支持和优惠，促进合作组织在经济上逐渐自立”[①]。这一席话可以代表政府对农民合作组织的基本立场。在农民专业合作组织成长的过程中，许多政府官员积极帮助合作组织与其他相关部门协调，在税收和工商登记上提供优惠和便利，为农民合作组织的发展提供了良好的制度环境。

最后，正如韦伯论述理性官僚制时指出的那样，专家型官员能够以国家的整体利益来考虑问题，而较少受利益团体的影响。在我国农民专业合作组织立法的过程中，尽管围绕农民合作组织的法律地位、合作内容和主管部门等一系列重要问题存在很多争论，但农民的利益总是成为专家型官员首要的考虑出发点。例如，我国现有的合作组织性质差异较大，一方面，我国已经存在有供销社、信用社、农业部门的服务性组织和社区集体经济组织，另一方面，我国自20世纪80年代逐渐发展了专业技术协会，是由民政部主管的社会团体性质的民间组织。在发展哪一种组织上，政府官员更倾向于合作社，因为与前两者相比，农民专业合作组织是一种产权明晰的组织，它在保护农民利益上有着更广泛的作用。《农村专业合作社法》起草小组的副组长、来自农业部的刘登高指出：“合作社在产权上是十分清晰的，它是社员所有，尊重社员的个人产权，社员要对合作社具有实质性的控制权，也就是民主控制，不用提‘民主管理’，因为民主管理也可能变成形式上是民主参与，而实质上是政府官员控制或大户控制，合作社不是盈利单位，它给社员带来的收益要进行民主分配，使得社员都能够民主地分享各种权益。”[②] 尽管政府机构之间在发展农民专业合作组织的具体道路上仍存在不同看法，但政府部门高度肯定农民专业合作社在保护农民利益上的作用是推动我国农民合作组织取得快速发展的主要动力之一。

2. 财政税收制度改革

国家的汲取能力是国家政权制度化建设的一个重要组成部分。汲取能力包括国家动员和汲取社会资源的财政能力，它是履行国家基本职能的基础，

① http://www.drcnet.com.cn/DRCnet.common.web/DocViewSummary.aspx? docid = 1434529&chnid = 7&leafid = 1&gourl = /DRCnet.common.web/DocView.aspx.

② http://www.wyzxsx.com/Article/ShowClass.asp? ClassID = 2&page = 36.

只有国家有较强的财政汲取能力，才能够切实承担起提供公共服务和公共产品的职责。① 改革开放以来，通过两次税制改革，我国提高了中央政府的财政能力，确立了中央财政在宏观调控中的主导地位。

1978 年后，我国对计划经济时期的中央高度集权体制进行改革，将部分中央的权力下放给地方，其中，最为重要的举措就是财政分权，即将部分财政自主权下放给地方政府，通过调动地方积极性打开改革的空间。1980 年 2 月，国务院颁发了《关于实行“划分收支、分级包干”的财政管理体制的暂行规定》，决定从 1980 年开始实行中央和地方之间财政包干制的财政管理体制改革，这也被称为财政上的“分灶吃饭”。财政制度改革调动了地方的积极性，全国财政稳步上升，中央财政收入在短时间内也得到增长，从 1980 年到 1984 年，中央财政占全国财政的比重从 24.5% 增加到 40.5%。不过，从 1985 年起，分灶吃饭的财政管理体制有利于地方财政积累的特征不断显现出来，由此中央财政在全国财政中的比重逐年下降，1985 年中央和地方财政的比为 38.4∶61.6，到 1993 年这一比重变成了 22∶78，中央财政在财政调节中完全处于被动的地位。（见表 4－1）

面对分灶吃饭的财政制度带来的财政实力弱和中央财政调控能力不足的问题，国务院启动了新的财税制度改革。1993 年 12 月，国务院颁布了《关于实行分税制财政管理体制的决定》，将财税体制从分灶吃饭向分税制转变。分税制重新划分中央和地方的税收，将维护国家利益、实施宏观调控所必需的税种划分为中央税，把同经济发展直接相关的税种划分为中央与地方共享税，将适合地方征管的税种划分为地方税。分税制的实施迅速扭转了中央财政收入比重持续下滑的趋势，并使中央财政收入超过了地方财政收入，1994 年中央财政和地方财政收入比为 55.7∶44.3；从 1998 年开始中央财政稳步增长，到 2006 年中央财政收入占全国财政收入的 52.8%。（见表 4－1）通过调整政府与企业、中央和地方的关系，分税制改革增加了中央的财政能力，强化了中央政府对地方政府财政的控制与调节，使中央在宏观调控中处于主动地位。

---

① 胡鞍钢：《第二次转型：以制度建设为中心》，载《战略与管理》，2002 年第 3 期，第 37 页。

表4-1 1980—2006年中央和地方财政收入比较

年份	全国（亿元）	中央（亿元）	地方（亿元）	比重（%）	
				中央	地方
1980	1159.93	284.45	875.48	24.5	75.5
1981	1175.79	311.07	864.72	26.5	73.5
1982	1212.33	346.84	865.49	28.6	71.4
1983	1366.95	490.01	876.94	35.8	64.2
1984	1642.86	665.47	977/39	40.5	59.5
1985	2004.82	769.63	1235.19	38.4	61.6
1986	2122.01	778.42	1343.59	36.7	63.3
1987	2199.35	736.29	1463.06	33.5	66.5
1988	2357.24	774.76	1582.48	32.9	67.1
1989	2664.90	822.52	1842.38	30.9	69.1
1990	2937.10	992.42	1944.68	33.8	66.2
1991	3149.48	938.25	2211.23	29.8	70.2
1992	3483.37	979.51	2503.86	28.1	71.9
1993	4348.95	957.51	3391.44	22.0	78.0
1994	5218.10	2906.50	2311.58	55.7	44.3
1995	6242.20	3256.62	2985.58	52.2	47.8
1996	7407.99	3661.07	3746.92	49.4	50.6
1997	8651.14	4226.92	4424.22	48.9	51.1
1998	9875.95	4892.00	4983.95	49.5	50.5
1999	11444.08	5849.21	5594.87	51.1	48.9
2000	13395.23	6989.17	6406.06	52.2	47.8
2001	16386.04	8582.74	7803.06	52.2	47.6
2002	18903.64	10388.64	8515.00	55.0	45.0
2003	21715.25	11856.27	9849.98	54.6	45.4
2004	26396.47	14503.10	11893.37	54.9	45.1
2005	31649.29	16548.53	15100.76	52.3	47.7
2006	38760.20	20456.62	18303.58	52.8	47.2

资料来源：《中国统计年鉴（2001）》，中国统计出版社2001年版；《中国统计年鉴（2007）》，中国统计出版社2007年版。

财政管理体制改革使国家的财政实力大大加强。从20世纪90年代初期以来，财政总收入的增长速度接近每4年增加1倍，中央财政也以稳定的速度增长，这为工业反哺农业的目标奠定了坚实的基础。胡锦涛总书记在党的十六届四中全会上指出："在工业化初始阶段，农业支持工业、为工业提供积累是带有普遍性的趋向；但在工业化达到相当程度以后，工业反哺农业、城市支持农村，实现工业与农业、城市与农村协调发展，也是带有普遍性的趋向。"2006年中央一号文件明确提出："统筹城乡经济社会发展，实行工业反哺农业、城市支持农村和'多予少取放活'的方针。"此后"工业反哺农业"在党的文件中多次被提及，并在党的十七届三中全会进一步得到强调。工业反哺农业意味着通过国家财政转移支付支持农村的发展，1998年国家财政用于农业的支出1154.76亿元，2003年达到1754.45亿元，到2006年达到3172.97亿元。（见表4－2）随着国家对农村支持力度的扩大，中央政府对"三农"的投入比例稳步提高，财政部数据显示，2003年中央财政用于"三农"的投入首次超过2000亿元，达到2144亿元，2008年达5955亿，比2003年增加了3811亿元，增长了177.5%。

随着工业反哺农业政策的实施，国家加大了对农民合作组织的财政支持力度，启动了农民专业合作组织法的立法进程，农民合作组织获得了一个相对宽松的制度空间。2004年、2005年、2006年和2007年连续四个中央一号文件都提出了鼓励发展各类农民专业合作组织的具体政策，要求积极引导和支持农民发展各类专业合作组织。在中央政策的推动下，财政部和农业部提供了财政扶持，2003年财政部提供2000万元的资金在全国扶持100个农民合作组织，2006年农业部安排2000万元专项资金，开展农民专业合作组织示范项目建设。2006年11月初《中华人民共和国农民专业合作社法》出台，明确了农民专业合作组织的法人地位，标志着我国农民合作组织的发展进入一个新的阶段。

表 4-2　1980—2006 年国家财政用于农业的支出

年份	合计（亿元）	用于农业支出占财政支出的比重（%）
1980	149.95	12.20
1985	153.62	7.66
1990	307.84	9.98
1995	5574.93	8.43
1996	700.43	8.82
1997	766.39	8.30
1998	1154.76	10.69
1999	1085.76	8.23
2000	1231.54	7.75
2001	1456.73	7.71
2002	1580.76	7.17
2003	1754.45	7.12
2004	2337.63	9.67
2005	2450.31	7.22
2006	3172.97	7.85

资料来源：《中国统计年鉴（2007）》，中国统计出版社 2007 年版。

二、改革开放后农民合作组织的制度安排

改革开放前，国家对社会实行高强度的控制，但是却呈现国家高度组织与社会低度整合相并存的现象，即虽然国家建立了对社会严密的组织体系，对人们实行全面的控制，但是社会却并不是高度整合的。[①] 造成这种矛盾现象的原因，一方面是因为国家并不具备高度一体化的官僚体系和信息条件，使

① 孙立平：《向市场经济过渡中的国家自主性问题》，载《战略与管理》，1996 年第 4 期，第 68 页。

国家意志与实际贯彻之间存在距离，另一方面则是源于在国家与社会不分的状态中，国家凌驾于社会之上，社会自我组织和整合的能力得到抑制。改革开放后，国家与社会开始出现分离，国家将部分社会事务的支配权交给社会组织或社会成员，让社会力量自主管理国家让渡出来的空间，同时国家从微观经济和私人生活领域中逐步退出，通过市场力量自主调节。这使得国家不再以直接参与经济的角色出现在社会管理中，转型成为市场的规制者和监管者，使一个具有自主性和现代性的国家成为可能。

但是，在转型时期的中国，国家与社会关系的调整是以国家主动让渡空间出现的，表现为“可控式”放权改革，即“在改革动力上，一方面来自于社会基于生存理性对统制主义的冲击，另一方面基于新的权力内核对统制主义及集体制的深刻反思；在改革路径上，权力内核首先发育新要素来取代旧要素，并运用新要素承接旧体制遗留下来的问题，重新整合社会，随着改革深化，权力内核愈来愈注重通过控制和分配资源调整利益关系并控制社会”①。在可控式放权改革中，国家拥有对社会的较大自主性，国家对社会的管理也表现为双重性，即一方面放开部分社会空间，另一方面维持部分垄断权力。农民合作经济组织的发展阶段、合作的行业分布和合作组织的管理制度都表现为政府的“可控式”改革特征。

（一）农民合作组织的发展阶段

总体而言，我们可以将改革开放以来农民合作组织的发展分为三个阶段：第一是20世纪80年代初到90年代初，这是农民合作组织的萌发阶段，这一时期整体上几乎没有农民合作经济组织的系统活动，只是开始出现了具有合作组织雏形的农村专业技术协会；第二是90年代中期到末期，这是农民合作组织的起步阶段，合作组织开始较快发展；第三是90年代末以来，这是农民合作经济组织发展的深化和加速阶段，合作组织从数量和质量上都有较快发展。2003年由沈明高等学者进行的抽样调查结果和这是吻合的，调查显示，

① 徐勇：《内核—边层：可控的放权式改革——对中国改革的政治学解读》，载《东方》，2002年第12期，转引自人大报刊复印资料《政治学》，2003年第2期，第42页。

改革开放初期，合作组织几乎没有系统的发展，在受调查的290个农民专业协会中，1994年以前的农民专业协会14个，仅占全部合作组织的5%；90年代中期合作组织的数目明显扩大，1994年到1997年间组建的合作组织一共34个，占全部合作组织的12%；增长最快的是2000—2003年，这一时期产生的合作组织数量占全部合作组织的83%，平均每年有40个合作组织新建起来。①（见图4－1）

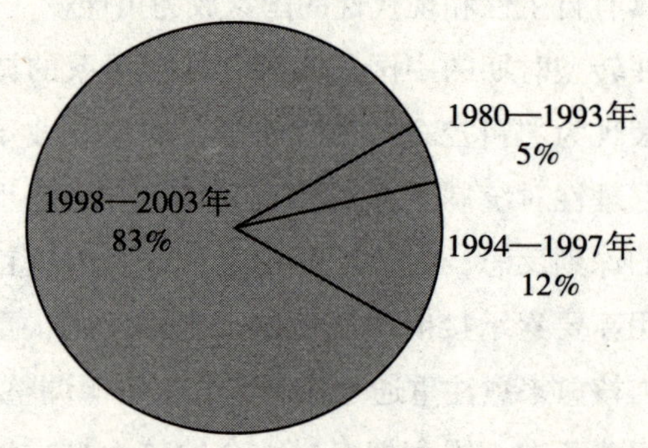

图4－1　1980—2003年间不同阶段农民合作经济组织所占的比例

资料来源：Minggao Shen，Scotte Rozelle and Linxiu Zhang，"Farmer' s Professional Associations in Rural China：State Dominated or New State－Society Partnerships?"，FED Working Papers，Series No. FE20050013，www. fed. org. cn。

由此可见，尽管农民合作的需求在联产承包责任制以后就开始萌发，但农民合作组织的快速发展却是在20世纪90年代末才开始的。合作组织的发展进程与国家对合作组织合法性认可密切相关。1993年之前国家对农村中出现的各种合作形式允许自行发展，仅仅提出供销社和科协指导，并没有进行

① 该调查从全国范围选取6个省，即江苏、四川、陕西、甘肃、河北和吉林，分别代表中国的东部、西南、黄土高原、西北、中部和北部地区，然后从每个省按照工业产出总值（GVIO）将县排序，随机抽取6个县，按此方法再每县随机抽取6个镇，共216个镇，平均每个镇选11个村。参见Minggao Shen，Scotte Rozelle and Linxiu Zhang，"Farmer's Professional Associations in Rural China：State Dominated or New State－Society Partnerships?"，FED Working Papers，Series No. FE20050013，www. fed. org. cn。

政策规定，对其属性也没有确定。1987年国务院55号文件要求供销社“在自愿的原则下，组织生产者建立不同产品的生产专业协会，或按照合作社的原则，建立专业合作社”。1990年国家科委拟定《农业技术经济服务合作协会示范章程》，在青海等省进行试点和推广，因此合作组织也仅在各地零星出现，且大多以官办协会的形式出现。

1993年底，国务院明确农业部作为指导和扶持农民专业协会的行政主管部门，同年农业部开始在陕西、山西、安徽等地进行农民专业协会立法和管理试点工作，并与国家科委联合下发了《关于加强对农民专业协会指导和扶持工作的通知》，对农民专业协会的性质、地位和作用进行了阐述，要求各地为专业协会发展创造好的环境，主动引导合作组织的发展，因此合作组织在这一时期有较大发展。

2000年以来，国家对合作组织的属性逐渐明确，承认其合法地位并开始合作社立法工作。2003年十届全国人大第一次会议议案《要求尽快制定中华人民共和国农村专业合作经济组织法》，十届全国人大常委会立法规划将《农民合作经济组织法》列为本届人大五年任期内研究起草、成熟时安排审议的法律草案，《农民合作经济组织法》正式纳入立法进程。在国家关于合作组织的立法未出台以前，各省市制定了相关的政策优惠措施，因此2000年后合作组织在各地政府的推动下迅速发展起来。

（二）农民合作组织的合作经营范围

农民的组织化水平与农业的商品化、社会化和现代化程度密切相关，农民合作的项目及范围大小反映了农民进入市场的准入程度，也体现了国家对社会放权的程度。2003年全国人大农业与农村委员会对全国合作组织的调查指出，我国农民合作经济组织在不同行业的分布中，种植业的比重最高，为42.87%，养殖业的比例为33.98%，其他产业为23.15%，这与种植业、养殖业在农业生产总产值中的比例正相关。① 但是，该调查对农业、供销、科协提供的160个合

① 全国人大农业与农村委员会课题组：《农民合作经济组织法立法专题研究报告》，2004年3月，第8页。

作组织的进一步仔细分析发现，合作经济组织涉及粮食、棉花、油料等大宗农产品行业的数量很少，比例一般为10%以下，远低于粮棉油等大宗农产品在农业总产值中的比例（2002年为24.5%）；而蔬菜、水果行业的组织数占总数的比例分别为30%和20%左右，远高于其行业产值在农业总产值中的比例（2002年分别为15.4%和5%）。（见图4－2）

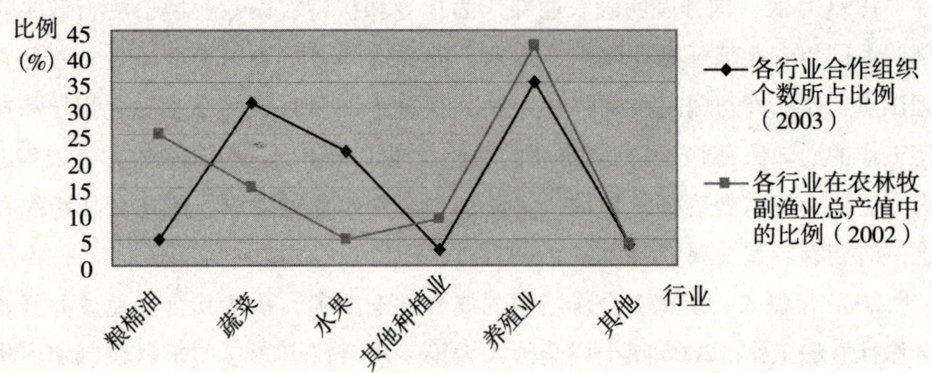

图4－2　农民合作组织行业分布与农业总产值行业分布比较

资料来源：全国人大农业与农村委员会课题组，《农民合作经济组织法立法专题研究报告》，2004年3月。

相比而言，国外合作社的行业分布则覆盖了农业生产的各个领域，尤其是大米、小麦等粮食作物，构成了其中的重要合作内容。比如在法国，合作社收购的农产品中，牛奶占50%以上，谷物占71%，食品出口中，通过合作社出口的谷物占45%，鲜果占80%，肉类占35%，家禽占40%；在日本，农协提供的农产品和生产资料占市场销售的绝大部分，其中米面占95%，水果占80%，家禽占80%，畜产品占51%，肥料占92%，饲料占40%，农机占47%，农药占70%。[①] 此外，合作社还涉及金融、保险和社会服务等领域，例如日本农协的信用和保险事业十分发达，农协的保险事业所持有的合同金

① 农业部农业产业化办公室：《借鉴国外合作社经验，应对WTO的挑战》，载《农业经济导刊》，2002年第4期，转引自徐旭初：《中国农民专业合作经济组织的制度分析》，经济科学出版社2005年版，第4页。

额仅次于日本最大的保险公司，据1994年数据显示，日本平均每个农协的盈余金额为7000万日元，但按农协的部门分析，赢利的只是保险和信用事业，而购买、销售等其他事业常常需要信用事业的盈余来支持。[①] 由此可见，中国农民合作的内容相对局限，主要是在水果、蔬菜、特色农产品和养殖业中，而对粮棉油大宗农产品、化肥农药等生产资料较少涉入，在金融和保险的合作则更加缺乏。

合作内容的局限主要是因为合作组织的市场进入受国家宏观控制。在转型时期，国家放开了大部分农产品的统购派购，但仍对部分农产品和物资实行"双轨制"，使政府部门拥有经营特许权，限制农民对市场的进入。例如，国家虽然取消了粮棉油等一些重要农产品的统购派购，但仍实行计划收购，种子、化肥、农药等农业生产资料仍然由供销社和农业部门专营。由于难以得到计划分配物资和专营物资，合作组织与供销社及其他物资供应部门处于不平等的市场竞争中。其他学者对合作组织的考察也指出，粮棉等大宗产业的协会活动大多维持在技术普及和交流这一层次，进入商品流通领域的很少，除非得到有关部门的特批，跨省界、市界进行商品流通的协会寥寥无几。[②]

（三）合作组织的管理制度

最后，在整体上对社会团体实行较为严格的管理制度下，国家为合作组织提供了较为宽松的环境。1989年10月，国务院颁布的《社会团体登记管理条例》确定了民间组织的监管体系。1998年10月，国务院对条例进行修订，对民间组织实行了较为严格的监管体制，包括双重管理、非竞争性安排和地域限制等。[③] 双重管理是指社会团体受业务主管单位和登记管理机关的双重管

① ［日］太田原高昭：《日本农协的组织、机能及其运营》，见焦必方主编：《日本的农业、农民和农村——战后日本农业的发展与问题》，上海财经大学出版社1997年版，第219—220页。

② 程同顺：《中国农民组织化研究初探》，天津人民出版社2003年版，第187页。

③ 有关该条例前后变化的详细解释，可参见Tony Saich，"Negotiating the State：The Development of Social Organizations in China"，*The China Quarterly*，No. 161，Mar. 2000，pp. 124－141。

理，非竞争性是指不能在同一行政区域内成立业务范围相同或者相似的社会团体，分级管理是指社会团体按照所属地域分级登记，不得设立地域性的分支机构。这些规定提高了社会团体注册的门槛，排除了社会团体发展基层分会、建立全国性纵向体系的可能。

与整体上对社会团体的严格监控相比，国家对合作组织的发展却一直予以鼓励。早在1982年，中共中央作出的《关于改革科学技术体制的决定》就提出要推动农业科技人员走出实验室，发起和组建一批农民专业协会；1993年，国务院《关于当前农业和农村经济发展的若干政策措施》中提出，农村各类民办的专业技术协会要在服务过程中，逐步形成技术经济实体；1998年，中共中央农业和农村工作的意见指出，农民自主建立的各种专业合作社、专业协会以及其他形式的合作与联合组织有利于引导农民进入市场，完善农业社会化服务体系，要积极鼓励和大力支持。2003年10月29日，民政部颁布了《关于加强农村专业经济协会培育发展和登记管理工作的指导意见》中指出"在不违背《社会团体登记管理条例》基本精神的基础上，可以适当放宽登记条件，简化登记程序"，登记条件为"有规范的名称、固定的场所、一定数量的会员、相应的组织机构、与其业务活动相适应的专职或兼职人员"，比《社会团体登记管理条例》对一般社团的规定简化很多。

与此同时，国家将农民合作组织的活动范围严格限制在经济领域。2006年10月31日，全国人大通过了《中华人民共和国农民专业合作社法》，其中对合作社的定义是："农民专业合作社是在农村家庭承包经营基础上，同类农产品的生产经营者或者同类农业生产经营服务的提供者、利用者，自愿联合、民主管理的互助性经济组织。"与经济领域的开放相比，国家对涉及公共领域的其他农民组织依然持审慎态度。正如康晓光指出，实施什么样的控制策略和控制强度，取决于政府的利益需求以及被控制对象的挑战能力和社会功能①，国家对合作组织的管理体制也表现出国家对社会组织的"分类控制"能力。

总体而言，农民合作组织的制度安排与国家的自主性密切相关，国家对

① 康晓光：《分类控制：当前中国大陆国家与社会关系研究》，载《社会学研究》，2005年第6期，第89页。

合作组织的重视程度决定了合作组织的发展速度；国家对经济领域的开放性决定了合作组织进入市场的渠道，进而影响了合作的行业分布；而国家对经济领域的开放和对政治领域的审慎则规定了合作组织影响政府的方式。这些宏观制度环境成为合作组织发展的制度框架，对合作组织的发展方向起着重要的引导作用。

三、国家与社会互动中的政策变迁

国家的自主性不仅表现在对合作组织的制度框架设定中，同时也表现在国家根据变化了的社会环境进行自我调整的过程中。随着经济环境的变化，社会的自主性也不断增长，它们对国家主导式改革的制度框架提出新的要求，迫使国家在变化了的社会环境中不断调整与社会的关系，以适应经济和社会发展的要求。这种国家和社会的互动反映在国家对合作组织的政策变迁中。

改革开放初期，国家对农民中出现的合作趋向给予重视，但都是在既有组织框架内进行改革，没有突破原有的组织安排；随着农村市场的开放和社会自主意识的增长，国家开始将农民自发的合作纳入现有的行政管理和政策安排之内，并试图用体制内的组织来容纳新的农民合作意愿；进入21世纪以来，国家承认农民自发的合作组织，并赋予农民合作组织合法地位，使农民合作组织获得了生长空间。因此，合作组织的政策发展可以概括为体制内吸纳、体制内与体制外结合和体制外规制三个阶段。（见图4－3）

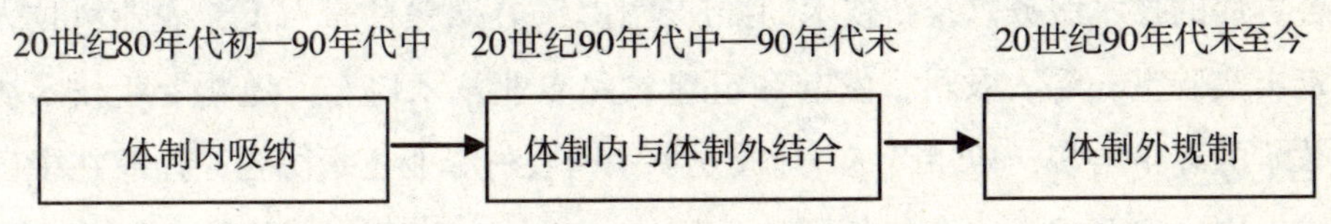

图4－3　改革开放后农民合作组织政策变迁

（一）第一阶段：体制内吸纳

从20世纪80年代初到90年代中期，政府发挥传统组织资源的主导作用，引导农民合作纳入制度框架内，这一阶段可以称为体制内吸纳阶段。家庭联产承包责任制实施后，农民面临单个农户不能解决的许多问题，集体经济这时成为联合农民的重要载体。1984 年中共中央一号文件指出："为了完善统一经营和分散经营相结合的体制，一般应设置以土地公有为基础的地区性合作经济组织。"很多地方开始恢复社区合作经济，有的地方有不同的村联合起来，组成互助联合体，进行灌溉和生产互助，联合生产和采购生产资料。①

此外，大力改革供销社和信用社为农民的合作经济组织是这一时期的重点。从 1982 年起，国家就开始对供销社进行恢复"三性"的改革，即恢复组织上的群众性、管理上的民主性和经营上的灵活性。1984 年中共中央一号文件指出，"供销社体制改革要深入进行下去，真正变成农民群众集体所有的合作商业"，"信用社要进行改革，真正办成群众性的合作金融组织"。国家鼓励供销社吸收农民股金，1985 年农民资金占基层社自有资金的比重从 1982 年的 3% 左右上升到 13.8%，增强了供销社的经济实力和服务能力；信用社也进行了民有化改革，吸收农民股金，发挥民间借贷的作用。

除了利用和改造传统组织的方式以外，国家还引导农民成立专业技术协会，并将其置于科委的管理之下。1982 年《中共中央关于改革科学技术体制的决定》提出："各地政府要围绕农林牧副渔的商品生产基地的建设，积极同各方面的科学技术力量，发展多种形式的联合。""农业技术推广机构应同研究机构、高等学校密切合作，加强同乡镇企业、各种合作组织以及专业户、技术示范户、能工巧匠的结合，以点带面，积极做好供、产、储、运和加工等各方面的技术服务以及新技术的推广工作。"在政策的号召下，农业科技人员走出实验室，深入农村，发起和组建农民专业技术协会。随着专业技术协会数量的逐步增多，1995 年 11 月成立了中国农村专业技术协会，挂靠在中国科协。中国专业技术协会依托科协的网络体系，在除西藏以外的全国绝大多数地区，建成了村级、乡镇、县级、省级农村专业技术协会的相对成形的组织体系。协会的成员包括全国从事农业、农村专业技术研究和科学普及推广

① 韩元钦：《中国农村的合作经济》，东北师范大学出版社 1991 年版，第 210 页。

的科技工作者、专业技术能手，以及全国各地农村专业技术协会（联合会）。中国专业技术协会实际上是国家对各地农村专业技术协会进行管理的行业组织，有着较强的“官办”色彩，截至2005年底，全国专业技术协会117673个，其中省级20个，县级9362个，乡级38563个，村级69728个。①

随着各种合作组织的不断发展，国家开始将合作组织纳入行政管理之内。1993年，国务院明确农业部为指导和扶持农民专业技术协会的行政主管部门，并开始制定示范章程和进行试点。农业部以陕西、山西为试点借鉴日本农协经验，探索对传统组织资源的利用和改造，例如在山西省进行的试点中，选择了村社区服务组织、社区合作经济组织、供销社和专业技术协会为依托建立合作组织，强调发挥传统组织的服务功能。②

总体而言，虽然这一时期农民合作组织有了一定发展，但是国家试图通过改造传统的组织资源来承担发展合作组织的任务，建立了以农业部为主管部门，以供销社、农村专业技术协会和社区集体经济组织为主体的合作组织管理和发展体系。

（二）第二阶段：体制内与体制外结合

从20世纪90年代中到末期，由于原有的合作组织体系并不能容纳农民日益增长的合作需求，国家开始采取体制内组织改造与体制外合作组织同时发展的路径。

体制内组织改造是指继续推进供销合作社和信用社的改革。1995年3月11日，中央发布了《中共中央、国务院关于做好1995年农业和农村工作的意见》，提出“抓紧筹建全国供销合作总社。供销社系统退出政府序列后，要进一步深化改革，真正办成农民群众的合作经济组织，更好地为农业、农村、

① 张晓军：《中国科学技术协会的农村专业技术协会的现状与发展》，见国务院发展研究中心农村经济研究部编：《中国农民合作经济组织发展论文集》，“促进中国农民合作经济组织发展国际研讨会”，2006年12月，第79页。

② 陈家骥：《日本农协与中国实践》，见焦必方主编：《日本的农业、农民和农村——战后日本农业的发展与问题》，上海财经大学出版社1997年版，第225—238页。

农民服务”。1996年8月出台《国务院关于农村金融体制改革的决定》，指出我国农村金融体制改革的目标是“建立和完善以合作金融为基础，商业金融、政策性金融分工协作的农村金融服务体系，其中重点是改革农村信用社管理体制，建立和完善中国的农村合作金融体系，改革的核心是要把农村信用社改成真正的合作金融组织”。由此，供销社和信用社进入了深化改革时期。1995年，中华全国供销合作总社恢复成立后，发布了《关于积极兴办专业社若干意见的通知》，在供销社的带动下组办了部分专业合作社；1996年以后，信用社与农业银行脱离行政隶属关系，明确定位为“以农为本，为农服务”的农村合作金融组织，并由人民银行对其进行监管。

随着农村经济的发展，农村中的社会自主性力量逐步增加，在农村经济中发挥着重要作用。经济实力强的农村能人与一般农户形成了“公司+农户”的合作模式，弥补了农村生产服务体系的不足。国家十分重视这种农村联合方式，将其看成国家农业产业化的重要组成部分。1998年10月《中共中央关于农业和农村工作若干重大问题的决定》指出：“农民采取多种多样的股份合作制形式兴办经济实体，是改革中的新事物，要积极扶持，正确引导，逐步完善。以农民的劳动联合和农民的资本联合为主的集体经济，更应鼓励发展。发展农业产业化经营，关键是培育具有市场开拓能力、能进行农产品深度开发、为农民提供服务和带动农户发展商品生产的‘龙头企业’。”农村产业化直接推动了合作组织的快速发展，这一时期的合作组织大多由产业基地带动成立，从专业技术协会的“松散型”向有经济实体的“紧密型”发展。

总体来看，这一时期国家鼓励各种农民联合的方式，不论是供销社组建的合作社，还是“公司+农户”的合作模式都得到大力发展，尤其对规模大、技术水平高、有市场开拓能力的龙头企业给予优惠政策。但政府主要采取“边规范边发展”的策略，对合作组织的规范性和合作社内部的民主管理等问题还没有过于强调。

（三）第三阶段：体制外规制

2000年以来，随着市场经济的推进，社会结构与社会关系发生了巨大的变化，一方面体制内组织的改革滞后于现实的需要，另一方面城乡差距的扩大，国家从效率优先转向对社会公平的考虑上来，大力扶持农民自发组建的合作组织，强调合作组织的公平分配和保护农民利益的社会功能，合作组织的发展进入一个新的阶段。

自2000年以来，中央出台了很多鼓励农民发展专业合作经济组织的政策。十六届三中全会明确提出，支持农民按照自愿、民主的原则，发展多种形式的农村专业合作组织。2004年中央一号文件提出了鼓励发展各类农民专业合作组织的具体政策：积极推进农民专业合作组织的立法工作，各级财政安排专门资金支持合作组织开展信息、技术、培训、质量标准与认证、市场营销等服务；金融机构支持农民合作组织进行设备和基地建设，财政可适当给予贴息等。2005年中央一号文件提出支持农民专业合作组织发展，对专业合作组织及其所办加工、流通实体适当减免有关税费。2006年中央一号文件提出积极引导和支持农民发展各类专业合作经济组织，加快立法进程，加大扶持力度，建立有利于农民合作经济组织发展的信贷、财税和登记等制度。2006年10月《中华人民共和国农民专业合作社法》出台后，中央在2007年的一号文件中要求各地要加快制定推动农民专业合作社发展的实施细则，有关部门要抓紧出台具体登记办法、财务会计制度和配套支持措施，协助农民专业合作组织健康有序发展。

与之相对照的是供销社和信用社改革的滞后。从1995年起进行的供销社和信用社改革没有实现预期的目的。供销社自1995年起亏损成倍增长，1996年底累计达560亿元，1997年底702亿元，1998年当年的亏损额已达156.39亿元，2000年1—8月净亏损为23.21亿元，有不少地方的供销社资产被拍卖，成为空壳基层社，没有起到联合农民的作用；[①] 信用社改革也陷入困境，信用社虽被当做合作金融，却经常“以合作之名行银行之实”，在金融监管中实际上被当做商业性金融，成为“准国有金融机构”，农民不承认信用社是农民的合作金融组织，缺乏入股信用社的积极性，信用社的民主管理和社员股

① 张晓山：《改造传统的组织资源——供销社近期改革措施的实证研究》，载《管理世界》，2001年第4期，第128页。

金往往形同虚设，有的甚至基本上没有社员股金。①

与此同时，经济与社会形势发生了改变。改革开放初期，在“让一部分人先富起来”策略的指引下，我国打破了计划经济体制下的绝对平均主义，实行有差别的收入分配制度。在农村，由于家庭联产承包责任制的实行和农产品流通体系的开放，农民走上了脱贫致富的道路，到1988年，我国农民收入分配基尼系数为0.30，城镇职工为0.23，收入差距保持在一个相对平均和比较适度的范围之内。② 进入20世纪90年代后，随着改革的推进，利益分化和重组的规模和程度都较前一阶段更为扩大，利益格局发生了结构性变化，利益差距逐渐拉大。长期计划经济体制下形成的城乡二元格局带来的城乡利益割裂问题日益突出，城乡差距不断扩大，1997—2003年7年间，全国农民人均纯收入只增加695.9元，不到城镇居民收入增量的1/5，年均增长速度不到城镇居民的一半；城乡居民收入差距由80年代中期的1.8:1，90年代中后期的2.5:1，扩大到2003年的3.2:1。③

面对日益增大的城乡居民收入差距，国家将政策重点转向社会公平，强调协调和整合多元化的社会利益，缓和社会矛盾，在农业政策上表现为强调合作社在增强农民民主管理能力、维护农民利益方面的作用。以往推行的农业产业化政策使龙头企业获得了优惠，但是农民的利益并不能得到保障。比如，在“龙头企业+农户”的合作模式中，由于企业与农民是不同的利益主体，两者利益存在一定的差异，尤其是当两者利益面临冲突时，较弱势的农民常常处于不利地位。为此，国家鼓励农民成立合作社作为与龙头企业联系的中介，减少龙头企业或其他非农成员对农户利益的侵蚀，让农民分享农业产业一体化经营的好处，达到农民增收、社会稳定的作用。如果说合作组织政策在前一阶段强调的是组织农民参与农业产业化，那么这一阶段的重点则

① 马晓河、姜长云：《信用社撑不起农村金融这片天》，载《红旗文稿》，2004年第1期，第14—15页。

② 陆学艺、李培林主编：《中国社会发展报告》，社会科学文献出版社2007年版，第45页。

③ 王梦奎：《中国现代化进程中的两大难题：城乡差距和区域差距》，载《中国经济时报》，2004年3月16日。

在于促进农民增收，通过合作组织保护农民利益。因此，合作组织被更多地赋予了维护社会公平、协调社会矛盾的社会意义。(见表4－3)

表4－3 1984—2007年涉及农民合作经济组织发展的主要中央文件、法律及事件

时间（年）	文件/法律/事件及其内容
1984	《中共中央关于1984年农村工作的通知》 为了完善统一经营和分散经营相结合的体制，一般应设置以土地公有为基础的地区性合作经济组织。供销社体制改革要深入进行下去，真正变成农民群众集体所有的合作商业。信用社要进行改革，真正办成群众性的合作金融组织
1993	农业部为指导和扶持农民专业技术协会的行政主管部门 作为农村专业技术协会的行政主管单位，扶持和支持农民专业技术协会发展
1995	中国农村专业技术协会成立 作为农村专业技术协会的业务主管单位，引导各地农村专业技术协会的发展
1998	《中共中央、国务院关于农业和农村工作的意见》 农民采取多种多样的股份合作制形式兴办经济实体，是改革中的新事物，要积极扶持，正确引导，逐步完善。以农民的劳动联合和农民的资本联合为主的集体经济，更应鼓励发展。发展农业产业化经营，关键是培育具有市场开拓能力、能进行农产品深度开发、为农民提供服务和带动农户发展商品生产的“龙头企业”
2003	《中华人民共和国农业法》(修订) 国家鼓励农民在家庭承包经营的基础上自愿组成各类专业合作经济组织
2004	《中共中央、国务院关于促进农民增加收入若干政策的意见》 积极推进有关农民专业合作组织的立法工作；各级财政安排专门资金支持农民专业合作组织开展信息、技术、培训、质量标准与认证、市场营销等服务；有关金融机构支持农民专业合作组织建设标准化生产基地、兴办仓储设施和加工企业、购置农产品运销设备，财政可适当给予贴息

时间（年）	文件/法律/事件及其内容
2006	《中华人民共和国农民专业合作社法》 国家保护农民专业合作社及其成员的合法权益，任何单位和个人不得侵犯
2007	《中共中央、国务院关于积极发展现代农业扎实推进社会主义新农村建设的若干意见》 各地要加快制定推动农民专业合作社发展的实施细则，有关部门要抓紧出台具体登记办法、财务会计制度和配套支持措施。要采取有利于农民专业合作组织发展的税收和金融政策，增大农民专业合作社建设示范项目资金规模，着力支持农民专业合作组织开展市场营销、信息服务、技术培训、农产品加工储藏和农资采购经营

国家对农民合作组织政策的变迁表明，尽管改革开放以来国家的自主性表现为国家建立了对社会的“分类控制”管理体系，但是我们毋宁说国家的自主性更加表现在对社会环境的主动调适上，因为社会并非被动接受国家的分类控制，而是不断突破国家既有的管理体系，而国家也在逐步承认社会新生力量合法性的基础上渐进推进改革。因此，国家自主性并非完全独立于社会，它也受社会自主性的影响，如张小劲指出的那样，“也许我们更应当承认，国家的自主性与社会的自主性是套接的、互嵌的。现实生活中的国家自主性与其说是分立且独立的，毋宁说是合作型的”①。

小　结

转型时期的中国实行的是“国家主导式”改革，国家的自主性确立了农民合作的整体框架，也决定了农民合作需要在国家赋予的制度框架内进行。首先，尽管合作是农民自发产生的，但组织的合法性需要得到国家的认可，

① 张小劲：《分立与合作：从独立型自主到合作型自主》，见《中国书评》（第六辑），上海人民出版社2007年版，第190页。

合作组织的发展经过了国家默认、实验与正式认可的阶段；其次，农民合作的内容受到国家限制，在一些国家垄断行业，农民缺少进入的渠道，因此合作仅仅涉及蔬菜、水果、畜牧等领域，而在粮食、农业生产资料、信贷等领域的则很少；最后，国家对农民合作组织实行较为宽松的监管制度，但也规定了合作组织的性质和活动方式。

在国家主导的市场经济改革中，社会自主性也不断发展，农民合作的需求与既有制度框架之间并非总是一致的，这导致了国家对合作组织政策的变迁经历了从体制内吸纳到体制外规制阶段。在这个过程中，国家参与合作组织的角色也不断变化，从合作组织的直接参与者变成合作组织的监督和管理者。因此，国家自主性与社会自主性在互相调适的过程中塑造了国家与社会关系的动态变迁。

第五章　地方政府：政策执行研究

中央政府设定了合作组织发展的政策和制度环境，但是农民合作组织政策能否成功还反映在地方政府对合作组织政策的执行过程中。仅仅分析中央政府不能得出关于合作组织发展的全景。因此，我们将“地方政府”从笼统的国家概念中抽离出来，作为国家的第二个面向进行讨论。

从概念上讲，“地方政府”包括省、市、县、乡四级，其中省、市两级政府在国家和合作组织的关系框架中主要起传达上级政策和制定本级政策的作用，县、乡两级是直接与农民发生联系的基层政府，对合作组织的发展影响比较明显。2003 年，沈明高等学者对合作组织的抽样统计显示，合作组织在省一级发展比较均衡，但在县一级分布差距明显，也证明了县政府是影响合作组织发展的重要因素。[①] 基于此，本章使用的“地方政府”概念主要是指县、乡两级政府。与中央政府相比，地方政府呈现一种独特的国家与社会关系，即地方政府与民众的需求之间缺乏有效的联系，通过对合作组织的实例分析表明，地方政府与社会的不同部分进行合作，建立了国家与社会之间的制度性联系。从治理的角度来看，这为改善地方政府治理提供了一种介于“行政授权”与“社会授权”之间的道路。

---

① 见 Minggao Shen, Scotte Rozelle and Linxiu Zhang, “Farmer’s Professional Associations in Rural China: State Dominated or New State – Society Partnerships?”, FED Working Papers, Series No. FE20050013, www. fed. org. cn。

一、地方政府的有限自主性

改革开放以来的经济转型重塑了社会结构，改变了地方政府与上级以及与社会的互动方式。目前学术界对市场转型中地方政府角色的解释可以大致分为三类。第一种观点认为地方政府具有公司的许多特征，官员像董事会成员一样决定企业的重大投资决策，企业的经营绩效与政府官员的利益直接挂钩，而且县、乡、村三级形成了一个贯穿的体系，统一协调资源调配，地方政府像企业一样运转，具有代表性的是戴慕珍的"地方法团主义"① 观点。第二种观点同样强调地方政府对经济发展的重要性，但是认为地方政府并不直接参与经济行为，而是通过提供良好的环境、资金以及与外部市场或重要机构的联系等方式，促进地方经济发展，地方政府不为自身寻求利益最大化，而是扩大"发展空间"。例如，邱海雄研究了珠江三角洲产业集群的产生，认为由于产业集群中的自主创新能力不足，客观上需要政府的积极介入，地方政府不直接介入企业运作扮演企业家的角色，而是置身企业之外为产业的技术创新提供公共产品。这种观点认为地方政府与社会的关系进入了"后地方法团主义"②。第三种观点则从地方政府在公共产品提供中的角色分析出发，认为地方政府利用对公共资源的垄断权谋取个人利益，地方政府变成了公共资产的掠夺者，张静称之为"政权经营人"，杨善华进一步细分为"代理型政权经营者"与"谋利型政权经营者"。③ 概括而言，地方政府扮演着"企业

① Jean C. Oi, "The Role of the Local State in China's Transitional Economy", in Andrew G. Walder (ed.), *China's Transitional Economy*, New York: Oxford University Press, 1996, pp. 171 - 187.

② 邱海雄、徐建牛:《产业集群技术创新中的地方政府行为》，载《管理世界》，2004 年第 10 期，第 44 页。

③ 张静:《基层政权: 乡村制度诸问题》，浙江人民出版社 2000 年版，第 52 页; 杨善华，苏红:《从"代理型政权经营者"到"谋利型政权经营者"——向市场经济转型背景下的乡镇政权》，载《社会学研究》，2002 年第 1 期，第 17—24 页。

型”、“发展型” 和 “掠夺型” 三种角色。而另一些学者认为地方政府的角色并不是固定的，如托尼·塞奇指出，地方政府的角色随国家与社会关系的变化而变动不居，起初可能表现为掠夺性的地方政府，随着时间的推移可能发展为社会的合作伙伴。①

以上各类文献均从不同角度对地方政府在经济发展中的作用提出了各种解释，但它们的一个潜在的前提是地方政府有较强的自主性，也就是说，它们描绘的地方政府能够按照自己想要的方式对经济施加影响。但正如国家的自主性是变化的一样，地方政府的自主性也受到自身条件以及它与社会关系的制约。邱海雄对产业集群的分析指出，地方中介组织的缺失造成了地方政府对产业创新的参与；张静提出，地方政府官员的优先获益权不是基于竞争、法定或确有经济远见得来，而是基于它们在原来行政体制中的优越地位，而现有的所有体制保护了这种地位，给予这种地位相当多的恣意空间，使基层政权不必依赖社会的支持，甚至在与社会利益竞争或对立的结构中也能生存。② 但事实上，地方政府能否在缺乏中介组织的时候承担相应的功能依然是一个问题，而且当地方政府远离社会支持，成为相对独立的、内聚紧密的资源垄断集团的时候，它的政府能力实际上已经受到限制，只是在有限的范围内维持自身的权威。因此，在讨论地方政府的角色时，有必要将地方政府的自主性也纳入考虑的范围。

和中央政府相比，现有的财税体制和机构设置使地方政府的自主性相对较弱。如前文所述，我国于1994年开始实施分税制改革，其重点是增加财政预算占国内生产总值的比重和中央财政收入占全国财政收入的比重。分税制改革后，中央财政收入占全国财政收入的份额从1993年的22%上升到1999年的51.1%。国家财政收入占国内生产总值的比重在分税改革之初依然有所下降，1994年为11.2%，1995年为10.7%，不过从1996开始，国家财政收入占国内生产总值的比重开始回升，1996年为10.9%，1997年为11.6%，到

① 〔美〕托尼·塞奇：《盲人摸象：中国地方政府分析》，邵明阳译，载《经济社会体制比较》，2006年第4期，第99页。

② 张静：《基层政权：乡村制度诸问题》，浙江人民出版社2000年版，第77页。

2002年上升为18.0%。[①] 分税制旨在通过对中央和地方的事权、财权作出法定划分后，上收部分财权，改善中央财力，维护中央在政府间财政关系的主导地位。但是分税制在上收财权的同时，并没有对各级政府的事权划分作大规模的调整。而我国中央和地方政府的事权比较模糊，这种事权划分的模糊状态使得省以下政府的支出责任并不明确，通常是财权逐级上收，事权逐级下放，县乡政府在承担很大一部分事权的同时，却只集中了很少一部分财权，造成了事权与财权的严重不对称。据国务院发展研究中心的调查，目前对全国农村义务教育投入，乡镇财政负担了78%左右，县级财政负担约9%，省级财政负担约11%，而中央财政只负担约2%。[②] 承担事权太多使得县乡财政不堪重负，据统计，2001年，全国2800多个县（市）中，一般预算赤字县共计731个，赤字面达35.6%。[③]

2002年开始试点的农村税费改革则进一步加剧了地方财政的窘迫。税费改革的重点在于将原有的一些税费项目取消，取消税费后基层政府财政缺额部分通过中央和省市级转移支付补充。税费改革实施后，原有的一些税费项目取消，直接导致农村基层财政收入的锐减，原来依靠"三提五统"支持的事业，如乡镇道路建设、优抚、五保户赡养、计划生育、民兵训练等基本上都转移到乡镇政府的预算开支中，增加了财政的负担，也导致原已十分困难的县财政由于农业税费项目的取消而愈加窘迫。

如果说财政管理体制变化削弱了地方政府的资源动员能力，那么改革开放以来地方政府的机构改革则导致了行政机构公共服务职能的萎缩，尤其表现在乡镇事业机构的设置和运转上。在《楚镇的站所——乡镇机构生长的政治生态考察》一书中，谭同学透视了改革开放以来乡镇站所逐渐衰败的过

① 《中国统计年鉴（2003）》，中国统计出版社2003年版，第281页。

② 陈纪瑜、赵合云：《取消农业税后县乡基层财政体制亟待创新》，载《财经理论与实践》，2004年第7期，第100页。

③ 李志慧、江杰：《我国县乡财政解困的制度构建：经验借鉴与现实选择》，载《财经理论与实践》，2006年第9期，第89页。

程。[1] 从谭同学对楚镇水利站历史变迁的分析可以看出，1988 年水利站从市局的垂直管理变为由乡镇政府管理，人、财、物都由乡镇政府统管，在 1992—1994 年“农转非”的热潮下，水利站中八位“亦工亦农”人员全部转为国家正式公务人员。此前这些“亦工亦农”人员身份为农业人员，成为国家公务员后意味着他们都是国家正式工作人员。以前，乡镇站所的“亦工亦农”人员虽然工资由财政负担，但仍然居住在农村，从事农业生产；成为公务员后，乡镇站所与农民的联系越来越稀疏。谭同学指出：“水利站工作人员一般都在镇政府所在地办公室坐班，除了水利站下属的泵站负责人之外，工作人员的家也全部集中到了楚镇政府所在地的集市上来，变成了街上的居民。加之 20 世纪 90 年代以来农村地区很少进行农村水利建设，水利站的工作人员已经不为村民所熟悉。”[2]

与此同时，虽然乡镇政府统管事业站所的财政，但乡政府并没有足够的财政能力供养事业站所的工资，水利站人员的工资由所收农民水费的 40% 支付。随着联产承包责任制的实行，农民大多以个体行动提供资源，对集体资源的使用变少，这使得水利站这样与集体耕作生产秩序相适应的组织缺乏了存在的逻辑，加上农民水费难以收上，水利站人员的工资陷入困境。

税费改革后，地方政府的财政困难进一步削弱了乡镇站所的服务能力，地方政府从过去依靠从农村收取税费维持运转变为依靠上级转移支付，乡镇财政变得越来越“空壳化”，乡镇政府以四处借贷、向上“跑钱”为主。周飞舟对税费改革后基层政府行为方式的调查表明，以乡镇政府为中心的基层政府，“不但没有转变为政府服务农村的行动主体，而且正在和农民脱离其旧有的联系，变成了表面上看上去无关紧要、可有可无的一级政府组织，基层

---

① 谭同学：《楚镇的站所——乡镇机构生长的政治生态考察》，中国社会科学出版社 2006 年版。

② 谭同学：《楚镇的站所——乡镇机构生长的政治生态考察》，中国社会科学出版社 2006 年版，第 56 页。

政权与农民的关系变成更为松散的‘悬浮型’”①。

由此可见，从地方政府与社会的关系来看，由于它缺乏与所承担的事权相应的财政能力，同时也没有一个能够贯彻政策的行之有效的行政体系，使得地方政府与中央政府相比自主性较弱，造成地方政府与社会之间的脱节。“悬浮型”的地方政府带来的不良影响就是地方政府与农民之间关系疏远，乡镇站所原本承担的公共服务功能丧失，地方政府在农民心中的形象变成了“就是来要钱的”。更为重要的是，由于地方政府无力通过乡镇站所执行本来应该提供的各种公共服务，比如科技推广、灌溉、农机服务、病虫妨害等，农民便不得不自发形成各种合作组织替代这些职能。

二、地方政府的嵌入途径

地方政府与社会之间的“悬浮型”关系构成了农民合作经济组织产生的逻辑起点，同时也影响了地方政府在发展合作组织中的作用，决定了地方政府嵌入社会的方式。“悬浮型”关系的普遍特征就是地方政府与社会脱离了情感上和利益上的关联，缺乏制度性沟通渠道。从理论上而言，作为一个自上而下授权的行政组织，地方政府可以通过对上负责获取合法性。不过，2000年以来包括税费改革在内一系列惠农政策的实施表明，中央政府希望通过税费改革减轻农民负担，转变地方政府职能，建立国家与农民之间的服务关系，这在一定程度上降低了“悬浮型”地方政府通过对上负责获取合法性的可能，促使地方政府通过向下服务建立自身存在的合法性，由此改变了地方政府行动的方向与动力。可以说，国家整体制度环境的改变是地方政府参与发展和建设农民合作组织的直接推动力。

为了分析地方政府参与农民合作组织建设的作用，这里选择发生在不同地方的三个农民合作经济组织案例，希望通过它们理解地方政府建构与社会

① 周飞舟：《从汲取型政权到“悬浮型”政权——税费改革对国家与农民关系之影响》，载《社会学研究》，2006年第3期，第36页。

关联的方式。三个案例中，一个是河北 JZ 县乡镇机构改革背景下由乡镇机构转型而成的合作经济组织；第二个是河北 W 县从官办协会转制而形成的民办协会；第三个是江苏苏州 WZ 区政府引导下从企业改制而成的茶叶合作社。第一个案例中地方政府整体参与合作组织的运作；第二个案例中地方政府通过放权将官办的技术协会转变成农民自己组建的合作组织；第三案例中地方政府没有参与合作组织的内部经营，但是引导农民从公司改组成合作组织。它们当中有的是政府直接参与合作组织的运转，有的是政府提供合作的制度环境，共同点就是都体现了地方政府与社会的互补与合作。

（一）JZ 镇农业综合服务协会

JZ 镇位于河北省邯郸市，是一个典型的以农业为主的镇。税费改革后，JZ 镇面临因经济能力不足无法提供服务的压力，同时自身存在的合法性也需要重新界定。JZ 镇的镇长介绍了镇农业综合服务协会成立的背景：

> 随着中央各类惠农政策的出台，取消农业税、实行粮食直补、农业税减免、行政许可法的实施，乡镇改革势在必行，结合 JZ 镇实际，工资和各类经费开支数额巨大，沉重的经济压力与乡镇的经济收入产生了矛盾。对于一个以农业为主的乡镇，在中央惠农政策的新形势下，加快农业和农村经济的发展，进一步解决好“三农”问题最主要的任务之一是解决好农民种什么、怎么种、如何销、农村剩余劳力怎么转移等问题，进一步转变农业增长方式，实现农业增效、农民增收，这些都离不开乡镇政府服务作用的充分发挥。①

在财政压力与乡镇自身合法性定位的要求下，镇党委政府对乡镇机构进行调整，将镇政府的服务工作分成有偿和无偿两部分，将有偿服务功能从镇政府的工作中分离出来，组建成立“农业综合服务协会”。协会下面设四个专业协会，分别为农资供应协会、劳务输出协会、农产品营销协会和信息技术协会。农业综合服务协会在县民政局登记注册为社会团体，现有 24 名工作人

① 访谈记录，20061009SBL。

员，他们都是原来乡镇政府的工作人员，工资和关系目前依然保留在乡政府，另外从社会聘请了40多位兼职人员。

JZ镇希望通过组建综合服务协会，将一部分镇政府工作人员分流到协会中，由协会自创收入维持工作人员的工资，最终实现工作人员与镇政府的脱钩。因此，转制是否能够成功最关键的就是服务协会是否能够维持生存，这样就关系到综合服务协会的四个专业协会是否能够有效运转。具体来看，这四个专业协会都是有偿的服务，农资供应协会负责农资供应，包括供应种子、农药、化肥、农机具、农膜等生产资料；农产品营销专业协会是进行农产品的销售；信息技术协会主要收集各类有价值的农业科技信息，与各科研院校建立关系，进行农民培训；劳务输出协会是为农民对外务工提供企业信息，负责务工人员的技能培训，帮助农民办理各类手续证件，解决劳务纠纷等问题，通过协会的渠道对劳动力进行集体输送。协会吸收农民为会员，对会员实行优惠供应和提供各种服务，通过组建合作社的方式进行对外赢利活动。

通过调查发现，为了保证协会的生存，协会同时运用了行政的、市场的和社会的三种资源。首先，行政资源为协会提供了组织保障。农资供应协会的主要内容是集中采购农民需要的生产资料，降低采购成本，为农民提供低价和质量有保证的生产资料。为了使更多农民参与农资供应协会，协会以行政网络为基础建立农资供应网络，在每一个村都设分会，由村干部担任分会组长，组长负责登记农民需要购买的生产资料，汇总后上报协会，并由村里提供场地和广播协调农资的信息收集和供应。

其次，协会通过市场资源提供资金支持。JZ镇农产品营销协会采取了和JZ镇经纪人合作的方式，在资金和信息上相互合作，为农民的产品提供销售渠道。一直以来，JZ镇的农产品处于分散销售的状态，外来客商收购时经常控制价格，从而使农民的利益受到损害。JZ镇虽然也有经纪人，但是由于经纪人之间缺乏一个协调统一的机构，而且也没有足够的能力统一市场，因此JZ镇的农产品销售无法做到集中销售。在这样的情况下，JZ镇农产品协会与三个经纪人联合组建了菜市场，由三个经纪人出资，协会出面协调工商税务办理各种证件和手续。市场建立起来后，外来客商直接到菜市场集中采购，协会与经纪人协商后制定收购价格，统一对外销售，避免外来客商垄断价格。

协会对经纪人进行监督，在收购时节，协会派会计到菜市场记账，防止经纪人随便涨价、压秤；而经纪人通过协会可以协调工商和税务费用，也愿意接受协会的监督。因此，农产品营销协会实际上起到了稳定当地农产品价格的作用。

最后，协会依赖社会资源搭建协会与农民之间的信任。悬浮型政府的特征就是政府与农民之间缺乏信任关系。因此，协会成立初期，如何消除农民对政府办协会的顾虑成为十分关键的问题。从实际来看，一开始农民对协会并不信任，比如劳务输出协会为了获得农村中的劳动力外出信息，农民并不配合。劳务输出协会的负责人介绍说：

> 我刚接手工作，想下去抓点工作。我们上村里去查剩余劳动力，想做一个摸底调查，我们刚开始没有通过村支书自己下去，但效果不太理想，有一部分人拒绝说实情，好像怕上当受骗。后来还是主要通过当地人去了解，农民还是相信熟人。[1]

于是劳务输出协会在村级设立了33个联络员，通过联络员与村民联系，获取村民的劳务需求信息。为了获得农民的信任，劳务输出也从协会工作人员自己的亲戚朋友开始。劳务输出协会的负责人介绍说：

> 我们介绍农民的工作先从亲戚入手，比如我们的娘家人、婆家人。去年去的务工人员中，熟人占了30%—40%。熟人对我们比较信任，陌生人我们说给他找工作也不相信。而且，为了获得村民的信任，第一次进行劳务输出的时候免收服务费，如果介绍的工作能结到工资，他们回来后在村里宣传，进而带动其他村民加入协会。经过一年的运作，协会与农民之间建立了比较高的信任度，村里劳动力要出去首先来这里看一看，全镇9000多闲置的劳动力，有3000多人通过劳务输出协会走的，每个人收取少量服务费。[2]

---

① 访谈记录，20061009CLY。

② 访谈记录，20061009CLY。

行政资源、市场资源和社会资源构成了 JZ 镇农业服务协会运作的主要动员资源，通过协会运作，农资供应协会、劳务输出协会、农产品营销协会都能够获得一定的利润，信息技术协会目前还是一个服务性机构，没有提供收费服务，其运转依靠其他三个协会的资金支持。

JZ 镇通过机构改革的方式将原来乡镇事业单位人员整合起来，利用为农民提供服务的方式建立与农民的关联，目前协会的人员、设施、运转都由镇政府承担，等协会运作顺利后逐步与行政部门脱离关系。这种方式通过置换工作人员的身份，保留了行政网络的完整性，同时也降低了政府的财政负担，增加了基层政府对社会的服务功能。

（二）河北 W 县 DG 乡果品协会

W 县是一个传统农业村，20 世纪 80 年代面对家庭联产承包责任制后单个农户需要多种服务的要求，县政府借鉴日本农协的做法，实行“书记当会长，全党搞服务”，组建了具有农产品服务和经营职能的农民服务协会（简称农协）。在农协的组织下，W 县 1993 年成立了鸭梨专业协会，当时的鸭梨协会并不是社会团体，而是一个政府行政部门。W 县负责人介绍说：

> 鸭梨协会是一个正科级单位，受县委直接领导，设正科级 1 人，副科级 2 人，内设 3 个科室，编制 12 人，都是从全县各单位抽调来的高素质技术人员；经费由财政列支，办公场所、办公用具和启动资金都由政府提供。①

鸭梨协会以乡镇和村的行政网络为依托，在每个乡建立乡鸭梨协会，每个村设立了分支协会，组建了遍布县乡村的鸭梨生产服务网络。但是，由于鸭梨协会主要进行服务，收费很低，协会工作人员缺乏激励机制，因此协会组建以后服务功能逐渐减少。面对鸭梨协会功能的逐渐萎缩，1996 年 W 县对协会进行改组，实行“部门办协会”，即将协会的 12 名工作人员调回原来的单位，而鸭梨协会则挂靠到县林业局，由林业局局长兼会长，常设工作人员

① 访谈记录，20061114MT。

14 人，这时鸭梨协会实际已经不再发挥作用，协会人员都以林业局工作人员的名义出面工作，不以协会的名义，协会已经名存实亡。

鸭梨协会的行政组织体系已经逐渐衰败，但鸭梨协会在乡镇和村一级建立起来的服务网络依然存在，而且培养了一批乡村中的技术能人，他们逐渐成为提供鸭梨技术服务的主体。据 W 县政府官员介绍，鸭梨协会在各乡镇都有技术人员，这些技术人员一直从事技术推广，没有间断工作，虽然县一级鸭梨协会已经名存实亡，但乡镇一级的组织网络还有。

2004 年，面对官办协会不能有效运转的状况，W 县以乡村技术能手为主体组建了 DG 乡果品协会，从“部门办协会”向“农民办协会”转型。果品协会从人员结构上进行了改革，去掉官办成分：原来的协会会长由乡长担任，管理人员都是乡政府工作人员，人员工资由乡财政支出，没有固定的办公地点；成立 DG 乡果品协会后，理事会成员全部由各村的农业技术员担任，监事会由副乡长担任监事长，协会自负盈亏，通过与公司签订订单，按每斤返 2 分给协会作为协会的运转资金。这样，转制后的鸭梨协会就成为以农民为主体的自负盈亏的社团组织。协会的首要功能是为村民提供及时的技术信息。协会技术员每月 5 号定期开会，研究病虫害的发展，发布防治病虫害的最好办法，召集每个村的技术员，定期发放宣传单，宣传关于病虫害的防治，如果遇到疑难问题，技术员互相探讨研究防治办法。由于技术员都是种植大户，信息变化与自身收益密切相关，因此协会为他们互相交流信息提供了一个常规性的渠道。协会的第二个重要功能是组织果农统一种植和销售。协会与果品销售公司 HT 公司签订了收购订单，公司以高于市场最高价 1 毛和 1.5 毛的价格收购，没有保护价，按市场价格波动。由于 HT 公司出口美国的鸭梨必须是无公害产品，因此协会对部分农户的果园进行统一管理，实施无公害管理，包括统一施肥、浇水、剪枝、套袋、施药、采摘，以控制鸭梨的质量。

然而“民办”的协会并不意味着自然获得农民的认可。例如，协会为农民提供技术服务和销售服务，农民作为会员交纳会费应该顺理成章，但是协会负责人 DW 指出，收会费相当困难，协会成立初期曾试图收取会费，但是没有收上来：

以前乡政府收公粮国税、计划生育，村里经常为这些事情打架，所以协会不想收钱，再收钱农民也接受不了。现在种地都国家补贴，你种梨还收费？①

可见，在普通农民的心目中，并没有把协会当成是自己的组织，甚至把协会当成和乡政府是一样性质的组织。此外，协会的技术推广工作也并不是受到农民的一致认可。我国是鸭梨出口的主要国家，主要销往美国、加拿大和澳大利亚等发达国家，协会成立后承诺2005年鸭梨出口欧美市场。但2004年美国以在市场上发现中国鸭梨有黑斑病和农药残留超标为由，单方面作出无限期暂停进口中国鸭梨的决定，随后加拿大也表示暂停进口中国鸭梨，使国内的出口鸭梨转向国内及东南亚市场。由于国际市场环境改变，果品协会未能兑现出口的承诺，果品协会在农民中的威信降低，2006年协会向农户推广无公害产品，很多农民并不愿意，认为协会不能兑现自己的承诺，不愿意相信协会。

在协会发展中处处可以看到县乡政府的推动作用。由于缺乏自下而上的支持，协会不得不更多倚重来自政府的帮助。首先，是政策上的支持。2003年，县委县政府提出建立“新两室”，即农村党支部办公室和行业协会办公室，2004年下发了《关于加快农民专业合作经济组织建设的意见》，由县委、县政府成立了发展农民合作经济组织领导小组，由主管副书记任组长，并要求各乡镇成立相应的机构，“把发展农民专业合作组织当做一项大事来抓，列入到乡镇重要议事日程”②。

其次，是组织上的支持。为了对农户的种植行为进行统一管理，果品协会在实际运作中依靠县林业局、村委会和果品公司的帮助，组建了多方参与的管理机构。组长由农民技术员担任，他是乡里的技术权威，全盘负责技术问题；副组长包括四名成员，分别由技术员、村支书、公司派驻人员和外聘

① 访谈记录，20061115DW。

② W县县委、县政府：《关于加快农民专业合作经济组织建设的意见》，2004年4月1日，内部资料。

技术员担任，技术员负责组织果农实施各项生产任务，然后由支书布置全村果农执行，公司派驻人员在其中起监督和信息传递的作用，协会外聘 W 县林业局的专家负责进行技术讲座和培训。协会的运作需要村委会的协助，但是村支书并不是决策者，而是听从技术员的安排，每村还有 5— 6 个农民担任实施专项负责人，每月 1 号、10 号、20 号定期反馈情况。这样，协会以农民为主体，以村两委和县林业局为协助，建立了一套适合本乡实际情况的管理机构，为协会的正常运转提供了组织基础。

最后，政府还提供了运转上的支持。乡政府提供了协会工作的场所，DG 乡的副乡长担任协会的监事长，DG 乡还为协会购买农资、销售等方面提供了优惠的税收政策，安排专职人员负责对协会进行指导，帮助协会协调与企业、政府部门的关系等。果品协会则承担了推进当地鸭梨产业的功能，地方政府在召开年度规划会议时，让果品协会参加，协助推进产业发展。

可以说，果品协会呈现“精英式嵌入”的特点，即政府通过吸纳地方能人组建果品协会，在为农民提供服务的同时，也履行了部分政府行政和管理职能。“精英式嵌入”可以以较小的成本获得较高的产出，通过地方能人在当地社区的威信和力量达到社会整合的作用，但对精英的吸纳也造成了能人和大众的疏离，因为其合法性更多地来自政府的认可，而不是下层的认同。因此，如果不能达到与大众的有效整合，将会影响协会的发展。

（三）江苏 SJ 茶叶合作社

SJ 村位于苏州 WZ 区，自古以来以盛产碧螺春而闻名。家庭联产承包责任制后，单家单户的生产放松了对茶叶质量的要求，茶叶一直在低价徘徊，仅售出每斤 300 元。2001 年，村支部书记 FFD 为了提高茶叶的质量，决定采用集体做茶的方式，统一收购新茶，集体挑拣。经过试验，茶叶的质量和价位都有大幅度提高：2001 年，新叶收购每斤 60 元，成品售价 600 元；2002 年，收购新叶每斤 80 元，成品售价每斤 800 元；2003 年，新叶收购价每斤 120 元，成品售价每斤 1200 元。由于茶叶制作时间短，一年只有几个月，FFD 就以茶叶为龙头，开发了一个集餐饮钓鱼休闲为一体的休闲中心，联合村里 11 名村民合股投资成立了股份公司“茶坊”。

2003年，在国家推动合作组织政策的影响下，WZ区政府开始关注当地合作社的发展，要求有资源和以农业为重点的地区发展成立农业合作社。WZ区政府的文件指出，“通过成立农民合作组织，保护农民利益，提高农民在交易中的谈判地位，减少中间环节对农民的盘剥，增加农民收入。”① 为了达到让农民增收和维护农民利益的目的，WZ区农委有意识引导具备合作条件的地区成立合作社。FFD介绍了合作社成立的过程：

> 区里提出建立五种类型的合作社，让农民致富增收，我们茶坊的基础好，老百姓得到实惠，于是区里指导我们组建合作社。政府出台成立合作社的文件后，我们3月份就组建了合作社，2004年8月8日正式成立股份合作社。②

在地方政府的推动下，FFD和11位村民合股成立的茶坊转变为合作社。合作社成立后，提供茶叶的产前、产中、产后服务：第一，品种改良，合作社要求优质的碧螺春茶必须用本地茶种，建了60亩基地培育品种，农户需用基地的品种；第二，对农户使用肥料进行补贴，由于茶园是国家认证的绿色食品，不能使用化肥，因此合作社对农户使用肥料进行补贴，低价供应肥料；第三，茶叶上市时，茶农的茶全部交到合作社，确保茶叶产量。合作社实行二次返利，利润根据农户的交易额返还，每1万元返10%，2005年，合作社获得利润80万元，返还给农户二次返利8万元。

合作社成立后发现，茶叶的交税不利于茶坊股东的利益。FFD指出：

> 碧螺春是初加工产品，如果作为一般农民销售需要交4%，但作为合作社要交6%的税，加上所得税2.3%，一共要交8%的税率，增值税17%，我们去年税收要花到10%，交了18万元，这样对合作社造成很大负担。③

① WZ区农村工作办公室：《推进“五大合作”改革，促进农民持续增收》，内部资料。
② 访谈记录，20061030FFFD。
③ 访谈记录，20061030FFFD。

于是，合作社向区农办提出这个问题。区农办与税务部门协调，税务局认为，如果社员和合作社之间有密切的经济关系，可以认可合作社是自产自销性质交税；如果合作社是松散型，那就需要按企业交税。为了降低合作社的税收，达到紧密型合作社，区农办建议合作社进行改制，将农民的土地折价入股，条件是免税资金必须全部分配给农民。于是，2005 年 11 月，合作社将农民的土地按照每亩 1000 元的价格入股，全村农户都成为合作社的社员。年终分配中，合作社利润的 10% 为风险基金；20%—30% 为公积金；15%—20% 进行二次返利，其中 70% 按照茶叶收购额分配，30% 按照土地入股的股本金分配；50% 用于股东分配。

从以上过程可以看出，SJ 茶叶合作社的组织结构经历了公司—松散型合作组织—紧密型合作组织三个过程。作为公司，企业的利润可以全部用于股东分配，但是，变为松散型合作社后，必须从利润中抽取一部分用于交易量二次返利，而成为紧密型合作社以后，则除了交易额返还以外，还要增加土地入股的股本金分配。这对于以 FFD 为代表的股东而言，意味着从自己的收益中分出一部分给其他农民。因此，尽管政府希望社会能人带动成立合作组织，增加农民的利益，但是这种主观愿望和农村能人的利益并不是完全一致的，如何在两者之间平衡就成为合作社的关键问题。

首先，WZ 区政府采取了政策压力的方式。2005 年，WZ 县党委、政府制定出台了《关于规范发展农民投资性股份合作社的意见》和《关于加快发展农村专业合作经济组织的意见》，指出“注重培养创办合作事业的领头人，支持种养大户、农机大户、农民经纪人、村干部及乡镇经济技术部门的科技人员发起组建专业合作社”①。在这样的政策压力下，通过干部的说服和做工作，地方能人不得不对政策进行回应。

其次，通过其他形式对地方能人的利益进行补偿。合作社的成立造成了对股东利益的分割，但是，股东的经济利益可以通过政府的其他扶助得到补偿。例如，合作社培育茶苗的基地建设投资 20 万元由农林局投入，为茶农提

① WZ 区委、区政府：《关于加快发展农村专业合作经济组织的意见》，内部资料。

供的肥料补贴也由政府专项拨款。此外，2006 年合作社成员入股 500 万元收购了村里的一个矿泉水厂，但是开发水厂的 15 亩地却需要 1000 多万元的投资，合作社希望利用区里的政策协调周边村级集体经济投资入股，这样合作社就可以减少资金压力。同时，为了解决小额贷款难的问题，区里设立了“农业产业化龙头企业担保基金”，安排 100 万元专项资金用于对农业产业化龙头企业、农业专业合作经济组织等小额贷款的担保，企业支付的担保费用由区财政承担。① 所以，在问到合作社是否会减少股东的收益时，FFD 回答：

> 这样规范化后，政府的财政补贴对合作社是有利的，同时，税收减少了以后，等于将减少的税收返给了农民，是互相结合，互相有利。镇政府对我们在政策上支持，不要上交费用；区农办、农林局还提供扶持资金进行基础建设，例如，农林局基地建设一年投资 20 万元，进行母本园建设；广告宣传、品牌培育都是政府提供补贴，我们每年投资 8—10 万元做广告，如果我们自己做也只能就投入 3—5 万元。我们遇到了困难也要向区农办反映，比如今年茶叶多，希望农办帮我们宣传推销，税收上帮我们协调，我们虽然流动资金不紧张，但是在开发方面、资金方面有困难，农办也帮我们协调贷款。②

政府则承担对合作社进行监督的职能，每半年要检查一次账目，如果合作社不将免去的税金返还给农民，就取消给予的优惠条件。同时，农办负责人表示，省、市、区财政都有对合作社的扶持项目，如果合作社按照自己的意愿办事，则以后的项目扶持都没有了。

最后，地方能人为了回报周围村民对自己的信赖，并不完全寻求经济回报。比如，在合作社的茶叶销售价格上，需要和农民的收益保持平衡。2006 年，茶叶成品销售价格达到每斤 3000 元，但是 FFD 强调合作社的价格是公允的并解释说：

---

① WZ 区农办：《推进“五大合作社”改革，促进农民持续增收》，内部资料。

② 访谈记录，20061030FFFD。

新茶的收购价格为每斤300元，我们7斤新茶做1斤成品茶，再加上人工费，我们挣的利润是有限的，老百姓也知道，不能落差太大。我们村的茶叶采摘时间是最早的，因此我们的收购价位成了东西山茶叶价位的晴雨表。为了不让老百姓收入下降，从3月14日到3月18日的收购价都稳定在200元，如果我们不稳定，整个东西山的价格就都下来了。如果作为一个商人，我们可以把价位压下去，如果每天低20元一斤，按一天收1000多斤计算，一天就可以净赚2万元。我们不是真正以赢利为目的，而是为老百姓。①

合作社并不像企业一样纯粹追求商业利润，而是需要照顾到大多数社员的利益，这也实现了区政府建立合作社的初衷。

三、地方政府与社会的制度性关联

从三个案例可以看出，地方政府发动农民合作组织的行为呈现三种方式：JZ镇综合服务协会是地方政府通过对原有组织进行重组和改造，W县鸭梨协会是地方政府收缩权力，将协会的管理权交回给农民，WZ区茶叶合作社则是由地方政府说服地方能人与农民分享部分利益。进一步分析可以发现，三个案例中地方政府与不同的社会群体进行了联合。W县组建鸭梨协会是依赖原来存在的技术能人，他们在政府提供的服务萎缩的情况下承担了乡村技术传播的作用；在茶叶协会中，地方政府推动组建合作社是为了实现农民增收，针对的对象是较为弱势的农户；在JZ镇综合服务协会中，地方政府组建的合作社为了维持生存需要农户加入，四个协会以有偿服务为原则，因此结合的对象也更加趋向普通农户。所以，可以将地方政府与社会的联系分为社会群体中的地方能人、弱势群体与普通农户。

第一种方式是地方政府与社会能人的合作。通过吸收社会精英组建合作组织是地方政府的一种普遍做法。人类学家吉尔兹指出："'地方性知识'是

① 访谈记录，20061030FFFD。

指有意义之世界以及赋予有意义之世界以生命的当地人的观念。”[①] 詹姆斯·C. 斯科特（James C. Scott）在《国家的视角—那些试图改善人类生活状况的项目是如何失败的》一书中指出，国家主导的大型项目的失败就是因为缺乏对本土知识的关注，从而使知识脱离了地方实践，经验证明，如果排除了地方实践中的本土力量和实践知识，任何对于生产和社会秩序问题采取简单的和集权式的解决方案必然会失败。[②] 同样，相对于地方能人而言，地方政府缺乏对当地情况的足够了解，因而无法满足农户的需求，而地方能人拥有的地方性知识则提供了组织当地农户的最好的基础。W 县原来的官办鸭梨协会虽然集中了全县各单位抽调来的技术人员，不可谓技术能力不强，但面对农民多样化的技术服务要求，技术员的力量依然有限。而果品协会中的农民从亲身的种植过程中积累起丰富的经验，对农民的需求可以进行及时反馈。例如，果品协会 2001 年引进的套袋技术是两层套袋，但是他们发现三层套袋技术下生产的产品糖分更高，因此在全乡推广，使 W 县的鸭梨占据国内高端市场，并且打入国际市场。此外，协会在技术培训上也更加灵活，技术人员对村里进行小组培训，而且培训都在白天的空余时间或夜间，学多少算多少，一个村培训十几次，十分切合农民的实际需要。

第二种方式为地方政府与弱势民众的合作。与社会下层民众建立关系是指地方政府利用农村能人已经建立起来的市场网络为基础成立合作组织，将企业或能人所得的部分利益分配给弱势农户。在这种方式中，地方政府试图通过监管合作组织中的利润分配方式，增加农民的收入，限制个体从中赢利，实现保护农民利益的目的。因此，地方政府承担了超出一般行政管理的职能，充当了弱势农户的保护人的角色，对合作组织的绩效表现相当程度的关心。比如，SJ 茶叶合作社中，区农办指出合作组织的经营好坏直接影响农民的收入：

① 王铭铭：《人类学是什么》，北京大学出版社 2002 年版，第 63 页。

② 〔美〕詹姆斯·C. 斯科特：《国家的视角——那些试图改善人类生活状况的项目是如何失败的》，王晓毅译，社会科学文献出版社 2005 年版，第 7—8 页。

> 现在我们的合作社效益逐年上升，但是如果萎缩的话，我们压力很大。我们的考虑是，如果每一个合作社都倒闭，农民的股本金如何还？我们的任务不轻松，要尽量使合作社正常发展。他们有问题就打电话给我们，我们解决不了，就向区里反映和协调。①

而地方政府需要选择有奉献精神的人来办合作组织：

> 农产品股份合作制，如果没有奉献精神就不搞，本来1块钱可以自己挣现在要分8毛给大家，自己留2毛。我们办农产品合作社的目的是增加农民收入，不是个人发财，我们不是以赢利为目的。大户组建合作社如果损害农民的利益我们是不允许的。要看你这个人能不能有市场销售能力，看你原来是做什么的。②

在这种方式中，地方政府不但要扶持合作组织的建立，还要确保合作组织的效益增加和公平分配，这样，地方政府与合作组织之间建立了更为紧密的关系。

第三种方式是地方政府与普通农户的合作。地方政府对普通农户的吸纳需要克服农户对地方政府的不信任，增加地方政府的向心力。这种凝聚力有的时候是通过经济利益的吸引，比如，JZ镇农业综合服务协会提供的农资比市场价格低，而且质量有保障，农户能从中得到实惠；有的时候是通过为农户解决具体问题，如石家庄有一个服装厂拖欠了协会介绍的员工的工资，协会负责人专门去了四趟，与厂家协调，最后帮助村民要回了工资；有的时候是凭借地方政府拥有的技术和资金优势，比如依托乡镇科技站、畜牧站、农机站等机构组建合作组织。

通过这种方式，地方政府工作人员的行为方式发生了变化，如果说以前是自上而下执行政策，现在则是自下而上去发现农民的需要，进而为农民提供服务。例如，JZ镇综合服务协会工作人员表示协会成立前后的变化：

① 访谈记录，20061030ZX。

② 访谈记录，20061030ZX。

> 原来包村干部到村里，搞计划生育、收农业税，农民不欢迎，现在到村里农民十分热情，到庄稼地里一走，一围上来很多人来问。以前乡镇就是要钱，乡镇干部召开会，农户就是没别的事也不来参加，现在我们去做培训，比如山东教授来做培训，本来安排一个200人的会场，后来有600多人参加，走道上都是人。①

经由合作组织，农户的利益与地方政府的利益被联系到了一起，正如张鸣指出，地方政府的行政资源与社会的结合可以带来双方利益的增长。②

通过这三种方式，地方政府与社会之间建立了有效的关联，在一定程度上缓解了地方政府“悬浮”于社会的境况。不可否认的是，这种关系依然呈现出政府主导的色彩。在很多情况下，地方政府借助原有组织体系进行合作组织建设，在村一级组建以村组干部为领导人的合作组织；在乡镇一级则利用原有乡镇站所等涉农服务体系组建合作社；在县一级，政府涉农主管部门也通过一些名义上的组织形式同合作组织对接，例如专家委员会、技术顾问、产业发展办公室、项目办公室等，负责人通过担任名誉会长、监事会成员或者聘用技术人员参与合作组织管理。③ 此外，协会在经费上也对地方政府存在依赖，例如在果品协会中，由于协会没有会费，运转依然需要乡政府提供；而在茶叶协会中，是通过地方政府提供给地方能人足够的经济激励才促使合作实现的。

尽管当前地方政府与社会之间的这种制度性关联依然是不稳定的，处于变化当中的，甚至是地方政府主导的，但是它为改善地方治理提供了一种可能。张静在对基层政府的研究中指出，解决基层政府与社会脱离的方法有两个，一个是加强自上而下的控制，强化行政体系内部的监督，但是她认为这种方法是不可行的，“官方一种力量的控制被证明是不太成功的，不成功的原

① 访谈记录，20061009KWT。

② 张鸣：《政府的作为与民间社会的成长——以河北F县调查为个案》，载《华中师范大学学报（人文社会科学版）》，2005年第1期，第40页。

③ 郭晓鸣、曾旭晖：《农民合作组织发展与地方政府的角色》，载《中国农业经济》，2005年5月，第28页。

因，在于双方的互相需要，尤其是国家对基层政权确保地方秩序的依赖”[①]。因此，她提出第二种方法，即建立社会自下而上的授权，“社会授权关系在基层治理中的作用，是防止权威和社会利益脱节乃至对立，因而它能够避免因脱节引致的政治冲突和治理困难。以制度化的方法确立权威的社会性来源，强化权威的社会基础，是保证基层长治久安的根本”[②]。建立社会性授权涉及的是更大的制度性变革，在当前的条件下仍然是一个努力的方向。在这两者之间，也许存在着通过合作改善双方关系的可能，实现“以合作维权”的目的。[③] 因为组织一旦形成就有自我的生命力，它在发挥经济联合的功能的同时，也开始影响决策制定，起着保护农民利益的作用，对地方政府行为进行一定的限制；更为重要的是，它为农户提供了一种表达自我利益的方式，正如秦晖在讨论合作组织的作用时强调，“农民如果能够自由组织农会，官员即便并非民主产生，其权力也会有制约，不能随意侵犯农民的权益。相反，如果农民无法进行有组织的维权，即便是民选的官员也可能滥用权力损害农民利益”[④]。

因此，合作经济组织在一定程度上为农民提供了另外一种表达和维护利益的渠道，有利于减少政治和经济权力在基层的过分集中状况，使地方政府将为农民服务作为一个考量的因素。和以往不同的是，合作组织在维护农民权利的过程中，并不是以削弱政府权威或利益为前提的，而是有可能实现两者利益的共同发展的，一方面农民的权益得到保护，另一方面也增强了地方政府的行政效能与合法性。也许从这个意义上说，合作组织的建设为地方治理提供了一种介于“行政授权”与“社会授权”的可能。

---

① 张静：《基层政权：乡村制度诸问题》，浙江人民出版社2000年版，第291页。

② 张静：《基层政权：乡村制度诸问题》，浙江人民出版社2000年版，第46页。

③ 在我国东部和南部较发达地区的村庄，已经出现了以“合作维权”的社区合作组织，参见折晓叶：《合作与非对抗性抵制：弱者的“韧武器”》，载《社会学研究》，2008年第3期，第1—28页。

④ 秦晖：《新农村建设凸显“农民组织”问题》，2007年2月，http:qinhui09q. vip. bokee. com。

小　结

地方政府是国家与社会的交界处，它承担来自上级的政策执行任务，也面临来自下级的利益传递功能，是中央政府建立与社会联结的重要层级。通过对1993年以来财政体制改革的分析发现，县乡政府的财权与事权不对称，事权大于财权，导致县级政府财政状况窘迫，而2002年开始试点的农村税费改革则进一步加剧了地方财政对中央的依赖，基层政府从以前的向农户汲取资源变为依靠上级转移支付。与财政体制变化直接相关的是地方政府行政机构能力下降，乡镇事业机构与农民日益疏离，地方政府与社会联系渠道受到阻塞，使地方政府与社会之间呈现“悬浮”的状态。

发展合作组织可以看做是地方政府为克服与社会的脱节，通过吸纳社会力量建立与社会常规性关联的一种努力。对合作经济组织案例的分析表明，通过利用地方能人的地方性知识、为农户提供服务和为地方能人提供经济激励，地方政府搭建了与社会的能人、普通民众以及弱势民众的联系，在一定程度上缓解了地方政府“悬浮”于社会的境况，在为农民提供服务的同时，也为自身的发展提供了空间。尽管这种互动还处于变动当中，呈现出政府主导的色彩，但是它为农民提供了一种表达和维护权益的渠道，为增加地方政府的回应性和改善地方治理提供了一种可能的路径。

第六章　供销合作社：策略互动研究

供销合作社是我国合作组织制度体系中一个十分重要的组成部分，它的资金、技术、人才和网络使其成为合作组织的参与者，它的准行政职能使其成为联合农民合作组织的主导力量。供销合作社是一个集行政管理、企业经营和合作互助于一体的组织，我们将作为行政管理者的供销社当做国家的第三个层面来进行分析。与中央政府和地方政府不同，供销社参与合作组织的方式受部门自主性的强烈驱使，这使得改革开放初期供销合作社两次与农民合作组织结合的实践都归于失败，同时这种部门自主性也促使20世纪90年代末以来供销合作社重新选择积极参与到农民合作组织的发展之中。由于供销合作社没有行政执法权，因此它需要通过行动策略来影响政府从而改变自身地位和作用，也需要通过行动策略来搭建与农民之间的合作关系。本章通过对供销合作社与地方政府和农民之间的策略互动来透视国家与社会关系的动态变迁过程。

一、供销合作社的部门自主性

作为一个体制内的传统组织，供销合作社的部门自主性产生于改革开放后国家权力下放带来的部门利益的独立。从新中国成立后到改革开放前，在国家对社会资源的全面垄断下，供销合作社从最初成立时由农民自筹资金组办的合作经济组织逐渐发展成享有一定的行政级别、行使行政管理职能的政府部门，失去了合作组织的性质。但是，在计划管理体制下，国家控制了一切社会资源，所有部门都置于国家行政性计划的统一控制之下，供销合作社也成为执行国家行政性计划的组织，缺乏部门自主性的动力。改革开放后，随着政府机构改革和财政管理体制改革的推动，供销合作社成为兼有经济自主性和行政管理职能的具有双重特征的组织，表现出较强的部门自主性倾向。

新中国成立初期，我国采取自上而下与自下而上相结合的办法组建供销合作社。首先是自上而下组建领导机构，在1950年7月召开的“中华全国合作社工作第一届代表会议”上，决定成立中华全国合作社联合总社，统一领导和管理全国的供销、消费、手工业等合作社。此外，各大行政区、中央及大区直辖市、省（区）和县都成立了各级供销社。1954年7月召开了“中华全国合作社第一次代表大会”，决定将中华全国合作社联合总社改名为中华全国供销合作总社，并通过了《中华全国供销合作社章程》，从而使我国供销社成为一个独立的具有统一系统的社员集体经济组织。另外是自下而上组建基层社，各地在新中国成立前原有的合作社基础上，普遍吸收社员入股，组建基层供销社，到1957年底，全国已有县以下农村基层供销社19402个，社员15745万人，社员股金33152万元。①

从新中国成立初期到1958年之前，供销合作社基本上体现了合作的性质。1954年，中华全国合作社第一次全国社员代表大会通过了《关于制定中华全国供销合作社总社章程的草案的说明》，文件指出供销社是社员集体所有制，由分散的各负盈亏的合作社自愿联合起来的组织，合作社实行民主管理，以社员大会或代表大会为最高权力机关，由社员大会或代表大会选举出理事会为其执行机关，选举出监事会为监察机关；供销社的资金以自有资金为主，所得盈余除向国家交纳所得税外，为社员群众集体所有。同时，按合作社原则自下而上组建了全国供销合作社系统，其中省级合作社交纳该社股金总额20%可以成为全国合作社社员，县供销社交纳10%的股金成为省合作社会员，基层供销社交5%的股金成为县供销社的会员，社员交1000元入社费和认购

① 宋洪远：《中国农业政策与涉农部门行为》，中国财政经济出版社1998年版，第71—72页。

一定量的股金就成为基层社社员。

在社会主义过渡时期，供销社承担了对农村私营商业的社会主义改造任务。1956 年，全部实现了对农村资本主义商业的社会主义改造。1956 年底，全国 226 万私营商贩中有 168 万人纳入了各种供销社的改造形式中，标志着农村商贩的社会主义改造基本结束。1958 年，随着“三大改造”的基本完成，农业生产合作化基本实现，已经不存在自主经营的农户经济，加上统购统销体制的确立，供销社的作用也发生了改变。供销社组织农民产品购销和服务农民的作用逐渐减少，而接受国家委托业务则变得越来越重要。1958 年，县以上供销合作社与国营商业合并，成为政府机构，基层供销合作社变成人民公社的供销部，并接受条块的双重管理，成为国营商业的基层商店。1962 年，中央提出了“供销社的体制恢复到 1957 年以前的状况”，恢复供销社的独立系统和合作性质，但是情况并没有实质性的变化。1965 年，全国供销总社提出供销社是全民所有制性质，县以上供销社挂两块牌子，即第二商业部（厅、局）和供销合作总社（省、县社），并且提出供销社除股金外，商品和资金都是国家财产，指出股金还是退给个人比较好。这样，从上到下全国的供销合作社全部转变为全民所有制。1970 年，全国供销合作总社与商业部、粮食部、中央工商行政管理局正式合并，成立新的商业部。1975 年 2 月，重新成立了中华人民共和国供销合作总社，但是规定其机构性质为社会主义全民所有制商业，是国营经济的组成部分，因此供销合作总社实际上是农村商业部，是国务院的一个部门。由于从民办组织转变成官办组织，供销合作社的主要任务从促进社员产品购销变成促进人民公社的巩固和农业生产发展，其购销业务从满足社员的需要变成完成国家的委托购销任务。

通过“民有”变“官有”，供销合作社成为计划经济体制下的政府政策执行机构。作为计划经济体制下的一个政府部门，供销社缺乏独立控制的资源，也没有部门自主性的动力。首先，从组织资源上，供销社体系从上到下按行政体系设立，在中央是国务院的部门，下面每一级机构都处于各地相应级别的政府部门中，部门人员的编制和工资等级都按国家政府部门的标准执行，部门领导也是政府委派或任命；其次，从业务资源上，在高度计划经济体制中，政府把各个部门看做是计划分配资源的中介和执行机构，其经营行为只是保证实现计划的活动，供销社作为政府在农村商业的主渠道，与商业部门统一管理全国的商业贸易，承担统购统销体制中向农村输送工业品和生产资料、收购农副产品的功能，其经营活动不是以经济效益为考虑，而是以服从政策安排为主；最后，从财政资源上，计划经济体制实行“统收统支”的财务管理体制，部门业务经营的好坏、效益高低与各部门的利益、职工收入并没有太大关系。因此，这一时期的供销社的组织资源、业务资源、财政资源都在国家的控制当中。正如孙立平指出：“改革开放前，组织成员对组织的依赖也就意味着对国家的依赖，因为单位组织本身的资源并不是自我拥有的，而是国家下达的，因此单位组织更要依赖于国家。正是通过这种资源流动的过程，国家控制着单位组织，而单位组织也就成为执行国家意志的重要工具。”①

改革开放后，国家的政治经济环境发生变化，政府管理体制也进行改革，供销社的自主控制资源增多，促使供销合作社的部门自主性不断增长。首先，改革开放后，中央对供销社进行民有化改革，使供销社从政府序列退出，供销社从执行政策和规章的行政单位转变成事业单位，兼具行政管理和经营的职能。在承担政府部门的管理任务的同时，供销社也成为一个独立核算的经济组织。比如，供销社下属的专业公司——棉麻公司和农资公司本身就是两个大的企业，供销社有了自主经营的动力与能力；② 其次，在从计划经济向市场经济过渡的过程中，供销社承担政策性业务和经营性业务，政策性业务使其具有行政管理的职能，为公共利益服务，但是经营性业务则要求供销社按企业化运作，满足组织自身的发展，加之改革开放后供销社对所属企业的控制力度增大，行政部门内部具有对下属机构人事和财政的绝对控制，由此供

① 孙立平：《向市场经济过渡中的国家自主性问题》，载《战略与管理》，1996 年第 4 期，第 67 页。

② Scott Waldron and Colin Brown, “State Sector Reform in China: Structural Considerations in Agriculture”, Paper presented at the 15th Annual Conference of the Association of Chinese Economic Studies held at the Royal Melbourne Institute of Technology, Melbourne, Oct. 2 – 3, 2003.

销社逐渐成为一个内部自我满足的系统，主要在政策性业务之外寻求经营性收益；[①] 最后，改革开放后，我国财政制度由计划经济时期的国家财政直接拨款，对任何经济社会事务大包大揽转变为国家部分拨款加“部门自养”分灶吃饭式的“部门筹款制度”，供销社部门和职工的收入很大程度上都与本部门和企业经营收入直接挂钩，激发了供销社的盈利动机。[②]

部门自主性扩大使得部门不断扩大自身在国家政策制定中的作用，公共政策的启动和执行都受到部门自主性的影响，国家的公共政策或因得到部门的推动而快速执行，或者因受部门利益的“绑架”而使国家目标不能实现，出现公共利益部门化的现象。结果改革前国家能够毫无阻碍地执行自己的政策，改革后国家政策则很大程度上受到政府部门的影响。

同样，改革开放以来合作组织的发展进程不仅仅涉及中央和地方政府的作用，而且受到供销社的影响。总体来看，其间经历了三个主要阶段：从改革开放初期到90年代中期是第一阶段，由国家推动将供销合作社真正办成农民的合作经济组织；90年代中期到末期是第二阶段，成立中华全国供销合作总社，国家进一步推动供销合作社改革；2000年以来是第三阶段，供销社合作社主动推动农民合作经济组织发展，成立农民专业合作社和联合社。在这三个阶段中，前两个阶段都是由国家作为改革的主要推动者，最后一个阶段供销社是改革的推动者。据此，可以将前者称为国家主导下供销社对社会的嵌入，后者称为部门主导下供销社对社会的嵌入，下面将分别对此进行论述。

二、国家主导下供销社的参与方式

从20世纪80年代初到90年代末近20年的时间中，国家一直试图通过恢复供销合作社的民办性质，发挥其联系农民与市场之间的关系的作用，对供销合作社进行了两次改革。第一次改革从80年代初到90年代初，主要通过

① 孙力：《我国公共利益部门化生成机理与过程分析》，载《经济社会体制比较》，2006年第4期，第91—95页。

② 宋洪远：《中国农业政策与涉农部门行为》，中国财政经济出版社1998年版，第7页。

改革供销合作社的组织结构，建立社员代表大会，实行民主管理，从组织形式上使供销合作社变成农民的合作经济组织；第二次改革从1995年到90年代末，主要通过吸收农民的股金，扩大农民股金在供销合作社自有资产中所占的比例，增加供销合作社的民有性质，从而密切供销社与农民的关系。在这两次改革中，供销社对农民合作组织的参与方式采取了组织性参与和股金式参与的方式，通过这些行动策略，供销社游离于国家利益与农民利益之间，追求自身利益最大化。

（一）组织性参与

20世纪80年代初，国家和供销社内部围绕供销合作社改革进行了激烈的讨论，对供销合作社改革形成了三种看法：第一种观点认为保持供销社的全民所有制；第二种观点认为实行全民所有制和集体所有制的联合；第三种观认为实行集体所有制。在这三种观点中，集体所有制为主要观点。[①] 1980年，在供销社体制改革的一次讨论会上，时任国务院副总理的姚依林指出："要恢复20世纪50年代初期和中期供销社的优良传统，使广大群众真正把供销合作社看成是他们自己的合作社，而且要在新的历史条件下进一步发扬这个传统使广大农民群众同供销合作社的血肉联系比过去任何时候的都好。"[②] 此后便开始了供销社集体所有制改革。1982年中共中央一号文件规定："农村供销合作社是城乡经济交流的一条主要渠道，同时也是促进农村经济联合的纽带。要恢复和加强供销社组织上的群众性、管理上的民主性和经营上的灵活性。"1984年中央一号文件《关于1984年农村工作的通知》明确提出："供销社体制改革要深入下去，真正办成农民群众集体所有制的合作商业。"

为了回归供销社的集体所有制性质，1983—1984年对供销社进行了改革，主要是组织结构调整，从组织形式上恢复供销社的民有性。1984年《中华全

① 沈以宏、寥丹清主编：《供销合作社所有制性质考察与研究》，中国商业出版社1988年版，第81页。

② 沈以宏、寥丹清主编：《供销合作社所有制性质考察与研究》，中国商业出版社1988年版，第70页。

国供销合作总社章程》颁布，规定全国供销合作社代表大会是供销社最高权力机构，代表由省、自治区、直辖市供销合作社代表大会选举产生，任期五年，全国社员代表大会每五年召开一次。设立了理事会、监事会，实行民主选举原则，基层社也相应建立了民主的管理机构。但从实际效果来看，供销社20世纪80年代初期的改革只是形式上的改革，并没有实现“还官于民”的目标，不少基层社进行了改组，选出了社员代表大会，但是供销社的领导依然是政府任命或委派，同时供销社员工的工资待遇都是纳入本级财政预算，因此并没有真正实现民主参与和管理。

除了组织结构调整外，也对供销社的股金进行了整理。1984年国务院96号文件强调，“放手吸收农民入股，扩大农民资金比重，使供销社在经济上同农民的利益紧密联系起来，对社员股金实行保息分红”。但这一时期各基层社吸收的股金数量较少，而且带有行政干预的色彩。1983年对江苏武进县湟里供销社的调查指出，全区5784户，入股户数5494户，入股面虽然达到了92.3%，但是社员股金14658元，只占供销社自有流动资金659200元的2.22%。从全国来看，农民股金只占到供销社总资本的3%—4%。[①] 因此，农民入股的股金规模相当少。同时，入股的大部分不是农民，而是乡镇干部和工作人员，入股方式主要是政府动员和行政命令，带有行政强制性。山东省枣庄市山亭区的一位基层供销社负责人指出：

> 1980年，上面政策要求吸收股金，供销社优先供应社员物资，年终利润进行分红，当时2块钱很多，条件不宽裕的农户不愿意入股，所以主要是乡镇教师、干部、村两委入股。增加的股份也很少，占供销社全部资产1/10都不到，后来经济条件差的就支出来了，到1996—1997年还有少部分社员股金。[②]

> 1983年增股，恢复民有，但没有实质性的变化。当时农民拿2块钱

① 阮赞林：《适应新形势，搞好股金工作》，载《财贸研究》，1985年第2期，第77—78页。

② 访谈记录，20060902ZYX。

入股，你能决定供销社的事吗？也就是上面怎么号召，下面怎么办。当时主要是动员，主要是政府行为，当时各个乡镇一级管一级向下面要，政府号召、动员，宣传供销社是农民的合作组织，都来关怀爱护供销社，同时下计划，按人头，给你任务想办法完成，完不成任务在考核的时候减分。因此，当时主要是政府行为，供销社自己没有能力动员。①

所以在这一时期仅仅是对供销社从组织形式上进行了民有化改革，未能触及供销社的实质，大部分供销社的社员大会仅召开了一次就没有继续下去。

（二）股金式参与

1995 年以前，供销社已经开始通过吸收股金充实自己的经营实力，但是社员股金并没有在供销社中占很大比例。1984 年，主管财贸工作的副总理田纪云指出，供销社改革要突破对农民入股的限制，“如果农民的资金占供销社资金总额的比重大一些，农民就非管不可了。他们一定会选有真才实学能干的人管供销社”②。在中央的指导下，1984 年 6 月，商务部、财政部《关于改革各级供销社财务管理制度的联合通知》规定：“供销社要鼓励农民入股，提高社员股金占供销社资金的比重。”1985 年，商务部制定了《供销合作社社员股金和社会集资管理试行办法》，指出“吸收社员股金，是为了扩大社员在供销社的资金比重，把供销社真正办成以农民为主体的集体所有制经济组织”。但是，到 1990 年为止，社员股金为 14.2 亿元，仅占供销社自有资金的 12.2%。③

随着市场的进一步开放，供销社的农资流通垄断地位逐渐降低，扩大经营面临的资金瓶颈逐渐凸显出来，对资金的需求日益增加。1995 年 2 月 27 日，中共中央、国务院出台《关于深化供销合作社改革的决定》，提出“围绕

---

① 访谈记录，20060831ZYL。

② 龚财：《对社员股金实行“保息分红”是供销社必须坚持的原则》，载《商业会计》，1996 年第 6 期，第 3 页。

③ 龚财：《对社员股金实行“保息分红”是供销社必须坚持的原则》，载《商业会计》，1996 年第 6 期，第 3 页。

把供销社真正办成农民的合作经济组织这个目标，以基层社为重点，采取切实有力的政策措施，使供销合作社真正体现农民合作经济组织的性质，真正实现为农业、农村和农民提供综合服务的宗旨，真正成为加强党和政府与农民密切联系的桥梁和纽带”。文件指出，“按照自愿的原则，争取更加广泛的农民群众入社，充分体现它的群众性”。

在这种背景下，各级供销社都把发展社员股金看做增强供销社凝聚力和向心力的方法，认为农民股金越多，就越体现供销社的民办性。1996 年，全国供销合作总社颁布了《供销合作社股金管理办法》，在该文件的推动下，一些发展较快的县乡供销社建立了股金管理办公室、股金服务中心或股金服务部等管理机构，开始大量吸收农民股金。社员股金也开始大规模增长，据统计，到 1996 年底，全国供销合作社系统发展社员股金 250 亿元，发展较快的地区，比如山东省 136 个县，1996 年底社员总数 1600 万户，占全省农户总数的 72%，股金总额达 24.4 亿元，比 1995 年增长 73%。①

供销社大力发展社员，吸收股金，使农民股金在供销社资产中的比例大幅度提高。然而，这并没有带来预期的将供销社转变成真正的农民合作组织的结果，反而导致供销社在 20 世纪 90 年代末遭受股金风波的冲击，合作事业受到重创。从 1997 年到 1999 年间，由于供销社缺乏对股金的有效管理，股金使用不当，当农民兑换的时候没有足够的存款支付，全国范围内出现了供销社股金挤兑风波。不少地方由于不能及时兑换股金，农民便开始打砸股金服务部、围攻供销社，有的到县委、县政府上访、告状，有的到法院起诉，有的到火车站堵塞铁路，股金挤兑由金融风波发展为严重的社会事件，大部分基层供销社濒临倒闭边缘。为了平息金融风波，国家采取措施停止供销社吸收股金，1998 年中国银行发布了《整顿乱集资乱批设金融机构和乱办金融业务实施方案的通知》，要求清理整顿股金，1999 年国务院发布 5 号文件《关于解决当前供销合作社几个突出问题的通知》，指出在清理整顿期间，供销社不得吸收新股金。至此，供销社对社会的股金式参与也告失败。

① 宋洪远：《中国农业政策与涉农部门行为》，中国财政经济出版社 1998 年版，第 86 页。

很多学者将股金风波的原因归结为资金管理不善，即供销社系统内部、人民银行和地方政府缺乏对股金的有效监督和管理。[①] 这一解释说明了供销社吸收股金失败的直接原因，但从实质上来说，供销合作社吸收股金之所以失败，在于供销社通过吸收股金建立与农民的关联仅是一种形式上的关联，并没有真正实现农民对供销社业务的民主参与和管理。

第一，入股不是获得成员资格而是为了获利。20 世纪 80 年代供销社吸收农民入股时，每人入股 2—3 元，起到资格股的含义，而且社员参与供销社的年终分红，供销社也对社员购物实行优惠，社员股金体现了合作制的基本原则；但 1995 年入股则扩大了股金的额度，供销合作总社颁布的《供销合作社股金管理办法》规定入股金额“一般不低于 50 元，不超过 5 万元”，但很多地方的供销社都突破了 5 万元的限制，达到 10 万元以上，农民入股不再是获得社员资格的意义，而是带有入股获利的性质。

第二，股金保息分红隔离了成员与供销社的责任关系。1984 年以前，供销社对股金只分红不保息。1982 年，田纪云在一次会议上指出：“为了鼓励农民入股，还可以考虑，对经营发生亏损的供销社，可在税前付给农民不低于银行存款利息的股息。”[②] 1984 年，国务院 96 号文件要求供销社“放手吸收农民入股，扩大农民资金比重，使供销社在经济上同农民的利益紧密联系起来。对社员股金实行‘保息分红’，股息按银行年存款利率在税前支付，红利在税后盈余中提取”。因此，1984 年以后部分进行了保息分红，但其目的主要是为了提高农民入股的积极性，以分红为主，保息其次。1995 年以后，入股的目标则是以高息吸引农民投资，供销社成了银行，农民入股不是为了获得参与管理的权利，而是为了获取高额利息，农民入股的股息大大高于银行存款利率。例如，对河南省宝丰县城郊供销社的调查指出，供销社吸收股金的

---

① 张毅：《挤兑供销社社员股金已成历史》，载《浙江金融》，2002 年第 2 期，第 20—21 页；朱胜豪：《供销社、人民银行与地方政府——关于宝丰县基层供销合作社股金挤兑的调查报告》，载《北京大学中国经济研究中心学刊》，2000 年第 1 期。

② 龚财：《对社员股金实行“保息分红”是供销社必须坚持的原则》，载《商业会计》，1996 年第 6 期，第 3 页。

股息的活期、1 年期、3 年期分别为银行的 5.1、3.3 和 3.5 倍。[①]（见表 6－1）这样，供销社和社员之间就不再是风险共担的利益共同体，而是一种单纯的存贷关系，农民只关心股金的利息，不关心供销社资金如何使用、资金如何投向、风险如何承担。所以，仅吸收股金而没有进行实质上的变革，供销合作社试图通过吸收农民股金来增加和农民的联系无异于空中楼阁。

表 6－1　河南省宝丰县城郊供销社股金部利率与银行利率比较

	存款			贷款
	活期	1 年期	3 年期	短期
银行	1.17%	5.22%	6.21%	7.02%
股金部	6%	17.28%	21.6%	21.6%—31.2%

注：银行利率为 1998 年 3 月 25 日—1998 年 7 月 1 日人民银行的法定利率。

资料来源：朱胜豪：《供销社、人民银行与地方政府——关于宝丰县基层供销合作社股金挤兑的调查报告》，载《北京大学中国经济研究中心学刊》，2000 年第 1 期。

从以上分析看出，无论是组织形式的改革，还是股金吸纳，供销社与农民的合作都没有建立在一个稳固的基础之上，它们与社会在组织上是分离的，在利益上是相对立的。供销社不但没有承担起发展农民合作组织的任务，而且还在一定程度上阻碍了改革的进程。

三、部门主导下供销社的参与方式

进入 2000 年以来，随着市场经济的进一步推动，供销社面临经营亏损、市场专营取消、行政系统内部边缘化等问题，迫使供销合作社进行自我改革。在来自市场和行政的压力之下，供销合作社开始主动参与农民合作组织建设，推动农民合作组织发展。据全国供销合作总社的统计显示，到 2005 年底，供

① 朱胜豪：《供销社、人民银行与地方政府——关于宝丰县基层供销合作社股金挤兑的调查报告》，载《北京大学中国经济研究中心学刊》，2000 年第 1 期。

销合作社全系统组织兴办各类专业合作社 19149 个，兴办各类专业经济协会 1.1 万多个，两者合计 3.1 万多个；所有专业合作社有入社农户 499.53 万户，加上专业经济协会的会员，共有入社农户 610 多万户，占全国农民合作经济组织成员数的 25.8%；其中，平均每个专业合作社入社农户 260 户。供销社还成为农民合作组织之间的联合组织的主要推动者，全国有 23 个省、1500 个县的党委政府委托供销合作社承担农民合作经济组织发展的职能，在河北、山东、吉林、黑龙江、河南、宁夏、新疆等省近 1000 个县、市由供销合作社牵头成立了农民合作经济组织联合会。

对于供销社这样一个具有特殊身份的组织而言，2000 年以后参与农民合作组织的发展面临很多制度上的困境。首当其冲的就是供销社身份上的尴尬，即它既不是纯粹意义的政府组织，不是农民的合作经济组织，不是职工所有的集体经济组织，也不是纯粹的企业组织。作为这样一个“四不像”组织，供销社参与农民合作组织的发展面临来自农民和地方政府的合法性认可。1995 年中央文件规定供销社退出政府序列后，供销社没有了行政执法权，也没有政策制定权，因此供销社需要通过一系列行动与策略，建立与农民的关联和取得地方政府的认可，来推动农民合作组织的发展。从实际来看，供销社参与合作组织的行动经过了三个阶段，即“有为才有位”的政绩冲动、与农民信任关系的建立、地方政府认可；这三个阶段分别与一定的宏观制度环境密切相关，即国家对农村的政策调整、社会自组织能力不足和合作组织多头管理体制。在这里，可以将供销社推动农民专业合作组织的行动策略用下图表示。（见图 6－1）

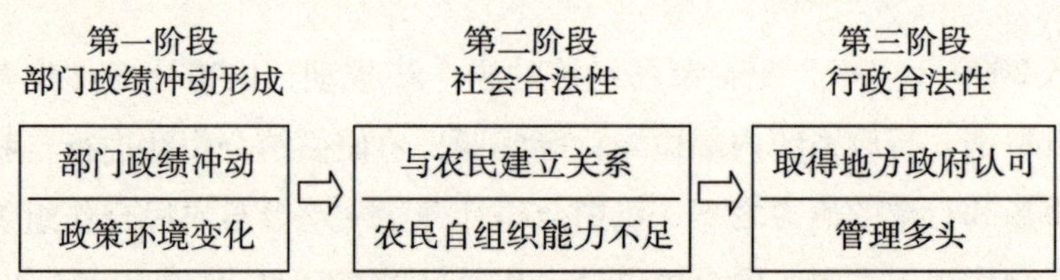

图 6－1　供销社参与农民合作组织发展的行动策略

下面结合山东省供销合作社的实践对供销合作社自主推动下参与合作经济组织的行动策略进行说明。之所以选择山东省供销社是因为它的组织系统在全国各地的供销社中相对保持比较完整，发展状况也比较稳定，2004 年和 2005 年山东省供销社总销售收入和总利润额在全国供销社系统中排第一位，因此山东供销社作为一个系统争取组织生存的行动具有典型性和代表性，表现了当前全国供销社系统面临的普遍性问题。

（一）部门政绩冲动形成阶段

山东省全省供销社系统有 17 个市联社，133 个县（区、市）联社，1533 个县以上直属企业，1556 个基层社。20 世纪 90 年代末，各级供销社在股金风波中背上了沉重的债务，其中有 1/3 的地市供销社为了偿还股金风波中拖欠的股金，将基层供销社资产变现，用所得资金返还社员，这些基层供销社成为一个空壳，仅保留部分管理人员由地方政府供养，作为资产的管理者，但供销社已经不具有资产的所有权；2/3 的基层供销社通过出租供销社店面的微薄租金收入，逐年归还农民的股金，举步维艰。

从整体上看，供销合作社系统是一个以基层供销社为基础的逐级联合组织，当基层供销社空壳化、空心化时，省、市、县供销社存在的合法性也面临危机。不过，合法性的丧失对山东省供销社系统的不同人群有着不同的意义。根据供销社的政企合一的性质，可以将供销社机构分成三部分，即属于企业性质的各级所属企业职工和基层社，属于行政管理性质的市县供销社，以及属于行业管理机构的省供销社。对一般企业职工而言，供销社拥有的资产和资金可以用于自营业务，基层供销社是否能够复原对他们并无太大意义；对县市供销社管理职员而言，供销社从政府序列退出后，人员工资自筹，他们首先面临的是生存问题，因此他们试图通过参与流通领域建设和投资其他行业增加供销社效益，关心供销社作为企业的存在，而不是作为公共服务组织的存在，因此恢复基层社的意义也仅出于经济考虑；对省供销社而言，作为全省供销合作社的行业管理机构，主要职责是指导全省供销合作社的改革和发展，为省供销社直属企事业单位进行管理和服务，并且承办省委、省政府交办的其他事项，因此对省供销社而言，基层社不仅仅是一个商业组织，更是一个为农服务组织，基层供销社的空壳化直接意味着最上层供销社存在的必要性，由此省供销社成为推动供销社自身改革的最主要的动力。

国家宏观政策调整为供销社参与农民合作组织的发展提供了机遇。从2004年起，中央连续出台三个一号文件，成为改革开放以来中央的第六、七、八个中央一号文件，文件强调国家政策对农村问题的重视，制定了一系列支持农村发展的具体措施，以降低农民负担，增加农民收入。2004年，胡锦涛总书记在党的十六届四中全会上提出了“两个趋向”的重要论断，即“在工业化初始阶段，农业支持工业、为工业提供积累是带有普遍性的趋向；但在工业化达到相当程度以后，工业反哺农业、城市支持农村，实现工业与农业、城市与农村协调发展，也是带有普遍性的趋向。我国现在总体上已到了以工促农、以城带乡的发展阶段”。这标志着中国开始进入工业反哺农业、城市支持农村的阶段。随着工业反哺农业政策的确定，国债和新增财政资金的使用也重点向“三农”倾斜，改变农业和农村经济在资源配置与国民收入分配中的不利地位，加大公共财政的支农力度。为了加强对农民专业合作组织的支持，财政部2003年下拨2000万元财政资金扶持农民专业合作经济组织建设；中央财政安排专项资金推出“农民专业合作组织示范项目”，对发展规范的合作组织给予扶持；2004年一号文件要求各级财政安排专门资金支持农民专业合作组织开展相关活动，要求金融机构对农民专业合作组织予以支持，财政予以贴息，从中央到地方形成了支持农民专业合作组织发展的政策体系。

但是，在这个合作组织支持体系中，供销社并没有被纳入。从纵向来看，国家各个部委都以垂直的专项资金形式下发到各级地方政府部门，比如财政、农业、林业、工商、税务等，而供销社由于已经从政府序列退出，定性为合作经济组织，因此缺少自上而下的资金渠道。正如全国供销合作总社的一位职员所言：

> 我们发现从天上掉下来一个大“馅饼”——新农村建设。这个馅饼是掉下来了，但是很遗憾，这个馅饼并没有掉到我们的嘴里。这个部门每年多少个亿，那个部委每年多少个亿，供销社什么都没有。①

从横向来看，股金风波给供销社带来重大困难，供销社成为各级政府的

---

① 全国供销合作总社合作指导部：《发掘合作制的现实价值》，内部资料。

“包袱”，越来越边缘化。一位基层供销社主任的话道出供销社的处境变化：

> 人民公社的时候，基层供销社主任必须是乡镇党委成员，地方政府离不开供销社；十年前，人事由区供销社管理，有政府摊派、镇里采购需要供销社出人出力、有工程需要供销社协助政府管理的时候，基本上有事还喊供销社；现在地方政府除了有学习叫上供销社，有大事开会有村支书参加的时候也喊供销社参加外，基本上不找供销社做事了。[①]

在“有为才有位”的行政逻辑下，供销社被边缘化就意味着存在的价值减少，作为行政主管单位的省供销社便在强烈的政绩冲动下推动供销社改革，将供销社定位为“为三农服务”的组织，强调供销社的公共服务性质，为供销社争取生存空间。

（二）社会合法化阶段

供销社的历史可以用“红色供销”、“计划供销”和“市场供销”来概括。“红色供销”是指供销社在革命年代为根据地服务，实行官民两利的方针；“计划供销”是指计划经济时期供销社为党服务，从民办改为官办组织；“市场供销”是指改革开放后的供销社，1983 年和 1995 年两次改革不但没有建立供销社与农民的密切关系，而且打消了农民对供销社的信任，供销社与农民关系逐渐疏远，农民认为供销社并不是自己的组织，已经和他们脱离了关系。因此，供销社要恢复为一个为农服务的组织，首要的就是建立与农民的信任关系，可以将这称为供销社自下而上建立社会合法性的过程。

首先，山东供销社利用原有的组织网络恢复农民对它的信任。供销社长期处于农村，职工中很大部分都是当地的农民，与农民有着天然的联系。比如，枣庄 ST 供销社，1999 年偿还股金中没有变卖基层供销社，基本保留了县供销社、基层供销社、中心店、双代店的网络体系。基层供销社分布在每个乡镇，人员工资由县供销社统一管理；中心店分布在较大的行政村，供销社拥有资产所有权，人员由供销社从农村聘用；双代店（代购代销店）成立于

① 访谈记录，20060902ZYX。

50年代初，最初是以行政村为单位，接受国家委托所办的商业经营单位，人员由行政村确定，亦商亦农，流动资金由供销社拨给，资产属村集体所有，改革开放后实行承包制，双代店从供销社的代理单位变成了独立经营业户，但是与基层供销社的业务关系没有中断。因此，ST供销社的组织机构和工作人员与农村和农民有着密不可分的关系。供销社通过这些遍布农村的组织网络了解当地农民的具体经营情况，比如谁是当地的生产大户、谁在农民中比较有威信、哪个村的产品销售遇到困难等，然后向当地能人输送合作的理念，引导农民走自我联合的道路。一开始，农民并不接受供销社的主动合作，ST区基层供销社主任介绍：

> 一开始去做工作的时候，农民并不相信，以为供销社想通过合作组织挣钱。实际上，供销社在帮助成立合作组织中要联系用车、办手续、上交报表，都需要开支，而我们一年仅门市费收入4万元，要上交1万元给县供销社，管理人员生活费、水电费、电话费、房子维修、证件办理等正常开支都不够，我作为主任已经好几年没有拿工资了，因此供销社在这中间只是付出。[①]

但是，当合作社成立带来了实际效果后，农民逐渐转变了对供销社的态度，开始认可供销社的做法。到2006年7月为止，ST供销社在全区已成立了87家合作经济组织，入社社员1.75万户，占全区农户30%。

此外，供销社利用掌握的业务知识获得农民的信任。普通农民由于知识水平有限，不能快速掌握现代农业生产所需的技术，而供销社工作人员眼界开阔、具有丰富的合作社知识、有较强的业务能力，可以对农民进行指导和培训。例如，日照莒县夏庄花生合作社年花生收购量达5000—6000吨，但是由于农户没有实行标准化种植，花生仅在国内销售，与出口的花生价格相差4—6倍。花生合作组织的负责人认为要规范农户行为、实行标准化生产是可望不可即的事。但在供销社主任的引导下，会长到寿光等地参观了标准化生产的管理经验，结果发现仅投资20万元就可以做到，原来以为难以实现的目

① 访谈记录，20060902ZYX。

标并非遥不可及。会长找到供销社主任说："你让我茅塞顿开，要是没有和你谈那席话，我到现在还不敢做呢。"可见，供销社自身的知识和专业技能可以弥补农户知识和能力的不足。

另外，供销社利用自身的专业知识、技术和组织资源，为农民合作创造良好的制度环境。2005—2006年，山东省联社在全省近20个县、市、区全面开展对农民及其合作经济组织的培训，培训包括对农村中的地方能人培训、对合作组织负责人培训和对合作经济组织进行实用技术的培训，推进农业标准化生产。供销社还协助合作组织注册登记，制定了成立合作组织的一系列材料，包括如何成立、组织结构、社员的权利和义务、组织的监督和管理等，帮助合作组织起草章程，协助进行民政或工商登记。供销社还尽量为合作组织降低各种费用，比如一开始ST区规定合作组织在工商登记，但是由于注册资金较多，而且工商登记必须按公司制企业缴纳有关税收，增加了合作组织的运行成本，于是ST供销社便协调政府在民政部门登记，但是民政部门登记也需要收工本费、成立后的公告费等，在供销社的进一步协调之下，民政局也降低了费用。

在取得社会合法性的过程中，社会自组织能力的弱小也增加了供销社存在的合法性。由于我国农民都是小生产者，经济实力薄弱，难以支付合作的成本，使他们虽然有合作的意愿却难以变成现实。这些先天条件限制了农民自我组织的能力，为供销社作为外部输入者推动农民合作组织发展提供了条件。

（三）行政合法化阶段

供销社通过提供服务建立了和农民的联系后，面临着将这种关系制度化，即地方政府对供销社发展农民合作组织作用的认可，从而委以供销社一定的行政职能，实现政绩冲动的初衷——在政府部门中获得一定的位置。由于这是一个取得政府行政上认可的过程，表明供销社可以作为合作组织的指导单位，因此也可以将之称为向上的行政合法化阶段。

在取得行政合法性之前，供销社首先要确立自己的政治合法性，即表明供销社的作用符合某些政治规范。孙立平在讨论社团的政治合法性时指出：

"'政治上正确'是一种主观的判断，只有这种判断成为有关人员的共识，它才能成为合法性的基础，为此，社团不得不通过自己的努力，主动生产这种共识。"山东供销社在向上合法化过程中也通过种种行动生产这种共识。

一是山东供销社强调自己为农服务的角色，把供销社定位为一个"置于党委政府领导之下、长期生存于农村和农民之中、以服务'三农'为宗旨、具有经济活动职能的特殊组织。供销社的作用是在市场经济条件下推进新农村建设，在党委、政府及社会各方面和农民之间需要一个桥梁和转换器，特别是需要在县域内发挥纽带和转换作用的中介组织，而这不是一般的公司企业和事业单位所能及"①。以此表明，供销社具有行政组织不具有的优势，同时又是以公共利益为出发点的。

二是供销社带头建立"社区服务中心"。所谓"社区服务中心"就是供销社将自己原来在大的行政村所设立的中心店改造建成一个集购物、休闲娱乐、卫生医疗、科技教育于一体的为农民提供综合性服务的场所。这一做法很快受到山东省党委的重视，认为这是先进性教育的重要举措，并将农村党员干部现代远程教育设施搬进服务中心②，将农村社区服务中心建设写进2006年山东省委一号文件；在省委的认可下，科技、民政、文化、卫生、体育等部门都将支农项目放到社区服务中心，供销社的作用很快得到提升。

政治上的合法性为供销社参与合作组织建设奠定了基础，但是供销社并不能自然就获得行政合法性，还需要证明自身在行政上也具有优势，以取得行政部门对其效能的认可。当前地方政府对合作组织的管理权分散在农业局、民政局、工商局、科协、供销合作社等各个机构中，相互之间职责交叉。农业局负责指导和扶持农民专业协会，民政局负责管理专业协会的登记，工商局管理合作社的登记和经营，科协则是技术协会的主管部门，供销社指导和管理供销系统内部合作组织的事务。这些部门都对合作经济组织进行管理，但是相互之间缺少沟通，使地方政府对合作组织的行政管理缺乏有效的整合。

---

① 《白志刚同志在全省供销社工作会议上的讲话》，2006年4月19日，内部资料。

② 《山东省保持共产党员先进性教育活动工作简报》，第254期（总第271期），2006年3月4日，内部资料。

为此，供销社向地方政府提出成立农民合作组织联席会议，以供销社为主导，各相关部门参加，共同协调发展农民合作经济组织的政策。但是，供销社发展合作组织的举措受到了其他部门的质疑，农业局、民政局、科协等机构并不认同供销社的行政主管地位。比如，山东枣庄市将发展合作组织的行政职能交给了农业局，不过枣庄市 ST 区则将该项职能交给了 ST 区供销社，在调查中，ST 区供销社负责人指出受到来自其他部门的不认可：

> 我们成立北庄淡水鱼合作社、研马渔业合作社，水利局也成立了水产养殖协会、渔业养殖协会，他们认为水产、渔业由他们管，不该由我们来建，说你供销社怎么伸手到我们这里来了；民政局也想发展协会，说你成立合作社不如成立协会，我们民政局负责发展协会，但实际上民政局去发展协会，他们也没有专业的技能；我们成立了农资协会，农业局也成立绿色农资协会；我们发展养牛合作社，科协也搞养牛科技协会。不过我们办我们的，他们办他们的；我们认为，谁做都可以，统一在联合会的大旗下，不管哪个部门发展合作社都可以。①

2004 年，ST 区多个政府部门都向区政府提出赋予自己发展合作组织的职能。但是，由于供销合作社具有网络、技术、专业等优势，又鉴于供销社已经与农民建立了较好的合作关系，ST 区政府最终将发展合作经济组织的职能委任给供销社。同样，在山东省 17 个市级供销合作社中，有济宁、泰安、淄博、聊城、德州、潍坊、滨州、临沂、东营、滕州等市供销社被市委、市政府授予指导和管理农村合作经济组织发展的职能。

① 访谈记录，20060901WF。

四、国家、供销社与农民的关系

供销社参与农民合作组织发展的过程表明，随着国家对社会管控的放松，供销社并没有成为农民利益的代表者，也不是成为国家政策的执行者，而是逐渐成为一个利益独立的主体。由此可见，国家权力下放并不意味着社会权力的增加，在国家与社会之间还存在介于两者之间的组织，它的行为或沟通或阻碍了国家与社会之间制度性关联的建立。从这一意义上来看，改革开放以来农民合作组织发展的轨迹是在国家、供销社和农民三者的利益博弈中展开的。

（一）环境变化与供销社行动策略的改变

尽管从20世纪80年代初起国家就大力提倡供销社变为民办组织，但当时的环境并不有利于供销社退官还民。80年代初改革开放初始阶段，国家对市场控制没有完全放开，因此供销社在国家经济管理中依然起着重要作用，是稀缺资源的占有者；同时，政企没有完全分开，供销社承担了部分政策性经营业务，它既可以依靠政府赋予的垄断地位进行经营，也可以通过银行贷款获取资金。这一时期的供销社具有雄厚的资金和实力，农民股金仅占其中很小部分，实施扩股的改革不但没有增资，反而增加了供销社的开支。例如，供销社从银行贷款的年利息率是6%，而股金分红一般为股资的10%，如果保息分红，两者之和一般约占股金额的15%。这样，吸收社员股金越多，支付的股息和分红也越多。相比而言，供销社从银行贷款所需资金较少。因此，80年代初期，供销社仅仅在组织形式上进行了民有化改革，并不想吸收农民股金，依然沿用原来的管理和融资方式。

90年代以来，制度环境的改变促使供销社通过吸收农民股金来维持自身生存。新中国成立初期，供销社是农民组建的合作组织，经营范围十分广泛，是一个独立核算的经济实体；随着计划经济体制的确立，商业管理的诸多职能逐步分化，这些职能从供销社中纷纷独立，衍变为专门的行政管理机构。以山东省日照供销合作社为例，1955年，供销社的粮食油料等业务移交粮食局和油脂公司，1956年，以供销社中药材经理部为基础组建药材公司，1957年，以供销社采购科为基础组建采购局，1957—1965年间，县服务局、卫生局、工业局、工商行政管理局等都是在供销社原有职能的基础上组建的。[①] 由此，供销社的管理职能逐步简化为商品流通作用，发挥统购统销制度下商品输送的“管道”作用。改革开放以来，随着统购统销体制的解体，供销社的商品流通主渠道作用也受到来自市场和社会的冲击，生存空间越来越小。80年代末90年代初，供销社的经营逐渐滑坡，市场占有率下降，不少企业出现亏损，而农业银行也不再向供销社贷款，供销社面临生存发展的资金瓶颈。此外，1982年以来，全国供销总社的领导机构一直与商业部合并在一起，省以下的各级供销社虽然大多独立，但是依然是政府的行政组织，没有完全退出政府序列；1995年5月，成立了中华全国供销合作总社，各级供销社也退出政府机构序列，供销社成为自收自支的事业单位，管理人员的工资待遇也自筹自支。

为了维持组织的生存，全国供销总社提出借鉴日本农业合作社的经验，通过购销、信贷、农产品加工和农村工业，建立为农民服务的综合性合作经济组织，即以商业流通为基础，多业并举，为社员提供不以盈利为目的的综合服务，将对外经营活动扩大到一、二、三产业，发展为“实体性组织”[②]。这一转变激发了供销社固定资产建设的冲动，将大量资金投入建厂房，投资建立了各种附属企业。对山东枣庄市ST区的调查表明，供销社将资金用于固定资产建设，新建了果品公司和综合贸易公司，果品公司从事果品收购、储藏；综合贸易公司进行中药材的收购。此外，供销社还把高息吸收来的存款部分用于对外贷款，贷款利率高于银行利率，贷款的企业一般都是地方政府所属企业，由于有地方政府的授权，供销社一方面有恃无恐，另一方面以贷款风险交换与地方政府的合作关系，与地方政府建立了政企同盟关系。对河

① 山东省日照市供销社编：《山东省日照市供销社社志》，内部资料。

② 受访者指出，1984年的一号文件提出将供销合作社办成“商业组织”，1995年的文件指出真正办成“农民合作经济组织”，名称的改变意味着供销社不再仅仅是商业组织，而是合作组织，其经营范围可以扩大到一、二、三产业。

北宝丰县的调查发现，1996—1999 年县供销社系统共吸收社员股金 11140 万元，其中用于系统内发展业务 4096 万元，占全部股金余额 36.5%，对外调剂股金 6347 万元，占全部股金余额 57%，库存现金 724 万元，仅占全部股金余额 6.5%。[①] 因此，供销社吸收股金主要基于自身业务的需要，而不是考虑农民的需求。

2000 年以后，供销社的生存面临更为严峻的形势。

首先，1997—1998 年股金风波后，全国大部分地区的供销社都背上了沉重的债务包袱，供销社亏损成倍增加。比如，1999 年 8 月的数据显示，山东省日照市全系统累计负债 15 亿元，亏损 8 亿元，其中市属企业贷款 4.2 亿元，亏损 2.93 亿元，市联社及直属企业股金余额 1.6 亿元。[②] 1998 年，全国供销社亏损额最高达到 156.39 亿元。[③] 严重的亏损使银行不向供销社提供贷款，进一步加重了供销社的生存困境。

其次，农资市场逐步开放，供销社失去农资专营权。1985 年以来，我国农资流通体制逐步由计划经济模式向市场经济模式转变，但一直实施许可专营制，农资专营政策对经营农资的市场主体实行严格的准入规定，经营者仅限于农资公司、供销社、农业“三站”（即农技推广站、植保站、土肥站）和生产企业，个体户和私企没有农资经营资格。因此，供销社成为农村中农资销售的主渠道。但是，我国加入世界贸易组织后，要求我国 2006 年 12 月全面开放化肥经营市场。随着优惠政策的逐步取消，行政性政策干预将大大减少，国家对供销农资的扶持力度也有所减弱，供销社不得不进入市场接受竞争。

最后，行政管理职能弱化。随着供销社系统的亏损和市场管理职能的弱化，供销社在政府部门中的角色也越来越边缘化，供销社被看做是一个追求

---

① 朱胜豪：《供销社、人民银行与地方政府——关于宝丰县基层供销合作社股金挤兑的调查报告》，载《北京大学中国经济研究中心学刊》，2000 年第 1 期。

② 《山东省日照市供销社有关情况汇报》，2006 年 7 月 2 日，内部资料。

③ 杜海涛：《供销社：用现代经营网络武装自己》，2002 年 5 月 25 日，http：//past.people.com.cn/GB/guandian/183/6103/6104/20020524/736481.html。

利润的企业而不是为农服务的社会组织，其公共服务职能逐渐弱化。1995年中共中央、国务院出台的《关于深化供销合作社改革的决定》中指出按照政企分开的原则，各级供销合作社退出政府行政机构序列，根据实际需要，可以承担政府委托的任务，行使政府授权的某些职能，列席政府的有关会议；政府依照法律和政策，对供销社进行指导、协调、扶持、监督。但是，由于供销社公共服务职能的减弱，供销社在政府系统内部被边缘化，政府有关会议也很少让供销社列席。“地方政府大多只是将供销社等同于一般的商贸企业，认为它根本不属于行政机关。”①

正如谢庆奎在论及行政机构改革的动力时所言：“如果市场经济发展到一定程度，职能部门本身的作用已经失去了，当它意识到的时候，它自己自觉去做，这个时候应该是水到渠成的，让它自己去改，有一种危机感，觉得快没有事情做了。一是收入低了，二是没事干，再一个是它的外界已经轰轰烈烈，形势逼人，它在这坐不住了，它的权力也没什么价值了，它行使权力也没人买它的账，不像过去那样权钱还可以交易，现在它交易不了了。”② 这也道破了供销社2000年以来的处境。时空的改变促使供销社从原来脱离国家与农民利益向搭建国家与农民联系的角色转变。通过向下建立社会合法性和向上争取行政合法性，供销社在农民和政府之间起到了桥梁作用，农民的需要可以通过供销社得以向上表达，国家对农村的扶持资金也可以通过供销社下放到合作经济组织。

（二）合作经济组织联合会：建立政府、农民与供销社利益共同点的尝试

在山东省的实践中，在省供销社的推动下，部分市县供销社获得了地方

---

① 徐旭初、黄祖辉：《转型中的供销社——问题、产权与演变趋势》，载《浙江大学学报（人文社会科学版）》，2006年第5期，第121页。

② 谢庆奎：《机构改革的难度及其渐进性、长期性》，转引自陈明明：《政府改革及其社会空间：从多元主义到法团主义》，见复旦大学国际关系与公共事务学院：《公共政策与政府治理》，上海人民出版社2006年版，第163—164页。

政府的认可，牵头成立了农村合作经济组织联合会。山东 TZ 市农村合作经济组织联合会是其中发展最为成熟的。2003 年 12 月 16 日，TZ 市成立了农村合作经济组织联合会，由供销社、信用社、农业局、其他涉农单位、农民合作经济组织、农村大户参加，有会员 319 个，其中团体会员 116 个，个人会员 203 个。联合会的会长由 TZ 市供销社主任担任，TZ 市农业局副局长和 TZ 市信用社副主任任副会长，三个发展合作组织的主要机构共同协调对农民专业合作组织的政策。联合会成立的主要意义在于使供销社获得了管理合作组织的行政主管权，从政治合法性转变为行政合法性，使供销社在与相关行政主管部门、乡镇政府及村委会打交道的过程中更加名正言顺，在协调政府部门制定对农民合作经济组织的优惠政策时，供销社也具有更大的合法性。对政府而言，联合会也整合了行政资源，各个部门支持合作组织的政策可以通过联合会及时沟通。（见图 6 －2）

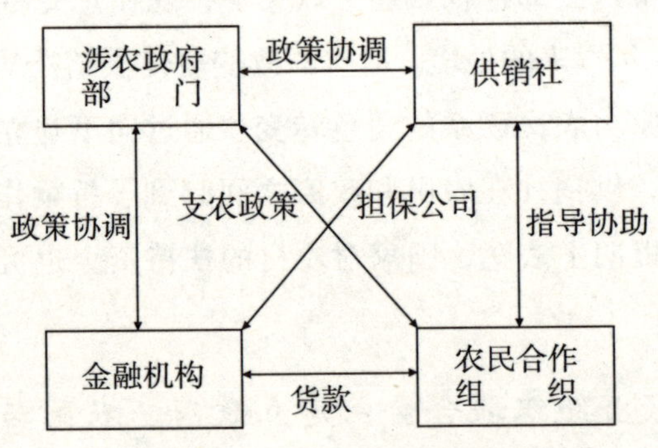

图 6 －2　山东省 TZ 市农民合作组织联合会运作机制

资料来源：作者自绘。

在政治合法性和行政合法性兼备之后，TZ 供销社获得了来自省市政府的政策与财政支持。山东省财政厅扶持 TZ 供销社 100 万元，枣庄市政府设立合作组织发展基金，每年从财政支农资金中拨款 100 万元给供销社，用于支持合作经济组织的发展。有了政府的认可和资金支持，供销社开始将联合会从单纯提供信息服务向提供金融服务发展。2005 年 4 月，TZ 联合会在市政府的许可下发起成立了担保公司。担保公司是通过合作组织联合会对农民进行小额贷款的一种形式，它通过巧妙的诱因安排实现了市农村信用社、市供销社、农民以及政府的共同受益。

具体运作上，担保公司注册资金 500 万元，其中政府扶持 400 万元，TZ 市供销社 40 万元，农民大户入股 60 万元。担保公司与 TZ 信用合作社签订协议，将 500 万元作为担保基金，信用社以放大 3—5 倍的放大系数向合作组织成员提供贷款。贷款采取两种方式担保：一种是单笔担保，另一种是授信担保。授信就是信用社根据借款人的资信及经济状况，授予其一定期限内的贷款额度，在授信期限及额度内，借款人可根据自己的资金需求情况，随用随借，不必每次都办理繁琐的贷款审批手续，而且可以尽可能地减少利息支出。联合会对合作经济组织成员集中授信，发放《担保授信证》，成员可以在一年内反复使用。为了降低风险，合作组织成员申请担保时需要合作经济组织提供担保推荐函，供销社对申请进行审核，最终确认是否给予担保。（见图 6 - 3）也就是说，合作组织、供销社、信用社和政府四方面相互依赖，互相补充，任何一方都以相互的信任为基础。

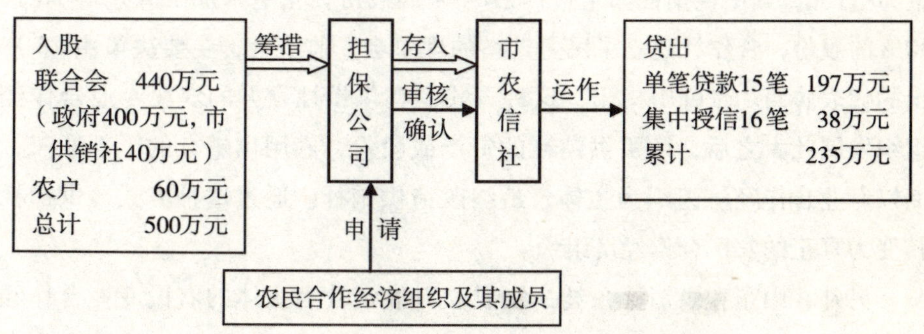

图 6 - 3　2006 年山东 TZ 市担保公司资金运作图

资料来源：作者自绘。

这样，合作组织成员—合作组织—供销社—信用社—政府之间建立了一个关系链，而这个关系链的有效运转则有赖于供销社前期所建立的合作组织内部的社会资本、供销社与合作组织的社会资本以及政府与供销社的社会资本为基础。

（三）供销社向何处去？

在计划经济体制下，供销社一直面临作为农民自主经营的民主组织这一理念和作为计划经济下国家政策执行机构这一实际作用之间的尖锐矛盾。改革开放以来，作为国家管制经济辅助机构的供销社，这种矛盾依然存在。随着国家统购统销体制的解体和市场化进程的加快，供销社作为政策执行机构的作用逐渐淡化，因而供销社向何处去再次成为一个现实问题。

从实际情况来看，供销社存在两种发展趋势，一种趋势是向农民自主的组织转变，另一种趋势是强化其政府政策辅助的功能。就山东省供销社的实践而言，要将供销社转变成真正的农民合作组织的路还很长。不过，供销社的改革已经显现了不可回避的民主化的趋势。在现实的压力下，供销社的作用开始分化，一部分基层供销社吸收农民股金入股，共同组建基于农产品销售或生产的专业合作经济组织，逐步完善股权结构，让农民参与管理，向专业合作社方向发展。例如，山东坊前供销社原来主要经营花生米收购加工业务，2000 年吸纳农民股金成立了花生米加工合作社，注册资本 1000 万元，股金 30 万元，其中供销社固定资产占 50% 的股份，花生米加工大户等 78 户占 50% 的股份，合作社建立了民主选举的理事会、监事会，主要决策由 78 户选出的代表协商。张晓山指出，这种方式是在供销社领办的农民专业合作经济组织发展壮大之后，赎买供销社的资产或股份，雇用供销社的干部职工，从而以专业合作经济组织为主体，最终改造供销社。通过这种方式，供销社将转变为真正的农民合作经济组织。

另外，山东省供销社在县一级成立以供销社为主体的农民专业合作经济组织联合会，供销社人员作为联合会的专门管理成员，为农民成立合作组织提供信息、技术、法律、政策等方面的服务，政府对农民合作组织的扶持也通过联合会的渠道下放，联合会则从信息服务向信贷、购销、保险等业务拓展，这种方式更类似于政府政策执行的辅助工具，体现了供销社的行政化取向。

事实表明，不管哪一种方式，供销社都不能脱离农民的需求独立存在，都需要与民间萌发的、有组织的力量进行联合。乔纳森·福克斯（Jonathan

Fox）指出，社会和国家都存在变革的动力，当这些变革力量联合起来时，就可以推动社会发展，形成社会和国家的良性互动。福克斯在对墨西哥农民革命的考察中把这些推动改革的行动称为“三明治策略”，即农村中的草根组织、对政策实施能产生实际影响的体制内改革派结合起来，共同抵制国家与社会中的改革反对派，从而推进民主进程。[①] 福克斯指出：“在来自上层和下层的压力共同作用下，‘三明治策略’可以创造政治空间，改变威权精英和农村民主运动之间的权力平衡，这可能导致两种结果，要么政府提高对农民要求的回应性并增加责任感，要么农民形成更强有力的自愿组织表达自己的利益。”[②] 供销社在来自社会和上级政府的压力下，主动寻求社会和政府的认同，从而获得生存的空间，这也可以看做一种中国农村合作组织体制改革的“三明治策略”，它使供销社在“有为才有位”的行政逻辑中获得了存在的价值，也为农民合作组织的发展带来了制度空间。

小　结

本章考察了供销合作社作为政府部门在参与农民合作组织发展过程中的行动策略，着重分析了改革开放以来供销社随着部门自主性的增长对合作组织参与的行动变化过程。通过对供销社前后三次参与农民合作组织方式的分析，研究表明部门自主性与社会之间的关系并不是固定不变的，而是随着外部环境的变化而改变的，是一个动态的过程，部门利益有可能成为社会利益的对立面，也有可能为社会力量的发展提供制度空间。

---

① Jonathan Fox, “Empowerment and Institutional Change: Mapping ‘Virtuous Circles’ of State – Society Interaction”, paper presented at “Working Meeting on Power, Rights and Poverty Reduction”, 23rd – 24th March 2004, Washington, D. C., published in Ruth Alsop(ed.), *Power, Rights and Poverty: Concepts and Connections*, Washington: World Bank/UK Department of International Development, 2004.

② Jonathan Fox, *The Politics of Food in Mexico: State Power and Social Mobilization*, Ithaca: Cornell University Press, 1992, p. 220.

从供销社与社会的互动中也可以折射出中央政府、政府部门与社会三者的关系。中央政府政策的改变是供销社从不愿意参与到主动参与的前提，而改革初期由于供销社将部门利益置于社会利益之上，使将供销合作社改革成真正的农民合作经济组织的目的未能实现，中央政府和农民的利益都受到损害。对山东供销社的案例分析表明，只有在中央政府的自主性增强与社会自主性增强的双重压力下，才能够遏制部门利益对公共利益的侵害，否则，一个缺乏有效国家能力的国家将既无法确保政府的政策贯彻实施，也无法维护公众的合法利益。

第七章　村落社区：角色互动研究

在这一章，我们将从村社区的视角出发来讨论农民合作经济组织的发展。人民公社制度解体后，我国在农村建立了基层自治组织村民委员会实行农民自治，由此村组织成为连接农民与国家的中介性机构。本章将分析村组织对合作组织的参与，认为以村组织为代表的集体力量在农民合作组织中的作用并不主要建立在集体经济的基础上，而是表现为作为国家政权延伸与村民利益代表的双重角色。本章首先分析改革开放以来村社中权力结构的变化，然后讨论村组织如何以不同的角色与其他社会力量结合，构成不同的合作方式，形成不同类型的农民合作经济组织；最后通过对这些组织的类型学分析，将组织内部成员关系分为互惠、再分配和市场交换三种类型，在此基础上进一步讨论不同关系类型的合作组织与国家其他层面结合的意义。

一、村社的权力结构及其分化

（一）改革开放后农村的权力格局及变迁

1. 村社的权力格局与村组织的核心作用

20 世纪 80 年代初，家庭联产承包责任制改革建立了统分结合的双层经营体制，奠定了当代中国农村制度结构的基本格局。作为一个相对独立的经济实体，农户承包经营集体所有的土地和其他大型生产资料，按照合同规定自主地进行生产和经营，经营收入除按合同规定上缴一部分给集体及缴纳农业税金之外，全部归于农户；村集体作为发包方进行协调管理，以村为范围为农户提供产前、产中、产后的综合性服务。·

这一改革给中国农村社会带来了两个重要的结构性影响。一方面，国家行政管理权力上移。1958 年，人民公社体制建立后，人民公社取代了乡的建制，原来的行政村成为生产大队，村庄成为一个行政单位，国家权力可以直达村庄。1983 年 10 月，党中央、国务院发出《关于实行政社分开，建立乡政府的通知》，在乡一级建立乡政府，乡政府成为国家行政体制的最末端，行政村则不再是国家行政建制的一级，成为村民自我管理的自治组织，形成了“乡政村治”的格局。另一方面，改革打破了人民公社体制下个人对集体的全面依附关系，家庭经营制度改变了农村土地和财产关系，农民得到了经营自主权，在种植农作物的品种和数量多少上有了自主权，对自己的劳动力也有了支配权，形成了新的自主空间。因此，通过村民自治和家庭联产承包责任制改革，确立了新的乡—村—村民关系：乡政府是国家行政体制的末梢，村社是村民的自治单位，农户是自主经营的主体。

在新的环境下，农村的组织形式开始多样化，出现了很多基于农民自主意愿上的联合组织。总体来看，当前中国农民组织分为四种类型：第一，基层传统正式组织，包括党的基层组织村支部委员会、村民自治组织村民委员会、村集体经济组织；第二，合作经济组织，包括村集体经济组织改造形成的合作组织、专业合作经济组织、专业协会和各种经济联合体，如种植养殖型联合体、加工型联合体、经销型联合体等；第三，维权型民间组织，如农民减负会、农会、打工者组织等；第四，社会性文化组织，比如红白理事会、老年协会、文化团体、宗族家族组织等。[①]

在这些组织当中，对村民生活影响最重要的是第一类，即党的基层组织（村支部委员会）和村民自治组织（村民委员会），合称村级组织。国家行政权力上移和新的自主空间的出现，使村组织作为联系国家与农民的纽带的作

① 中国（海南）改革发展研究院课题组：《中国农民组织建设的现状》，见中国（海南）改革发展研究院编：《中国农民组织建设》，中国经济出版社 2005 年版，第 23 页。

用愈发凸显，村组织既是村民与国家打交道的重要组织载体，也是村民社会保障的重要提供者。一方面，村组织是国家政权在村社的延伸，与改革开放前相比，国家直接控制村庄的权力减弱，但是国家依然通过村委会和村支部对村民进行管理。首先，土地的所有权和分配权依然在村委会手中。《中华人民共和国土地承包法》规定："国家所有依法由农民集体使用的农村土地，由使用该土地的农村集体经济组织、村民委员会或者村民小组发包。"《村民委员会组织法》第五条规定："村民委员会依照法律规定，管理本村属于村民集体所有的土地和其他财产。"村委会实际上拥有村集体资源的支配权①，果园、山林、土地等资源、水利设施、企业、大型农机具等的管理都掌握在村委会手中。其次，村委会是村民与国家打交道的中介，当村民涉及一些事务时，比如开具结婚证件、户口迁移、开设营业执照、批准电力水利连接等都需要村委会的批准，从这个意义上说，村委会对村民具有"准行政"职能。再次，国家通过委任村委会部分行政职务，比如收税、计划生育管理、统计报表、粮食收购等，使得村委会成为国家政策执行的代理人；最后，中国共产党在村级设立基层组织，并在《村民委员会组织法》中规定村支部发挥领导核心作用，这样国家就可以通过党的系统来贯彻自己的旨意。景跃进指出："在实际运作当中，村支部不仅仅起着政治领导的作用，更重要的是扮演了国家行

① 按照《村民委员会组织法》第五条规定，"村民委员会应当支持和组织村民依法发展各种形式的合作经济和其他经济，承担本村生产的服务和协调工作，促进农村生产建设和社会主义市场经济的发展。村民委员会应当尊重集体经济组织依法独立进行经济活动的自主权，维护以家庭承包经营为基础、统分结合的双层经营体制，保障集体经济组织和村民、承包经营户、联户或者合伙的合法的财产和其他合法的权利和利益。"《村民委员会组织法学习读本》对这一条的解释是："所有权和经营权相对分离，是经济改革的一项重要成果。农村的各种集体经济组织，都依法享有经营自主权，村委会不能随便干预。成立了村集体经济组织的，由集体经济组织管理集体财产，没有成立集体经济组织的才由村委会管理。"因此，按照村组织法的规定，村民委员会是一个服务和协调的组织，不具有自主经营权；但由于法律规定中村委会和村合作经济组织有重叠之处，因此在实际运行当中，村委会和村集体经济组织"一套人马，两块牌子"，两者合二为一，村委会实际上就成为村集体经济组织的管理者。

政机构的角色，行使的是国家行政权力。"① 这使得村支书成为村社实际的权力核心。因此，尽管村不是一级政府单位，但是由于它履行了部分政治和行政职能，可以看成国家政权在村社的延伸。

另一方面，村组织是村民利益的保护者。法律上的规定提供了村组织权力的法理基础，但是对于村民来说，村组织除了是集体资源的控制者以外，还是村民权利的界定和保护者。张静指出："村社体系在性质上，不仅是农户的一般居住区域，还是一个村民权利的界定和保护单位，是一个农民所需公共物品的提供单位。因为这个单位的存在，村民的一些权利才成为有效权利（能够实现），而其他的政治单位目前并没有对农民承担这样的义务。"② 由此，村组干部不仅仅是国家政策执行者，还是村民利益的保护者，需要考虑发展村经济、提高村民的经济收入，否则就会认为是失职的，在全村人面前没面子。折晓叶对经济发达地区超级村庄的考察也得出，超级村庄以社区整体的发展为目标，并不是一个只考虑经济利益最大化的经济实体，村庄内的合作建立在传统社会关系的基础上，不完全是契约性的关系；村庄社区集体制的产权界定建立在"成员共有权"、"平均权"等平均观念上。③ 因此，村民对村组织存在着一种道德上的期待与依赖，这使得村组织区别于其他的组织，成为村社中最具有公共意义的组织。

国家政权的延伸使得村组织拥有其他组织所缺乏的资源，比如对集体经济的支配权，对土地的调整，村支部的组织资源，以及可以争取上级政府的资助，等等，这些都有助于村组织形成农民合作的核心力量；村组织所具有的公共角色使村组织起着维护本村的平等和共同富裕的作用。这些都使得村组织成为农民进行联合的过程中可以依托的重要组织资源。

2．村社权力结构的分化

随着市场经济的发展，村社原有的组织边界和政治权威都受到了冲击，

---

① 景跃进：《党、国家与社会：三者维度的关系——从基层实践看中国政治的特点》，载《华中师范大学学报（人文社会科学版）》，2005 年第 3 期，第 11—12 页。

② 张静：《现代公共规则与乡村社会》，上海书店出版社 2006 年版，第 225 页。

③ 折晓叶：《产权怎样界定》，载《社会学研究》，2005 年第 4 期，第 1—43 页。

以村组织为中心的村社权力结构发生了变化。一方面，市场经济对乡村的快速渗入模糊了村落的边界，使经济交往超越了行政设定的范围，人们的经济和人际交往范围出现与行政边界既有重叠又有交叉的状况；另一方面，村社出现了新的社区精英，他们拥有的技术、资金和人际网络等经济资源和象征性资源使他们构成了村落中的新的权力中心。此外，随着村级集体经济衰弱，村组织的作用从公共服务的建设者向公共服务的维持者转变。

首先，村庄边界模糊。在对传统中国村落文化的研究中，很多学者都强调村落对村民具有的基本意义。例如，费孝通和黄宗智认为，村落赋予村民集体行动的身份和意义，是村民基本的经济和社会生活单位。① 施坚雅则认为传统中国的社会结构是建立在民间市场网络的基础之上的，村民围绕集市形成社会关系和宗教、结社等社会集团，不是村庄而是市场共同体界定了村民的地位和职能。② 这些研究表明，传统中国村民具有多元的身份，他们既是村庄共同体的一部分，又是市场交换中的主体。但是，人民公社时期“三级所有，队为基础”的制度安排使村庄的地理、行政、经济、社会边界高度重合，社会缺乏流动性，人们被固定在村组范围内，接受国家安排的强制性交换。改革开放后，村民拥有了自主经营权，这在一定程度上恢复了传统中国农民具有的身份多元化，在一个村内有经营不同产业的农民，不同村也有经营相同产业的农民，经济边界与行政边界出现分化。同时，农民的生产已经从单纯的自给自足向市场化发展，使得以血缘和地缘为基础的人际交往不能满足农民的需要，人们需要超出村际范围的基于业缘的合作，社会边界与行政边界也出现分离。人口流动性的增加使村民外出的机会增大，这也削弱了村民对村落的心理归属感，行政边界不再是村民生活的唯一维度。社会学认为，具有一定数量、以一定社会关系联结起来并参与共同社会生活的人群和一定界限的地域，有一套相对完善的生活设施和生活管理机构，生活在其中的社

---

① 〔美〕黄宗智：《华北的小农经济与社会变迁》，中华书局 1986 年版；费孝通：《江村经济》，江苏人民出版社 1985 年版。

② 〔美〕施坚雅：《中国农村的市场和社会结构》，史建云、徐秀丽译，虞和平校，中国社会科学出版社 1998 年版。

会成员在情感和心理上具有一定的认同感和归属感的社会群体就是社区共同体。① 如果说传统中国村社基本满足以上社区共同体的三个基本特点的话，那么市场化冲击下的中国村社已经开始出现不同程度的分离，经济的开放使村庄内部分化扩大，村组的管辖能力大大缩小，村庄内聚力受到不同程度的冲击。

其次，村庄权威多元化。很多学者已经关注到改革开放后村社内部分层的问题。比如，仝志辉与贺雪峰指出，一些村庄分为“体制精英—非体制精英—普通村民”三层：体制精英是指掌握着村庄正式权力资源的村组干部，非体制精英是指在村庄有一定政治社会影响力的村民，普通村民是指在村庄无政治社会影响力，但有潜在的参与集体行动能力的一般村民。② 毛丹则将村社居民分为“精英阶层—代理人阶层—普通村民—弱势群体”四层：精英阶层是直接握有社会资源的人，代理人阶层是间接握有社会资源的人，普通村民是社会资源仅限于本社区范围的人，弱势群体是基本没有什么社会资源的人。前一种分类以权力性质为标准，后一种分类则以经济实力和资源多少为标准。从这些分析中可以看出，随着村社边界模糊所带来的权力真空的出现，需要不同的力量进行整合，在这些整合要素中，政治权力资源不再是唯一的权威来源，经济实力、社会网络和文化技术越来越重要。

最后，随着集体经济的衰弱，很多村级组织逐渐退出生产领域，不再发挥公共服务的提供者的作用。家庭联产承包责任制为农业的发展释放了巨大的潜能，但是随着社会化服务需求的增加和农产品商品化程度的提高，农民在生产经营中遇到了很多一家一户办不好的事情，而衰落的村集体经济并不能承担提供这些服务的责任。据调查，中国大部分以农业为主的村庄经济境况并不乐观，到20世纪90年代末，村级债务问题受到广泛关注，2003年农业部在全国105个县所做的调查显示，676个村2002年村级净债务1.56亿

① 丁水木：《论街道社区和社区行政》，载《社会学研究》，1997年第5期，第15页。

② 仝志辉、贺雪峰：《村庄权力结构的三层分析》，载《中国社会科学》，2002年第1期，第160页；贺雪峰：《乡村治理的社会基础：转型期乡村社会性质研究》，中国社会科学出版社2003年版，第122页。

元，比1998年增加0.13亿元，村均净债务23万元；2005年财政部对八个省的调查显示，村级债务共1085.7亿元。[①] 在村级财务中，村组织所提供的公共服务支出渐趋减少，农业生产服务，比如灌溉、机耕机收、生产资料提供、技术推广、病虫害预防、产品运销、储藏等也逐渐萎缩，村组织呈现从公共物品的建设者向公共物品的维持者转变的趋势。[②]

在这样的背景下，农民合作经济组织在村内和村际之间逐渐发展起来，它们和村组织之间出现了融合与分化共存的局面。

二、村组织与合作经济组织的互动

改革开放以来，经济的快速发展使中国农村出现了一个新的群体，这些具有创新精神的农户开始在村社中形成新的权威中心，他们不但将市场规则引入封闭的村庄，而且成为普通村民与外部复杂的市场发生联系的桥梁。他们利用自己摸爬滚打积累起来的经验和市场资源，将周围农户生产的产品收购起来，然后通过集贸市场或其他方式销往各地。

与此同时，村社依然发挥着村落共同体的作用，对村民承担着权利界定、资源维持和经济发展的道义经济学义务。在村社内部，人们之间的关系主要受伦理、道德、文化等非经济力量的调节，人们的行为理性主要表现为非经济理性或社会理性，即由于共同体内部利益的一致性，个人利益融入群体之中，激励和约束主要取决于生存、安全、权力、等级及炫耀等动机。而当经济交换超出共同体的界限，在不同共同体成员之间进行时，由于交易参与者具有不同的经济利益，理性的经济计算成为必要和可能。

由此可见，发起人身份和组织边界是对农民合作组织影响最大的两个维

① 陈洁：《村级债务规模、结构、地区差异及影响偿债能力的因素分析——对223个行政村的村级债务现状调查》，见中国合作经济学会：《“中国农村社区合作组织与社会主义新农村建设论坛”论文集》，2006年4月，第139页。

② 宋洪远、张照新：《村级社区公共物品供给与新农村建设》，见中国人民大学“2006年中国人文社会科学论坛”：《新农村建设与和谐社会论文集》，第233—256页。

度。第一个维度表示合作组织的内聚程度，因为村组织和村民两种身份所能够凭借的资源和对村民承担的责任是不一样的，以村组织为发起人的合作组织对行政资源的依赖性较高，成员之间的内聚力较弱，反之，以村民为发起人的组织则主要建立在成员合作意愿的基础之上，因此组织的内聚度会比较高。第二个维度表示合作组织的开放程度，社区内成员关系主要表现为社会理性，跨社区成员之间的关系主要表现为市场理性。由此，我们可以得到四种类型的农民合作组织。（见图 7－1）

		组织权威中心			
		村民		村组织	
		类型	特征	类型	特征
成员边界	村内	I	成员熟悉 自愿加入 利益互惠	II	组织依赖性强 半强制性加入 再分配功能
	跨村	III	成员不太熟悉 自愿加入 市场交换	IV	村组织角色分化 市场交换与再分配结合

图 7－1　农民合作经济组织类型

第 I 种类型是由普通村民为发起人，由本村或邻村熟人为主要成员的合作组织，成员互相比较熟悉，信赖程度高，表现为比较强的内聚性，但由于成员仅限于本村，因此组织的开放程度较弱；第 II 种类型是由村组织为发起人，由本村村民为主要成员的合作组织，由于合作可能借用村组织的行政权威，因此表现为半内聚性，而且成员资格不对外开放，仅包括本村村民；第 III 种类型是由村民为发起人，成员跨村或跨乡的合作组织，组织呈现较高的开放性，但成员之间的熟悉程度较低，组织的内聚程度相对较低；第 IV 种类型是由村组织为发起人，成员跨村或跨乡的合作组织，表现为半开放性。我们将四类合作组织分别简称为内聚型、半内聚型、开放型和半开放型合作经济组织。在这些类型中，村组织根据自己所扮演的角色和所承担的义务不同，在合作组织中发挥着不同的作用。下面结合实例对四种合作组织类型进行讨论。

（一）内聚型农民合作组织

实例一 吉林梨树县榆树台百信资金互助合作社

吉林梨树县榆树台百信资金互助合作社所在地闫家村九社，共有村民45户，192人，土地58公顷。村民JZG和其他四位村民经常在一起放羊，一次偶然的卖羊交易，启发了这五个人的合作念头。2003年9月，一位辽宁客商来闫家村九社买羊，按照当时的市场价格，客商收购价为每公斤4.6元，由于五家准备卖的羊正好凑成一车，因此他们找客商抬价，结果以每公斤5.6元成交，平均每头羊多卖了30元。这次经历让他们看到了合作力量的强大，因此发动八户于2003年11月成立了榆树台百信农民合作社，JZG当选为生产合作社的理事长。

合作社成立不久，他们便发现资金短缺是一个更紧迫的问题。因为尽管联合购买可以获得市场优惠价格，但是由于农户的可用资金与生产周期密切相关，农户的资金余额并不能在同一时间聚集起来。例如，当需要联合购买饲料时，有的社员由于猪还没有卖出去，钱还没有收回来，因此不能实现有效的联合。合作社试图动员社员中有钱的人先借钱垫付，但是这也很难协调。

此外，农民在实际生活中面临信贷难的问题也激发了他们建立资金互助的想法。合作社的一名社员LBJ向信用社借钱购买了出租车，结果赔了2万—3万元，亏欠农村信用社1.3万元。社员筹集了6000元帮助他还钱。这次经历让社员感到，如果按照信用社的方式，今天可能是LBJ破产，明天可能就是自己了，如果联合起来，大家都可以发展生产，不至于都破产，因此认识到资金互助的重要性。另外，当地农村信用社的一位信贷员卷跑了信用社资金也让村民看到实行资金互助的必要性。理事长JZG介绍说：

> 信用社搞的是信用联保，一位农村信贷员把农民身份证上的名字用刀片刮掉，又打上某某姓名，然后重新用复印机一复印，当银行监管的时候，不可能千家万户去看谁给谁担的保，一检查也是五户联保，身份证都有，还非常正规，实际上根本就没有这个人。三年下来这个信贷员

卷跑了 110 万元。[①]

由于农村信用社并不能解决农民的资金短缺问题，闫家村第九社的村民就开始考虑让有钱的村民把钱存到合作社，利息高于信用社，进行资金互助。经过近一年的摸索，2004 年 7 月召开了社员大会，成立了资金互助合作社。到 2006 年 12 月为止，合作社由最初的社员 8 户发展到 45 户，股本金由 8000 元发展到 69300 元。

合作社设立了社员代表大会、理事会和监事会，社员代表大会采取"一人权票"制表决方式，理事会、监事会采取"一人一票"制方式，实行民主决策、管理和监督。合作社成立之初，8 个发起人每人入股 1000 元作为启动股本金，并且规定发起人半年内不得向合作社借款，股金所形成的互助资金主要用于吸收新成员加入，增加调节能力和推动合作社发展，让成员在需求中熟悉资金互助规则。

合作社的成员资格是开放的，根据成员的身份和入股的多少，合作社设定了不同性质的股金，对不同成员的资格和权利予以限定。首先，股金分为成员股和国家社会公共股，成员股指的是社员入股的股金，有相应的权利；公共股指的是接受的国家、社会及个人对合作社的扶持，没有表决权。其次，成员股又分为资格股、投资股和流动股。取得成员身份的是资格股，一股一个表决权；超过资格股的部分是投资股，资格股 2 倍为一个表决权，为防止大户的权力过大，单户的投资股不超过总股金 10%（超过部分放入流动股）；按约期入股的为流动股，流动股没有表决权，年终决算后参与分红。最后，合作社社员分农户社员和非农户社员，农户社员的资格股为 200 元，一股一个表决权，投资股每增加 400 元，增加一个表决权；非农户社员的资格股为 400 元，投资股增加 1000 元，增加一个表决权。这也被称为"一人权票"制度，即将成员权利与投资的多少结合起来，是对传统合作社"一人一票"制的一种改进。

合作社并不限制非农成员的加入，但是由于非农成员处于村社以外，合

① 访谈记录，20061216JZG。

作社无法对他们有充分的了解，因此设定了一定的规则对非农成员的权利进行限制。首先，如上所述，非农户社员的资格股和投资股标准比农户社员的都要高；其次，农户社员借款最高额为自有股金的6倍和不超过总股金10%，而非农社员借款金额不超过自有股金的80%，也就是说存款1000元只能借800元。这样，成员股和投资股对非农社员都没有太大意义。但是非农户社员可以入流动股，流动股可以参与分红。这样，既吸引了外来资金，又避免了因与社区外部人的信息不对称而形成的风险。正如理事长JZG说：

非农社员想获利，可以入流动股，城里社员我们自己也不了解他，所以他们借款只能借80%，流动股只能用于分红。①

此外，合作社也设定了一些规则控制农户社员的风险。首先，社员借款时需要找其他社员进行担保，担保人的股金总额必须达到借款额的40%；其次，三个月以内借款不得低于总股金的30%，保持成员能够经常交易；再次，合作社开展自营业务不得超过总资金的50%。

讨论

内聚型合作社的内部关系一般可分为三个群体：发起者、带动者和响应者。发起人主要是指最初萌发合作念头的人，他们对合作社的启动注入了第一股推动力。在百信资金互助合作社中，发起人最初入股8000元，并约定在资金互助合作社的过渡管理阶段，不能向合作社借钱，同时8个人现在都是合作社的工作人员，但是都没有工作报酬，这些具有创新精神的农户无疑是合作社成立的核心力量。带动者是指积极参与合作社的成员。为了让更多农户加入合作社，闫家村核心会员发动自己的熟人朋友做工作，宣传合作社的理念，其中闫家村的妇女充当了重要的带动者的作用。合作社2004年成立了妇女部，让她们参与到合作社中学习合作社的知识，妇女部还组建了秧歌队，将合作社的理念传播到了更多的地方，家庭内部也不再因入社“吃亏”的小事而闹矛盾。响应者是合作社直接的受益人。合作社的成立改善了他们的资

① 访谈记录，20061216JZG。

金问题，例如社员 ZZX 的媳妇有病，两个孩子刚上初中，家里当时仅剩 600 元，只能先供孩子上学，等秋天卖了玉米再看病，但这样就会使病情越来越严重，在合作社的帮助下，通过资金互助给他解决 1000 元，结果媳妇看了病，孩子也上了学。

在内聚型合作社中，村组织并不是发起人，对合作组织的参与也十分有限。比如，百信资金合作社中，村支书没有入股，村组织成员也没有在合作社中担任职务。不过，为了获得村组织的支持，合作社对村级组织采取主动合作的办法。为了消除村组干部的疑虑，有什么事情，合作社都会主动沟通，先听取他们的意见。合作社还主动与村组织联系，理事长 JZG 说："我和村支书说，以后我们联手把这个事情办起来吧。"村组干部没有表示支持，但是也没有反对。

榆树台百信合作社通过让社员将资金以入股的方式放入合作社，缓解农户用钱的时间间隔，方便农户之间的资金调配。这样一种看似简单的资金互助方式却具有划时代意义，因为它将村社中的互助习惯用制度化的方式固定下来，使传统观念变成一种明确的责任与义务，并将农户的信誉积累下来可以反复和循环使用，促进了合作的持续发展。

（二）半内聚型农民合作组织

实例二 山东省济河堂有机蔬菜栽培协会

济河堂村位于山东省肥城市边远镇西北角，由六个村民小组组成，共有 305 户，1142 人，耕地面积 1800 亩，现有 1000 亩种植蔬菜。1991 年，村会计 XFS 在镇政府的动员下担任村支书，他说：

> 我原来是大队会计，1991 年老书记和主任不太团结，闹矛盾，在这种情况下，镇里来村里摸底，我的票最多，就找我谈话。但是书记工作难做，我不愿意干，镇党委书记强迫让我干，说"不干就撤你会计"，于是我才当了书记。①

① 访谈记录，20061012XFS。

上任后，一次偶然的机遇使 XFS 开始带领村里发展蔬菜种植。村里原来有 400 亩桑园地，是镇领导硬压着村民进行结构调整时种的，但是 1990 年蚕茧出口受阻，蚕茧价格下滑，村民便把桑树全部刨了。济和堂的村民从古到今以农为主，年复一年种玉米和小麦，人均年收入仅 200—300 元，集体经济也是空壳。XFS 认为不能再种粮食作物了，希望带领村民致富，但是由于村里没有资金技术，也没有资源，因此走工业副业发展的念头被打消。这时候，XFS 得知泰安有一个蔬菜贸易公司经营蔬菜销售，便与公司取得联系，公司对 XFS 的印象较好，同时对济和堂的土地和水浇条件比较满意，因此同意将济和堂村作为蔬菜种植基地。

与公司达成了协议后，村民并不完全接受改种蔬菜的决定。在这一过程中，村支书采取了说服、示范和半强制的方法，最终在村民中达成了一致。首先，XFS 在村里开会，说要发展蔬菜，并算账给群众听，对比种粮食一年一亩地能产多少，价值能卖多少，蔬菜一年三茬能卖多少，比种粮食高几倍，并进行发动宣传。然而，讲得再好，账算得再透，农户并不理解，还是像往常一样种粮食。在这样的情况下，XFS 选择自家所在的第五生产小组作示范。

> 我年轻就爱种花种草，对种树有方法。我觉得如果这个搞不成功，班子在群众中的威信就没有了。我把我组的组长和会计叫来，给他们壮胆，说好好干，有什么事，不管老百姓愣的横的，只要不违法，大胆地干。①

第五生产小组对村民进行宣传发动，并将村民的地块调整在一起，规划了 100 多亩地种植日本大叶菠菜。村民表面上同意，但心里并不认同。白天村里办学习班做技术指导，将菠菜种子发给农民，村干部看着他们种了菠菜种子，但是晚上村民出来在地里种上麦子，在浇水、施肥等技术指导上，村民也并不能完全统一行动。见村民不合作，第五小组组长也采取了一些强制性的措施，终于让全组都种上了菠菜。到采收的时候，菠菜每斤 4—5 毛，比种麦子收益高几倍。于是，其他小组都要求扩大面积，1992 年全村村民都种

① 访谈记录，20061012XFS。

植蔬菜，外面打工的人也回来种蔬菜了。

1994 年，在与一位日本客户接触的过程中，客商提出在其他国家都是与民间组织而不是政府打交道，建议济和堂村成立合作组织。为了便于和外国客户接触，济和堂成立了合作社。全村 305 户都入社，每户交押金 500 元，如果违章就用押金惩罚；1997 年，注册的时候改为有机蔬菜栽培协会。

协会的组织构架包括会员代表大会、理事会和监事会，下面设四个具体的工作小组。村组织与协会在组织机构上基本是重叠的，村两委是蔬菜项目的开拓者，也是村里事务的主要决策者，同样也是协会的核心。村委会一共六个成员，除了妇女主任没有在协会中任职以外，其他五人都是理事会成员。现任村支书任理事长；村主任和村会计任副理事长；村组织委员任协会秘书长；村治保主任任理事。（见表 7－1）协会七位理事中，除村治保主任外，五位由村小组组长担任，一位由村小组会计担任。协会的监事会会长由村理财小组组长担任，他也是村的小组组长；监事会成员四名，其中两名由村小组干部担任，两名由普通村民担任。会员代表大会则和村民代表大会合二为一。协会下设技术、生产和销售、财务四个组，分别管理蔬菜技术、生产、销售、财务等方面的事务，共有 14 人，全部由理事会、监事会成员兼任。

表 7－1　济和堂村两委成员在协会中的任职情况

村两委成员	协会任职
支部书记	理事长，负责协会的技术和财务工作
主任	副理事长，负责协会的技术和生产工作
会计	副理事长，负责协会的财务工作
组织委员	秘书长，负责协会的销售和财务工作
治保主任	理事
妇联主任	无

资料来源：根据访谈记录整理。

协会不仅和村两委组织的组织机构完全重叠，而且还将全村所有成员都调动起来，两委成员、党员、小组组长、小组会计承担相应的管理职能，一般村民则作为成员进行生产，大家各司其职，整个村围绕蔬菜种植形成了一个合作的体系。由于协会与村社在成员上完全重叠，即全部村民都是协会成员，在协会和村民之间形成了一个利益共同体，协会与村之间互相支持，村集体资产帮助协会种植，协会收入则归入村集体经济所有。一方面，村集体资产成为协会良好运作的保障。济和堂村的井和电都由村里集体管理，没有拍卖到户，由于这是村里的集体资产，电价和水价都由村里统一。全村 30 眼井，承包给村民（机手）管理，一个机手负责 1—2 眼井。一度电收费 6 毛钱，其中 1 毛钱作为管理费交给机手；村里统一放水，只收电费，村民如果要浇水就自己开闸，并且自己记录使用的电的度数，没有人监管。与之相对照的是，邻村有的将村井拍卖到户，村民用水不能随时调配，而且水费也由承包户制定，因此电价比济和堂村的要高 3 倍。

另一方面，协会收入成为村级集体经济和公共服务支出的重要来源。与济和堂村合作的蔬菜贸易公司每年从交易量中按每公斤提 6 分钱的服务费返给协会，村里一年提交给公司 2000 吨蔬菜，就能得到 12 万元的返还，这些钱都作为村集体收入使用，用于村里的公共事务，比如修路、扶助、服务费、五保老人和干部工资、打井、地下管道、村里道路建设等。（见表 7－2）

表 7－2　2005 年济和堂村村集体收入及支出构成

项目		金额（万元）	说明
村集体收入		12	公司返还给协会的服务费
村集体支出	工资	2.5	书记每月 300 元，会计每月 100 元，4 个退休干部每月 300 元，以及小组长和其他人员支出
	办公费用	0.5	日常开支
	公司人员费用	3	公司常驻村里人员的食宿
	公共事务与积累	6	用于基地投入、道路修整、设施添加、五保等
	共计	12	

资料来源：根据访谈记录整理。

和周围的村相比，济和堂村村民年均收入可达到 4000—5000 元，远远高于周边村民。刚开始的时候，有的村民让自己在外村的亲戚来济和堂村卖菜，但是这种情况遭到协会和村民的反对。村里对此进行了管理，对举报这种情况的人奖励100元，对违反者则罚款。村民逐渐地也形成了自觉，外村的人仅仅提供人力帮忙，并不参与济和堂村的蔬菜销售。

由此可见，济和堂蔬菜协会的成员资格对外村人是封闭的，在村内部成员之间则是互助互惠，形成了一个相对内聚的社区共同体。村支部在整个协会的运作中发挥着核心作用。村民在完成与村里签订的任务以外，可以自由参与市场交换，正如老支书XFS所言，济和堂是一个计划经济与市场经济并存的村。

讨论

在王颖和折晓叶提出的"新集体主义"和"超级村庄"中，村干部都构成社区合作体系的核心。王颖指出，"政权与财权的统一，使党支部成为社区决策的精英层，而集各种权力于一身的党支部书记，则成了最具个人影响力和感召力的'铁腕精英'，成为村集体社区中的绝对权威"，"党支部不仅通过组织扩张与企业精英建立起组织联带或利益联带，更重要的是，他们把社区内代表全体成员利益的集体企业的企业家牢牢掌握在自己手里，使集体骨干企业的总经理成为党支部的主要成员，使更具代表性的企业精英成为党支部成员，完成党支部集精英于大成的过程"。[①] 折晓叶对"超级社区"的调查表明，能人效应是这些村庄经济发展成功的关键，这些能人"集'党政企'最高权力于一身，在村中的政治、经济和社会生活中享有绝对的权威，在其之下往往还集结着一个按行政等级分担经营权力，各自对村庄生活有不同影响能力的能人集团"[②]。

在半内聚型农民专业合作组织中，具有权威的村组织同样发挥着核心的作用。从组织结构来看，济和堂蔬菜协会与上述社区合作体系类似，村两委成为协会的领导核心，全面掌管协会运作。不同的是，村组织所拥有的党政权力和各种资源并不自然构成村民服从的理由，村民在与村组织交往的过程

① 王颖：《新集体主义——乡村社会的再组织》，经济管理出版社1996年版，第182页。
② 折晓叶、陈婴婴：《社区的实践——"超级村庄"的发展历程》，浙江人民出版社2000年版，第372页。

中既对村组织有很强的依赖性，同时也有很大的自主性。

在济和堂蔬菜协会的发展过程中，曾经尝试将村组织和协会两个机构分开。1996—1997 年，两个机构实行职责分开，由村民专门选出人员负责协会，村干部不兼任协会工作。但是这一措施并没有实行下去，因为村民发现选出的人没有号召力，不利于协会运作，于是村民还是要求村委会成员担任协会理事会人员。事实上，更主要的是因为蔬菜种植面积的扩大涉及连片生产，需要村两委出面调整土地、协调土地流转，这些事一般人解决不了，因此还是村委成员来管理更加方便。老支书 XFS 毫不隐讳协会与村组的重合，他说：

> 我们的协会和别的村不一样，他们政企分开，而我们政企没分开，项目是支部挑头拼出来的，搞协会也都是村里两委干部吸收村民代表组成的，支部参与协会运作。①

由此可见，村组织在集体资产上的协调和控制能力是合作体系能够产生和持续下去的重要原因之一。

由于协会对村民的约束力并不是强制性的，因此村民的生产和劳动表现出很强的自主性。例如，在济和堂蔬菜协会中，如何保证村民履约是合作组织得以维持的中心问题。1998 年前，协会对村民履约没有强制性的规定，协会与公司签订订单，村民种多少协会收多少，生产过程中的投入由公司预支，公司年终结算扣除各种费用后将货款交给协会，协会再统一下发给村民。按照村支书的话说："那时候村民能获得的外界信息少，没有别的想法，当时市场也不太开放，没有外来商贩，村民很少有往外卖的，就按照村里订的质量生产。"不过，随着市场的开放，村民行为受到外界的影响越来越大。1998 年的"荷兰豆事件"首次出现了村民集体不履约的情况。1998 年，南方的冬天出现倒冰寒，荷兰豆全部冻死，很多商家来北方抢购。村里和公司签定的保护价是每斤 1.5 元，商贩的收购价达到每斤 5—10 元，远远高于与公司签定的价格，于是村民都把荷兰豆运出去卖给外来商贩。村委会十分着急，于是村支书派村干部和党员在村里的四个路口把着，不准村民将荷兰豆运出去，

① 访谈记录，20061012XFS。

一定要完成公司的任务，保证村里的信誉。但村干部和党员并不能堵住村民往外运送荷兰豆，而且派去围堵的村干部的家属对此也有意见。村支书见状便把全部党员干部撤回来，全村召开群众会议，给每家每户定任务，按协会下发的种子一亩地必须完成多少，完不成罚款，超出的部分自由处理。另一方面，协会与公司协调提高收购价格，从每斤 1.5 元提高到 6 元，结果村民也表示同意。从 1998 年一直到现在，村里都延续“定任务、超产外卖”的方式，农户与协会签定的数量可浮动 5%，多了不收，低了罚款。

由此可见，在新型农民合作组织中，村两委的行政权威和组织资源有利于它组织村民建立合作社和对合作社进行管理，但这并不能保证统一村民的行为，合作的维持是在各方的不断协商和利益妥协的基础上达成的。在半内聚型合作体系中，村组织和村民之间与其说是一种控制与服从的关系，不如说是一种说服与被说服的关系。

（三）开放型农民合作组织

实例三　浙江临海市 DL 果蔬合作社

DL 果蔬合作社地处浙江临海市桃渚镇。桃渚镇是一个农业大镇，农业人口 8.9 万人，占全镇总人口的 87.5%，柑橘种植面积 2.5 万亩，蔬菜 4.1 万亩，是全国无公害柑橘生产基地县、中国无核蜜橘之乡和中国西兰花之乡。WSH 是桃渚镇的村民，1981 年高中毕业后在家种田，因为觉得种田辛苦，便于 1986 年开始在上海贩卖柑橘。由于 WSH 善于经营，一年可以挣到 1 万元，成为了村里的万元户。从 1994 年开始，随着市场逐步规范，竞争渐趋激烈，消费者对水果的质量要求也越来越高，WSH 的柑橘销售量虽然增加，销售利润却逐年减少。WSH 感到一个人力量太小，希望组织几个人将力量联合起来，他说：

> 我当时是万元户，在村里还是比较有威信的，我把想法和几个关系比较好的人讲了，我们联合起来种果树。1997 年 10 月，我联合了 48 个人种柑橘，其中 10 人出资入股，一人出资2000 元，共 2 万元，请老师给这 48 个人讲柑橘栽培技术。当时的教室就是村里的佛堂，一年后，柑橘

的质量提高了，柑橘的甜度高，结果收购价格每斤提高2毛，卖出后一斤可以挣5毛的利润。[①]

此后，WSH联合10人集中资金30万元，收购这48户的柑橘，然后集中销售，所得的利润在股东中平均分配。当时这48人来自4个行政村，入股的10人中有8人和WSH同村。

随着业务的扩大，对产品的需求越来越多，但是WSH与48户仅仅是合伙做生意，并没有形成一个固定的组织，不能提供稳定的产品来源，无法满足业务的需要。2001年，WSH从浙江省农业厅获知关于农民专业合作组织的信息，了解到浙江省对农民专业合作社有比企业优惠的条件，于是联合100个生产户，在工商登记注册成立了DL果蔬合作社。合作社注册资金30万元，100人认购股金100股，每人3000元，WSH被选为副理事长。DL果蔬合作社按照合作社原则制定了分配制度，即扣除当年生产成本、经营支出和管理服务费用等，年终盈余按下列项目分配和使用：提取盈余的25%为公积金，用于扩大服务能力、奖励及亏损弥补；提取盈余的5%为公益金，用于文化和福利事业；盈余的10%为风险金，用于本社的生产经营风险；剩余部分按交易额和股金额进行统筹分配。

合作社成立以后业务不断发展，但出现了合作社的公平原则与激励机制之间的矛盾。公平原则意味着每个成员拥有相同的权利，激励机制意味着要对贡献大和重要的成员给予奖励，带动合作社不断扩大发展。为了解决这一问题，合作社对章程进行了两次修改，第一次是WSH主动要求修改，第二次是因成员扩大而进行的修改。

按照2001年制定的合作社章程，合作社利润的40%为公积金、公益金和风险金，用于合作社扩大再发展，利润的60%在社员间进行分配，其中60%按照社员交易额返还，40%按照股金分红。在这一规定中，100个股东认购的股金额相等，因此这一制度安排对交易额大的社员有益，因为股金分红相等的情况下，他可以按交易量拿到更多的二次返还。然而，合作社中交易额最

① 访谈记录，20061218WSH。

大的人并不一定是合作社发展最关键的人物，有些重要成员虽然交易量小，却是合作社发展不可或缺的，比如WSH，他掌握着合作社对外销售渠道，控制着合作社发展的生命线，而他种植的果树面积并不太多，因此他觉得现有章程的安排对自己不利。2003年，WSH提出要对章程进行修改，增加个人股份在合作社总股份中的比例。经过社员讨论，章程由原来的“股金等额”改为“单个社员的股份不能超过合作社总股份20%”。修改后，注册资本总额不变，但股金分配比例打破了原来的平均主义，增加部分成员的股金，缩小其他成员的股金，结果，WSH和理事长各占5股，其他理事会、监事会成员8人每人2股，其他普通成员的股金则相应缩小。

随着合作社实力增加，要求加入的人越来越多，2004年合作社扩大到438个会员，会员分布在WSH所在的村周边25个行政村中，其中70%来自桃渚镇，30%来自邻镇和周边市县。为了避免工商变换注册资金的麻烦，合作社再次修改章程，按比例减少股份，分为438个股份，但是WSH和理事长各5%的股份都没有减少，其他成员都按照比例相应减少。这一次是社员主动要求保持WSH和理事长股金较大的比例，因为社员在销售上对WSH有很大的依赖性，如果他不办合作社了，社员更多的股份都没有用了，所以宁愿让WSH和理事长的股份大一点。

合作社成员中并没有一个村干部，用WSH的话说：“我的成员没有一个是村长书记，也没有一个是村干部，我对成员的要求有：第一，承包100亩以上；第二，有点文化；第三，一贯表现比较好的。”由此可见，合作社对成员资格设定了较高的门槛，一般的小户由于没有规模生产并不能加入合作社，而且不服从安排的人也不能加入。

讨论

在开放型合作组织中，发起人属于非村组织的社区精英，他们与村组织的负责人相比，掌握的资源和承担的责任大不相同。一方面，他们不具有对村集体资源的分配权，其权威来自灵敏的市场信息、广阔的销售渠道以及能利用关系与更高层级的政府领导建立密切的联系，获取政府对合作社的支持。另一方面，他们对合作组织以外的人没有扶助的义务，合作组织的利益仅仅在合作组织成员之间分配，与村社其他成员无关。与之相比，村组织负责人则掌握着行政和集体经济资源，而且还承担着建设社区、发展社区经济的任务。因此，在由农村能人带动成立的开放型合作社中，经济效益的考虑往往具有优先的地位，合作社的回报会向拥有更多资金、技术或对合作社有更多贡献的人倾斜，以增加个人激励，而无法对合作社作出贡献的人则被排除在合作之外。

在开放型合作组织中，成员之间相对不太熟悉，他们对发起人有很强的依赖性。比如，DL果蔬合作社的运转完全依靠以WSH为核心的理事会来处理。合作社对社员实行统一生产规程、统一产品质量标准、统一农业投入品管理、统一商标、合作社统一收购与销售的五个统一，产品的30%通过外贸公司出口到日本、新加坡和韩国，30%为大型龙头企业提供半成品，40%销售到北方市场，而这些销售渠道主要由WSH控制。WSH还善于学习政策文件和与政府打交道，能够为合作社争取很多政策扶持资金。WSH直言不讳自己给合作社带来的经济效益：

> 2002年，浙江出台了一个合作社优惠政策，我写了一个项目“增强合作社产前产中产后的功能”的可行性报告，省里拨了30万元给合作社，我用于基地农产品认证、产品检测、品牌宣传和绿色产品认证。2003年，财政部在全国找100家试点单位，我带了“增加合作社市场营销体系”的项目跑到北京找财政部农业司，试点一般是政府官员指定的，但是浙江没有，请专家评选，结果我获得了第一名，争取了50万元，用这50万元我购买了电脑，设计了网页，聘请了大学生负责网站管理。2004年，我争取了省里的财政扶持30万元，建了三个冷库，可以储存450吨产品，又争取了浙江省生产标准化项目的实施，建了一个农民培训教室，实行对农民的网上培训，培训费用由合作社负责，免费送VCD光盘，订科技类报刊，农民觉得得到了很大好处，合作社就越搞越大。①

由于经济精英具有超村社区的个人权威，因此他们能够作为一种来自外

① 访谈记录，20061218WSH。

部的力量挑战村社的政治权威，保护成员利益。作为 DL 果蔬合作社的发起人，WSH 被作为先进的典型受到嘉奖，还担任了临海市政协委员、台州市政协委员。由于他在成员中有很高的威信，而且是市政协委员，因此他常常帮助来自不同村的成员解决他们日常生活中碰到的问题。WSH 谈道：

> 我们还有一个社员，是从水库移民到村里的，村里他的姓只有他一户人家。村里搞农村合作医疗保险，只有他一家自己凑，别的人全部是村里出。他没办法只好自己出了。我知道了以后，那天晚上叫他，问有没有发票，他说没有。我说有没有人看到，他说隔壁有几个人看到，说交给了会计。我找到会计，说你去干什么？会计说村长书记让去拿的。我们的理事是台州市减轻农民负担监督员，我是临海市减轻农民负担监督员。我找到村长说，你乱收费，我要查一查你这个问题。村长和镇里关系比较好，向镇里领导汇报想让我们算了，但是我们不买账。我们出面问题还是容易解决的。[①]

可见，村组织在开放型农民合作组织中的作用已经很小了，合作社负责人扮演了社员保护人的角色。但即便是这样，在很大程度上也是基于合作社自身的利益需要出发的。

（四）半开放型农民合作组织

实例四　山亭岩马渔业合作社

岩马渔业合作社位于山东枣庄市山亭区冯卯镇岩马村，西面是岩马水库，有发展渔业养殖的有利条件。岩马水库是山东最大的五个水库之一，有水面 16.7 平方公里，涉及周围 14 个行政村。水库于 20 世纪 50 年代末建成，由于库区农民的耕地被水库淹没，因此国家鼓励村民养鱼谋生，并对村民补贴网箱。逐渐地，岩马水库的水面基本被周边村民占满。90 年代以后，市场对鱼苗和鱼的质量要求越来越高，但岩马村渔民分散养殖带来了很多问题。据合作社社长 YCS 介绍，前几年有外商来岩马村买鱼，他们一般看鱼后马上就拿

① 访谈记录，20061218WSH。

货，但村民养鱼的规格不齐，数量没法统一，而且养鱼的饲料也不是统一的，饲料是否有激素和危害物质也没法化验，不能保证鱼的质量，所以几次都没组织起来，出现了有鱼卖不出去的现象。

2005年12月29日，岩马村村支书YCS吸纳周边三个行政村共76户养鱼大户成立了岩马渔业合作社，社长由岩马村村支书YCS担任，成立合作社后主要进行了统一采购鱼苗和鱼饲料。YCS介绍了成立合作社的效果：

> 合作社统一购买鱼苗，买了美国斑点鱼，以前每斤8.5元，合作社集中采购每斤7元，一斤省了1.5元，70多户一共省了10多万元。在销售的时候，原来三两户分散销售，厂家收购价每斤4.6元，合作社联合销售后每斤5.5元，但是要保证货源，也提高了收入。此外，合作社统一用药，不使用禁用的饲料，定了三个大的厂家，厂家承诺如果饲料有激素将赔偿一切损失，饲料的价格1斤也要低几分，一年共几千吨，也省了不小的一笔开支。最后，外出办事好办，合作社规模大，厂家领导再忙也得接待。①

合作社入社费每人50元，作为合作社运作的基本费用，岩马村村委会提供村委会活动场所作为合作社办公地点。合作社目前并没有经营实体，也没有涉及利益分配问题，仅仅是一个社会团体性质的协会组织，起中介和联络作用。下一步合作社打算从服务中提取部分服务费，即鱼多销售多少钱，提成多少，鱼苗低多少钱，提成多少，作为合作社的积累。YCS表示，再过几年，他的村支书也不做了，就专心做合作社的事情，吸收新的社员，把合作社做大。

实例五　山亭池田藕合作社

池田藕合作社位于冯卯镇的赵庄村。赵庄村由三个自然村组成，全村806户，2630人。由于该村地处岩马水库副坝下游，水库渗水使土地大部分变成水洼地，无法种植一般农作物，全村人均只有4分可耕种地，生

---

① 访谈记录，20060618YCS。

活十分贫困。1993 年，该村村民 ZQP 在安徽淮北搞建筑，年收入 20 万元，手下带了 100 多个工人，已经是一方能人。当时赵庄村已经三年没有人当村支书，在镇政府的说服下，ZQP 回村担任村支书，带领村民脱贫致富。

ZQP 认为，村支书的职责就是发展村级经济，提高村民的生活水平，因此 ZQP 回村后带领村民开发村里的石头资源和发展水果贩运，使村民收入大大增加。2002 年，ZQP 又带领村民利用水洼地种植一种新品种池田藕，全村 80% 的村民都种了池田藕，同时 ZQP 还向外村、外地甚至外省的 1000 多位农民提供池田藕的藕种，由村里为外村的农民提供技术规划和藕苗更新等服务。

随着藕的种植规模扩大，藕的销售成为一个问题，为了推销产品，村、镇领导都下了很大气力。但由于群众各干各的，行为没法统一，质量和信誉都没保障，市场很散乱，客商都不愿与个体农户打交道，村、镇也没法与客商签订经济合同，外地市场很难打开。2005 年初，在区供销社的帮助下，赵庄村以村两委为核心开始筹备成立合作社。村两委挨家挨户到村民家动员村民加入合作社，介绍合作社提供的各种服务和池田藕发展的前景。有不少农户认为办合作社是村两委为了自己挣钱，或是向上级领导显示村委的工作。经过做工作，村两委公开给村民承诺“一切为村民，利益归农户”，有 120 多户池田藕种植户加入了合作社，ZQP 当选为合作社社长。社员每亩交纳 100 元服务费，合作社培训了 30 多名技术人员，成立九个服务小组，为社员统一规划建池、统一技术管理，统一服务。2006 年，合作社成员由 120 户发展到 460 户，合作社业务范围拓展到全国，省内有七个地市的村民接受合作社提供的藕苗，农户 500 多人，种植面积 5000 多亩，外省发展了 10000 多亩池田藕，有农户 1500 多户统一接受合作社提供的服务，这些成员也成为合作社的社员。

由于合作社成员包括本村村民和外村村民，如何协调这两种成员的关系成为关键。ZQP 表示：

> 我现在是主要考虑把我们村的产品销出去。我对村民说，你只要种藕，我个人的藕不卖先卖你的。如果搞藕的深加工，又多了一个产业，

村民收入有保障，这是我支部书记的心愿。我现在想搞深加工，用龙头企业带动基地，只要社员生产的产品，我全部收购，风险由加工厂承担。加工厂由村委会投资固定资产，社员提供流动资金。事实上，其他地方的藕发展多了，但是市场就这一块，因此对我们也是威胁。①

随着合作社业务从生产、收购和销售向深加工拓展，合作社内部的产权关系和利益分配问题将凸显出来，如何在村组织、村民和外村社员之间建立利益的结合点是合作社未来将面临的问题。由于合作社还在发展过程中，很多问题还难以给出确切的回答，但可以确认的是，身兼合作社社长和村支书的 ZQP 首要的是对村社内部成员的藕的销售负责任，对村社外部的社员则没有这样的承诺。

讨论

从以上两个实例可以看出，当社员超出村域范围时，尽管村组织负责人是合作组织的发起人，但不同的自我定位使村组织负责人发挥了不同的功能。在岩马渔业合作社中，村支书以生产者的身份参与市场交换，作为生产大户和经济能人的角色出现，而不是作为“村社共同体的当家人”的身份出现，因此合作社是一种以业缘为基础的合作。而在池田藕合作社中，村支书更多的是“社区共同体的当家人”，而不是一个纯粹的市场参与者，和很多社区合作组织中的负责人一样，他起着联系村民与政府、村民与外部市场的作用，编织着村民与外部的关系，并持续维持村民的合作预期②，合作组织对村社内部成员和村社外部成员实行不同的对待方式，这种合作形式体现了农民合作组织与村庄存在一种天然的密不可分的关系。

① 访谈记录，20061216ZQP。

② 折晓叶、陈婴婴：《社区的实践——“超级村庄”的发展历程》，浙江人民出版社 2000 年版，第 372—373 页。

三、合作经济组织中的关系类型

从以上对四种类型合作组织的分析可以看出，在村社这一国家管理末端的延伸地带，农民通过合作社组织起来，降低了市场带来的风险，实现了单个农户不能实现的愿望，成为了市场的"赢家"，也建立了农民与外部世界之间的联系。但是，由于成员的地域差异和发起人身份的不同，合作组织内部呈现了不同的交换类型，也建构了合作的不同意义。只有了解这些关系，我们才能够理解合作对成员的真正意义，进而了解农民合作组织是通过什么方式被整合进更大的社会结构当中的。因此，我们先分析合作组织中体现的交换的意义，然后指出它们与更大的社会结构之间的关系。

卡尔·波兰尼在《大转型：我们时代的政治与经济起源》一书中认为，人类主要通过三种方式保证生产和分配的秩序，即互惠、再分配和市场。① 互惠原则是指交易行为主要不是为了获得直接的物质利益，而是为了符合社会道德规范；再分配原则是指由公认的权威按照每个个体的需要在共同体内部对公共物品进行重新分配；市场原则就是以获取利益或利润为目的而进行的以物易物和对等交易。通过调查发现，由于我国乡村正处于从传统向现代化转型的过程之中，我国的农民合作组织中也体现了这三种合作模式。互惠型合作模式存在于由普通村民发起且以本村村民为主要成员的合作组织中；再分配型合作模式存在于由村组织发起并且成员仅包括本村村民的组织中；市场型合作模式主要存在于由普通村民发起并且成员跨村的农民合作组织中。基于此，我们可以将农民合作组织的合作模式概括为互惠型、再分配型和市场型合作关系。

（一）互惠型合作关系

由社区内非政治精英发起，以本社区成员为主的合作组织内部主要体现

① 〔英〕卡尔·波兰尼：《大转型：我们时代的政治与经济起源》，冯钢、刘阳译，浙江人民出版社2007年版，第37—48页。

的是互惠型合作关系。非政治精英是指不是村两委成员的村社能人，他们作为发起人意味着交换关系并不以行政权威或等级秩序为基础，发起人与成员之间的合作是通过经济利益关联或者生活中积累的威信建立起来的，它对其他成员没有强迫性，成员可以自愿参加，也可以自由退出；而发起人要获得认可也需要征得大多数成员的同意。

这种组织的成员大部分居住在一个共同体内部，他们有着血缘或地缘的关系，成员和成员之间不仅仅在经济上合作，而且在日常生活其他方面也有经常的交流，这使得他们有一种全面的了解，成员之间具有经常而密切的互动，表现出一种“强关系”①，成员之间的信任度很高。比如榆树台百信资金互助合作社中，成员是以本村为主，成员之间的生产活动互相都十分了解，对方为什么需要借钱，是否有能力偿还借款都很清楚。同时，成员之间交换并不是为了获得更高的经济回报，而是为维持和加固既有的社会关系，成员间交换的只是一种象征性价值，并不要求严格的价值对等，比如成员之间在看病、结婚、供小孩上学等方面互相救助。他们的互惠是基于社区内成员的，成员有严格的边界，不对社区外人员开放，比如资金互助合作社对非农民社员借贷的比例进行了严格的控制；但是，这种边界并不受行政边界或者先天身份的限制，而是具有弹性的，以成员之间的互相信任和了解为基础，可以随着对成员的了解而将合作边界扩展到村域外部成员。这种合作要求社区内具有较高的内聚力，有较高的社会资本要求。

（二）再分配型合作关系

由村组织发起，以本村村民为成员的合作组织体现了一种再分配的关系。在这种合作组织中，村组干部尤其是村支书在合作的形成中起着重要的作用。村支书对村民收入提高和村集体经济发展有着一种使命感的驱动力，因此具有企业家创新精神的村支书充当了本村经济发展的开拓者。在村支书个人使

---

① “强关系”是社会学用于描述成员之间关系的一个概念，组织成员之间在接触时间、情感投入、信任程度和互相帮助四个维度上建立的较强的联系称为强关系，在这四个纬度上联系较弱的称为“弱关系”，处于两者之间的是“半强关系”。

命感的带动下，党支部和村组织成为合作可以依托的最有力的资源，由此，与互惠型合作关系相比，这种类型的合作有更强的整合力度，往往利用行政手段半强迫性推进合作，比如济和堂村一开始让村民种植菠菜的时候采取了半强制性行为，村民不履约时村组织采取围堵的措施，对不守规则的村民进行罚款等，都只能在强有力的组织力量的推进下才能实现。而成员之间的关系则呈现一种“半强关系”，也就是说，成员是基于身份的归属感而自然成为合作社的社员，他们加入合作社只是通过村组织采取“示范”以后才加入的，尽管成员之间十分熟悉，但是成员之间的横向联系并不太频繁，成员与合作组织的纵向关系往往大于成员之间的横向交往关系。这种再分配合作主要在于维持既有的秩序，交换的原则是权力或权威而不是理性计算。

这种合作组织体现了内部的公平原则。村集体资产对每个村民平等开放，共同使用，合作组织积累的收益也不再针对具体的个人而言，而是具有一种公有化色彩，而且会给弱者以特殊的待遇，通过合作降低村社内部贫富分化。比如在济和堂村，全村有1200亩地种植蔬菜，这些土地根据每家每户的土地规模按比例分配，没有一家过多或者过少，村民之间贫富差距不大，用村里妇女主任的话说：“越没本事的种的地越多，越富。”而村组干部忙于联系业务，用来劳作的时间少于普通村民，收入反而减少，但是出于对村社集体福利的考虑，他们对自己所得到的较低报酬并无不满。再分配型合作关系具有封闭性，因为它的公共利益是局限在社区内部分享，不利于社区外部成员的加入，也在一定程度上限制了合作组织的扩大发展和有效获取外部资源。

（三）市场型合作关系

当社会交换超越村落共同体的界线时，市场交换的合作模式就产生了。当合作组织的成员以跨村、跨乡或跨县为主的时候，无论其发起人是政治精英还是非政治精英，都呈现以市场型合作关系为主的特点。

在市场型合作关系中，村组干部可能以两种角色出现，一是政治精英，在本村内实行再分配关系，而对村社以外的成员则实行市场关系，例如山亭池田藕合作社；另一种是经济精英，以生产大户而不是村社“当家人”的身份组建合作，例如山亭岩马渔业合作社。

在市场型合作组织中，大部分成员是因为从事的项目相同而结合，比如养猪、养奶牛、种果树、蔬菜等，但是互相了解也仅限于此，因此与其他两种合作关系相比，成员之间是一种“弱关系”。在这种合作组织中，理性计算取代了互惠和公平分配，成员加入合作组织主要是为了获得更高的利润回报，而合作组织本身也以追求高的经济收益为主，对成员的入门资格有严格的限制，遵循市场竞争的优胜劣汰规律，在成员之间实行差别性报酬，能力强的所得到的物质报酬要多，能力弱的报酬小，而一部分更为弱势的农民则因为不能达到合作社的最低要求被排除在合作之外。

事实上，在我们的分析中也可以发现，三种合作方式在不同类型的合作组织中同时存在。互惠和再分配交换以特殊主义为原则，市场型交换则以普遍主义为原则，前者强化了村社原有的社会关系，后者则引入了平等的契约规则。在市场日益发达的今天，市场交换始终会以渗透的方式侵入村社内部，而村社既有的社会关系将采取各种方式应对，这将是一个互相改变和互相型塑的过程。

（四）建立村域内部与外界的联系

村社作为国家管理的最底层，是农民合作经济组织发生的最直接的场域，但它们也需要整合进更大的社会结构当中，与之产生更大范围的交换。这些外部环境和结构在很大程度上会影响合作组织的作用。下面结合中央政府、地方政府和政府部门三个层次，分析村社中的合作组织与外部社会结构之间的关系。

1. 中央政府

从前文的分析可以看出，中央政府对农民合作经济组织给予充分的支持。2002年12月28日通过修订的《中华人民共和国农业法》在第二章“农业生产经营体制”第十一条中，专门加上了“国家鼓励农民在家庭承包经营的基础上自愿组成各类专业合作经济组织”等内容，明确国家鼓励和支持农民专业合作经济组织参与农业产业化经营、农产品流通和加工以及农业技术推广等。①

① 中国社会科学院农村发展研究所编：《2002—2003年：中国农村经济形势分析与预测》，社会科学文献出版社2003年版，第166页。

2004—2007 年的四个中央一号文件都提出对农民合作组织进行支持。同时，在中央关于合作组织的文件中都指出支持农民按照自愿、民主的原则组建合作组织，发展合作组织的民办原则，减少政府官员参与。2006 年通过的《中华人民共和国农民专业合作社法》第十四条规定，农民合作社的成员是“具有民事行为能力的公民，以及从事与农民专业合作社业务直接有关的生产经营活动的企业、事业单位或者社会团体，能够利用农民专业合作社提供的服务，承认并遵守农民专业合作社章程，履行章程规定的入社手续的，可以成为农民专业合作社的成员。但是，具有管理公共事务职能的单位不得加入农民专业合作社”。因此，各种以农民为主体的合作组织是中央政府所支持发展的对象，如果是地方政府官员带动成立的合作组织，在合作组织成立后，需要将权力交给农民，地方政府退出对合作组织的直接参与。

2. 地方政府

在地方政府这一层次出现了和中央政府不同的状况。我们发现，互惠型的合作组织成员之间存在“强关系”，互相的交往十分紧密，因此受到外部干预的可能性较小。但是，由于它是一个相对内聚的组织，主要代表成员的利益，与地方政府的意愿既有一致的地方，也会出现差异。当出现不一致的时候，互惠型合作组织比较容易受到地方政府的影响。比如，一项对北京郊区 H 村的鸭梨合作社的调查显示，村民打算联合起来销售鸭梨，但是由于原来鸭梨是由镇政府下属的果品公司统一收购销售的，农民自己组织销售必将损害果品公司的利益，因此镇政府不同意 H 村成立鸭梨合作社。① 吉林榆树台百信资金互助合作社成立后，也受到县信用联社的反对，因为信用社垄断了农村信贷的发放，信贷员可以通过手中的权力进行寻租，如果贷给合作社，信贷员很难从中获得好处。因此，当合作组织的发展与地方政府既得利益发生矛盾的时候，其发展将会受到阻滞。

对于再分配型的合作社而言，由于村组织并不具有完全的独立性，因此

① 王红艳：《农民合作组织：一个社会关系视角的分析——以北京市 H 村鸭梨基地合作社为例》，见中国农村发展论坛：《“农民合作组织与新农村建设”研讨会论文集》，2006 年 9 月 22 日，第 73—79 页。

地方政府很容易利用村组织这一资源建立合作组织，例如现在各地政府推出的“支部+合作社”就是一个典型。“支部+合作社”即地方政府以村支部为组织依托，以村支书为发起人，吸纳本村村民成立的合作组织。这一模式主要是在外部行政力量推动下成立的，如果合作社缺乏内源性动力将难以真正发挥作用。

在市场型的合作组织中，由于成员之间是“弱关系”，容易形成成员对发起人的依附性关系，而发起人则在市场理性的驱使下与地方政府建立利益关联，从而使合作组织成为地方权威牟取利益的工具。在当前我国很多农民合作经济组织中，成员与合作组织仅仅是一次性买断关系，并不具有紧密的利益关联，而地方能人拥有市场或技术的控制能力，村民只能依靠他来销售产品，从而形成了一般成员对地方能人的依附关系。有的地方能人通过与地方政府结成“政经同盟”，利用合作组织的名义申请国家项目，而好处在地方能人与地方政府之间分配，农民并不能得到益处，出现了地方官员和企业以合作组织的名义侵占农民利益的现象。百信资金互助合作社理事 JZG 指出了“政经同盟”对合作社带来的损害：

> 当时政府答应给合作社修沼气池、铺水泥路、打机井和农机机械化。结果沼气池让财政开发办的工作人员承包了，修的沼气池有的漏气，有的漏水，不仅小还不适用；修路，说是修水泥路成本高，改修油漆路，后来干脆用砖，现在也不成样子了；栽树，本来说是栽十万块钱的树，但是也没栽几棵；农机呢，说当时也就是借你的名，没你们什么事。镇里是以合作社名义申报的，合作社什么好处也没得到。去年我们被评为吉林省试点单位，吉林省设立奖励合作组织的项目 1000 万元，一个合作社扶持 20 万元，但是我们县里把一个化肥公司报上去，公司的牌子一翻，变成了合作社，从外面一看，规模大，符合标准，最后只给了 5 万元，但是真正的合作社并没有受益。①

由此可见，村社中的合作组织受地方利益关系的影响是十分明显的。

① 访谈记录，20061216JZG。

3. 政府部门

在讨论合作组织与部门的关系的时候，我们将范围限制在前文所论述的供销社。当供销社作为合作经济组织发展的行业管理组织时，各种类型的合作组织都是其提供服务和行业规范的对象，其中互惠型的合作组织对供销社提供金融等综合性服务能建立有效的关联，因为供销社提供资金担保时，合作组织成员之间关系越紧密，相互信任感越强，担保的风险越小。例如，TZ供销社担保公司成立以来，尽管有很多合作组织提出申请，但是由于一些合作组织是市场关系型，成员之间缺乏紧密的关系，增加了信贷的风险，担保公司难以发放贷款。在由村组织发动组成的再分配型合作组织中，村组织愿意帮助成员解决资金困难，但是村组织并不愿意承担担保的风险，例如一位村支书讲："我不会愿意进行担保，如果他不还我还说不清楚了，何必没事找事呢？如果需要我还不如借钱给他省事呢。"可见，当合作组织要嵌入到更大的社会结构中时，内聚力越强，嵌入关系越牢固。如果合作组织仅仅满足为成员销售产品而不是培育内部的凝聚力，那么更大范围的合作就将缺少基础。由此可见，当农民合作组织的进一步发展需要实现更大范围的联合时，如果没有内聚力强的基层合作组织，合作组织体系就缺乏稳固的基础，农民的合作也很难达到保护自己利益的目的，就这一意义而言，以互惠型合作关系为基础的合作组织是较为理想的合作模式。

小　结

在村社一级的微观环境中，农民合作组织呈现了多种多样的合作模式，它以村政治精英和经济精英为中心，进行了跨越村界的合作，共同应对市场经济对传统生产方式和人际关系的冲击，形成了一种新的合作体系。在这些农民合作组织中，村组织和集体经济可以为农民合作提供支持，成为合作依托的对象；但村组织和强大的集体经济依托并不是合作成立必不可少的条件，有时合作组织反而成为集体经济的重要来源。

在农民合作组织中，组织的领导者和一般成员之间是一种协商的关系，成员之间基于地缘和业缘的方式联合起来，将传统的特殊信任关系向现代的普遍信任关系转变。在关于社会信任的讨论中，很多学者认为在中国社会里，一切组织都是建立在以血缘关系维系的家族基础之上，因而对家族之外的其他人缺乏信任，是一种低信任度的社会。[①] 对农民合作组织的个案分析表明，地域和血缘关系是农民合作关系建立的重要基础，但是通过合作制度的设计，可以将小范围的信任关系向外扩展，建立超社区边界和血缘联系的合作关系。

① 〔美〕弗兰西斯·福山：《信任：社会道德与繁荣的创造》，李宛蓉译，远方出版社1998年版，第100—114页。

第八章　结　论

随着市场化改革的推进，计划经济体制下形成的各种合作组织的作用正逐步减弱，在社会领域却自发形成了新型的农民合作组织，但这并不是对国家和集体力量的否定，相反，它是与国家力量和传统的集体组织进行重新整合的过程，各种传统组织正在以新的形式参与到合作组织中，使中国的农民合作组织呈现出多元化和整合化并存的局面。通过对国家不同面向参与合作组织的作用的分析，我们展现了当前农民合作经济组织中多种主体之间的各种互动，透视出国家与社会互相型塑的过程。研究表明农民合作组织是一个由多个主体共同协作的合作体系，并为中国社会存在“国家与社会共治”提供了部分经验事实。基于此，本章首先对新型农民经济合作组织的基本特征进行概括，然后总结新型农民合作组织的形成机制，再对国家权力与农民合作组织的发展模式作探讨，最后就研究所展示的中国的国家与社会关系的一般形态进行延伸性讨论。

一、新型农民合作组织的基本特征

近代以来，随着市场经济的不断扩展和市民社会的出现，很多国家出现了由劳动者自愿联合组成的合作社这一特殊的组织形式，并在世界范围内出现了一股合作社运动浪潮。在我国，新中国成立前进行的合作社实践为我国合作运动发展进行了组织上和思想上的准备，建立了基本的合作系统网络，而且也在民众思想中传播了合作的理念。新中国成立后，由于对合作组织的认识发生了偏差，我国的农民合作组织经历了曲折的发展历程，合作组织失去了合作性质，基本上变成了国有或集体所有。改革开放后，当国家力量从乡村后撤和农民个体自主性不断增长后，农民合作再次具备了萌芽和成长所必须的条件，从而激发了蕴藏在村社内部巨大的合作潜能，各种农民互助合作如雨后春笋般涌现。中国农民合作表现为各种正式或非正式的合作组织形式，为中国的工业化和城镇化进程提供了人力、财力和物力等方面的支持，构成了中国现代化转型过程中的一道独特的景观。

纵观改革开放30多年以来中国农民为应对市场的挑战而进行的各种合作的努力和尝试，可以将这一进程分为两个阶段：第一阶段是产生于20世纪80年代并兴起于90年代前期的以集体经济为依托的社区合作体系，这一阶段可以称为是一个“新集体化”的过程，因为它主要是通过对村组织和村集体进行改造后形成一种新的合作体制，村社区在合作体系中发挥着核心的作用；第二阶段是产生于80年代但在90年代末以来进入高潮的以产权明晰的专业合作组织为基础的合作化运动。相比而言，第二阶段是基于农民个体的需要而进行的联合，村社区和村集体在其中仍然是重要的参与者，但它已经与合作组织在功能和性质上产生了分离，因此我们毋宁将后一种合作称为是“新合作化”而不是“新集体化”的过程。

第一阶段中的村庄再组织现象已经受到了学者的广泛关注和讨论。王颖根据对广东省南海市乡村工业的调查后提出了“新集体主义”这一概念，认为它既是一种以村集体为依托的“泛家族”社会意识、一种集体利益与个体利益紧密结合的关系模式，也是以行政组织为主体对社会群体进行整合的组织结构。[①]折晓叶则对乡镇企业发展和城镇化进程造就的“工业村”这一形态进行了深入的剖析，认为这些村庄将非农经济与村社区的社会基础两者紧密地结合起来，形成了“超级村庄”这样一种新型的社区形态。通过对“超级村庄”中的经济体系、合作体系、村庄权威、产权关系等方面的深入探讨，折晓叶指出乡村的

① 王颖：《新集体主义：乡村社会的再组织》，经济管理出版社1996年版，第197—204。

社会性资源对中国农村的经济发展和现代化转型发挥了不可替代的作用，走出了一条有别于现代化国家的工业化和城市化的道路。① 进入20世纪90年代末以后，乡镇企业改制改变了维持以往社区合作体系中合作关系的逻辑和基础，很多学者看到了“后乡镇企业时代”社区合作体系面临的诸多问题，比如集体资产的产权分配，村社区与企业的合作，公共资源的供给和使用，公共权力、公共设施、公共事务和公共服务的管理及运作等。②

随着乡镇企业改制及其带来的社区合作体系公共空间的重新建构，国家、村社与农民的关系问题再次摆在我们的面前。按照折晓叶的思路，国家对乡村社区放权之后，在国家与农民之间建立怎样的新的联结方式？随着国家和地方政府都不再为村庄承担经济上的风险和责任，国家的保障体系也将农民排除在外，农民以什么方式参与社会竞争？③ 在我们看来，当前的新型农民专业合作组织在一定程度上是对这一问题的回应，即农民通过各种自发的合作在生产、资金、技术、销售等方面进行联合，共同应对市场风险和市场竞争，重构国家、村社与农民的关系。新型农民合作组织既不同于改革开放前“政社合一”的集体经济组织，也不同于改革开放后以集体经济为依托建立的社区合作组织体系，而是在农民个体资产和利益的基础上实现的联合，是一种新型的“合作”体系，其特征主要有以下几方面。

首先，成员资格开放。成员资格开放是针对集体经济组织和社区合作组织而言的。在人民公社时期，农民的政治、经济和文化身份高度重合，土地关系、基本生存空间、家族归属以及其他一切权利都由社员身份决定，农民离开集体时自动失去相关的权利，新来的成员加入集体时自动获得社员身份，

① 折晓叶、陈婴婴：《社区的实践——“超级村庄”的发展历程》，浙江人民出版社2000年，第367—371页。

② 折晓叶：《资本怎样运作——对“改制”中资本能动性的社会学分析》，载《社会学研究》，2004年第4期，第147—160页；张晓山：《中国的乡镇企业：所有制结构的变迁与现状》，载《学习与探索》，2001年第1期，第54—60页；毛丹、任强：《中国农村公共领域的生长——政治社会学视野里的村民自治诸问题》，中国社会科学出版社2006年版。

③ 折晓叶：《社区的实践——超级村庄的发展历程》，浙江人民出版社2000年版，第375页。

组织边界是封闭的。在改革开放后的社区合作组织中，尽管它不是简单的“再集体化”，而是承认村民个体利益的合作，但土地关系依然是成员身份的决定性因素，依然是地缘性的以行政村为边界的合作。在新型农民合作组织中，成员资格具有开放性，不受行政边界的限制，从事相同产业或基于相同需求的农民联合起来，利用集体的力量，获取技术改进、资金融通、信息共享、联合购销等方面的帮助，克服单个的小生产者的不利因素，形成生产合作、销售合作和信用合作等形式。这种合作不是基于身份或血缘，而是以业缘为基础的。因此，农民合作组织的成员既有个体成员，也有集体成员，既有政府涉农机构、龙头企业、村集体经济，也有生产大户、普通农户，成员资格超越地域和行政限制。

其次，以个人产权为基础。产权量化到个人是新型合作组织区别于人民公社和社区合作的最重要的特征。人民公社时期的合作制是取消成员生产资料个人所有权的前提下实行对生产资料的共同占有，而且不承认个人对资产的收益权。[①] 改革开放后出现的社区合作组织承认个人所有权和资产收益权，但是合作也以集体经济为依托。戴慕珍指出，集体所有制意味着政府所有制，差别是这个政府不是中央国家而是地方国家，如乡村两级政府；斐小林认为，集体土地的排外权是乡村政府和集体组织摆脱国家控制的根源[②]，集体经济的经营权掌握在社区领导的手中，作为所有者的农民并不真正拥有对集体资产的支配权。而在新型合作组织中，社员以一定的资金、劳力、技术或生产资料作为会费或股份交给合作组织，成员拥有资产收益权和剩余索取权，产权所有者和经营者相统一，社员直接参与组织的管理。此外，由于产权不以村集体经济为边界，不同群体和组织都可以通过入股的方式参与，合作组织可以容纳多元的投资主体，起着联系国家和农民的中介作用。

最后，基于个体利益的共同富裕。共同富裕体现了新型农民合作组织所具有的文化内涵。根据国际合作联盟的合作原则：“合作经济是劳动群众联合

---

① 程同顺：《中国农民组织化研究初探》，天津人民出版社2003年版，第36页。

② 裴小林：《集体土地制：中国乡村工业发展和渐进转轨的根源》，载《经济研究》，1999年第6期，第45页。

起来、自愿结合组成一定的组织，进行自我服务、共同实现更大利益，但承认私人产权及其成员对生产资料个人占有的经济形式。”① 合作组织内部实行资本报酬有限，即对个体资本在合作组织中的比例有最高限制，并且对利润按惠顾额返，即利润按照成员与合作组织的交易额进行返还，这些制度安排确保合作理念得以维持。合作组织中的共同富裕是以个体利益为基础的，优先尊重个体成员的利益，集体利益建立在成员利益的基础之上。尽管人民公社时期也以共同富裕为目标，但是一切从集体出发，集体利益绝对压倒个体利益，个体利益失去生存的空间；而社区合作组织承认个人利益存在的价值，但主要还是通过集体行动来谋求整体的社会利益，个体利益体现在村社区以再分配的方式提供给村民的福利上，集体利益优先于个体利益。与之相比，新型农民合作组织是一种保护个体利益并带有平均主义色彩的制度安排。

以上三个方面表明，当前的农民合作经济组织是一种新型的农民合作方式，这种合作是一种劳动者约定共营制经济②，它不是外在力量强加的，而是参与者共同约定的，是基于能力和关系的合作体系③。它在组织边界上不受行政村边界的限制，产权关系上以个体产权为基础，文化上以成员共同富裕为宗旨。合作组织表现出很强的开放性：参与主体多种，包括地方政府、涉农机构、村集体组织、生产经营大户等；股权结构方式多样，有专业协会、合作社，也有结合股份制与合作制的股份合作社；活动范围多样，有村域范围的合作，有跨村、跨县的合作；合作的深度不一，有的仅提供技术服务，有的统一生产，有的向生产、加工和销售纵深发展。正如徐勇对农民合作的研究指出的那样：“当下的农民合作更需要的是超出地域、行政限制的专业性合作。这种专业性合作不仅不排斥分工分业分化，反而建立在分工分业分化基

① 程同顺：《中国农民组织化研究初探》，天津人民出版社2003年版，第35页。

② 韩元钦：《合作经济是劳动者约定共营制经济》，载《经济研究》，1987年第1期，第62页。

③ Hu Yamei, Huang Zuhui et. al.,“Organization and Strategy of Farmer Specialized Cooperatives in China”, Erasmus Research Institute of Management ERS – 2005 – 059 – ORG, October 2005.

础上，目的是通过合作达到多方共赢，实现‘和而不同’。更重要的是，‘专业合作’是非同质化的合作，合作过程中将会生产和再生产出新的生产要素和社会关系，从而提升生产力水平。如专业合作中的‘资本’进入，导致资本与劳动的合作和均衡，从而形成新的社会化生产方式，由此超越传统的‘劳劳合作’的低水平社区合作。”① 这种开放性正是当前我国新型农民专业合作组织最显著的特征和保持持续生命力的主要原因。

二、新型农民合作组织的形成机制

在农村合作的形成机制上，现有研究提供了两种解释路径。一种解释是王颖的“新集体主义”。王颖认为：“新集体主义是一种组织结构，群体是社会组织的基本单位，以政府为核心的行政系统对社会群体的组织整合，在社会整合中占据决定性的地位。”② 地方政府在集体主义组织模式的产生中起着决定性的作用，它将民间网络组织纳入已经扩展了的行政组织系统中，民间网络以地方政府为依托，行政系统领导民间网络，形成了地方政府与社会的共生关系。另一种解释是折晓叶的“内源性发展”。折晓叶指出：“内源性发展是指发展与结构变迁是由社会内部现代化要素不断成熟、不断积累引起的，是一种主动进取的发展过程，发展动力来自于社区内部成员，发展的主体是社区内部成员。”③ “超级村庄”就是内源性发展的结果，是在内部条件不断成熟的条件下产生的，不是行政力量推动的结果，变革动力来自村庄内部。

这两种路径对改革开放后村庄再组织这一特殊现象进行了概括，一种强调合作形成的“外因”，认为地方政府在村庄再组织化中发挥着决定性的作用；一种强调合作形成的“内因”，认为社区内部的条件是超级村庄发展的决

① 徐勇：《中国农村研究：农民组织》，载《华中师范大学学报（人文社会科学版）》，2007年第1期，第3页。

② 王颖：《新集体主义——乡村社会的再组织》，经济管理出版社1996年版，第210页。

③ 折晓叶、陈婴婴：《社区的实践——“超级村庄”的发展历程》，浙江人民出版社2000年版，第5页。

定性因素。这些讨论的背景都是以行政村为边界的再组织，因此都将国家看做社区合作的外生变量，然而，当合作超出村落社区边界范围时，国家就不仅仅是一种外生变量，而构成了合作的参与者，国家与社会共同作为合作的内生变量推动了各种各样农民合作组织的发展，国家的不同层次，即中央政府、地方政府、政府部门以及村社都在不同程度上参与合作组织的发展和互动，在不同层面上承担了整合合作组织的功能。

在这个多层次互动模式中，中央政府设定了合作组织运行的宏观制度环境。改革开放以来，国家从对社会的全面控制中收缩，将部分权力让渡给社会，为真正具有独立自主意义的农民合作组织的产生提供了制度环境。地方政府是合作组织政策执行的重要主体，地方政府通过与经济精英、弱势群体和普通民众等社会不同群体相结合而组建农民合作组织，使地方政府与农民之间相互对立或各异的利益彼此适应，形成了政府与农民的合作关系。供销社则通过向下取得社会合法性和向上取得行政合法性获得农民和地方政府的认可，推动农民合作组织之间的联合组织的建立，实现跨区域和跨行业组织之间的联合，使合作向更高和更深的层次发展，并建立了信贷担保机制，为农民合作提供了制度空间。村组织作为国家政策代理人、村民利益保护者和市场经济参与者的角色与其他社会力量互动，形成了不同的农民合作模式。

对农民合作组织形成机制的分析至少可以给我们两点启示。第一，中央政府自主性的增长是政治制度化的关键。当代学者提出了很多衡量政治制度化的标准，比如查尔斯·梯利认为社会分殊、自主性、集权以及各分支机构之间以制度化方式协调是政治制度化的标志；斯科洛尼克提出，中央政府的权力集中程度、中央政府到管辖范围制度控制的渗透力、中央政府内部的集中化以及政府内部机构的功能专门化，是政治制度化的标准。就中国的政治制度化而言，其发展的程度还并不十分成熟：一方面，中央政府、地方政府和部门各自具有不同的行动动力和目标，不同层面的政府部门之间的协调合作关系还有待改善；另一方面，中央政府对管辖地区制度控制的渗透力也依然是有限的。不过，由于中央政府的自主性占据主导地位，因此可以带动整个社会，在一定程度上弥补地方政府自主性不足或政府部门的自利性行为所带来的问题。第二，政府主动赋权社会建构国家与社会的制度化关联。从本项研究的考察中可以看出，地方政府和政府部门往往要借助社会力量来增强自身的自主性或合法性，以获得在制度上的生存空间，在这里，国家与社会零和博弈的局面被打破，一方所失并必为另一方所得的情况发生了变化，正是从这一意义上说，农民合作组织的发展在一定程度上实现了国家与社会的相互赋权。

三、国家权力与农民合作经济组织的发展模式

从国际经验来看，国家权力在农民合作社发展过程中的作用总体上呈现两种形态。第一种形态是美国专业合作社中的最小政府模式；第二种形态是日本农业协同组织（简称农协）中的国家与合作社相互依存模式。在美国，政府以“守夜人”的角色出现，不过多干预合作组织的内部事务；而在日本，合作组织的发展与政府有高度依存关系，通过这种方式，避免了第二次世界大战后农业的急剧衰退和农民收入的下降，使小农利益得到保护，维持了日本战后的社会稳定。

美国最主要的农民合作组织是农场主合作社和农协，前者是一个经济组织，后者是一个保护农民权利的社团组织。美国历史上最早的农场主合作社是1810年康涅狄格州的奶牛农场主组建的，其目的是加工和销售奶油，此后各种合作社纷纷建立起来，1929年美国成立了1万多个基层农场主合作社，合作社之间逐步联合，成立了全美农场合作社联盟。在美国，每个州都有由农民自发组建的农协，每个州的农协联合起来成立州联合会、各州联合会联合起来成立全美农协联合会，联合会向议会反映农民的利益和要求。由此可见，美国的农民合作组织的特点是以专业为基础自愿成立，然后自下而上组成州联合会以及全国性的联合会，政府在其中仅起着有限的作用。

日本的农协是一个集经济组织和政治压力集团于一体的组织。日本农协成立于1947年，其前身是1943年战时统制经济时期的农业会。农业会则是以1897年和1900年被法制化了的农会和产业合作社为中心，合并各种农业团体而形成的。日本每个市町村都设有农协，然后以此为基础每个都道府县都组成联合会，再由此组成全国联合会，农协三级系统组织与中央—都道府

县—市町村的行政组织相对应，几乎把每个村庄的所有农户都组织了起来。[①]（见图8-1）日本农协分专业农协和综合农协，专业农协是以某一产业为基础的合作社，而综合农协在业务上几乎包括农业生活的所有部分，如农业指导、农产品销售、生产生活资料购买、信贷、保险和其他服务等。农协是“二战”后日本政府保持社会稳定的重要基础，政府通过制定农业保护政策，委任农协一定的政策执行职能贯彻农业政策，保护了农民的利益，保持了农产品市场的稳定供给，也维护了农村的自然和社会环境。[②] 由于农协控制着日本最大的选民团体，因此其也是政治选举中各党派争相拉拢的重要组织。因此，总体来看，日本农协的特点是有着基于地域的人际连带关系，进行综合经营，业务十分广泛，从村到全国形成纵向的、行政一体化的全国性组织，并且与政治有强烈的依存关系。

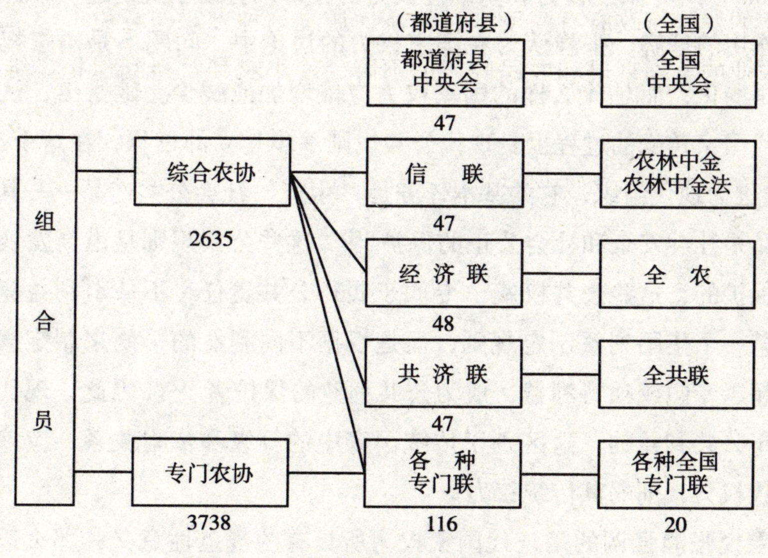

图8-1 日本农协系统组织图（1994）

① 〔日〕太田原高昭：《日本农协的组织、机能及其运营》，见焦必方主编：《日本的农业、农民和农村——战后日本农业的发展与问题》，上海财经大学出版社1997年版，第213页。

② 钟笑寒：《为什么农协不是一个坏主意？——再论日本农业对中国的借鉴意义》，载清华大学中国经济研究中心：《研究动态》，总第162期，2003年11月2日。

注：1. 连线表示事业上的联系

2. 农林中金——农林中央金库；

全农——全国农业协同组合联合会；

全共联——全国共济农业协同组织联合会。

资料来源：〔日〕佐伯尚美：《处于转折时期的日本农业金融》，见焦必方主编：《日本的农业、农民和农村——战后日本农业的发展与问题》，上海财经大学出版社1997年版，第68页。

美国的专业合作组织与日本的综合农协提供了两种不同的制度选择，体现了国家权力运作的不同模式。从两种国家权力运作模式可以看出，国家参与农民合作组织发展的核心不在于“国家权力大小”，而在于国家权力的性质与运作方式。张静对国家权力的前现代性与现代性的区分和迈可·曼（Michael Mann）对专制性权力和基础性权力的分析，有助于我们进一步深化对国家权力作用的理解。张静认为在国家权力的讨论中，问题不是国家权力应该强化还是弱化，而是什么样的国家权力应该增加或减少。她指出，从传统国家向现代国家转变的过程也是现代公共规则逐步建立的过程，在这个过程中，“国家演进为现代组织，它的基本任务是‘生产’社会公共产品——其中最主要的产品是社会安全和社会公正的保护”①。这些公共规则是由新发展的公共权威所保护的，这些公共权威“专职于履行公共责任，不从事利益竞争，不是根据某一个集团利益制定规则，而是根据不同利益的平衡来制定规则，公共权威超越专门或独特利益，成为公共利益的保护者”②。因此，现代国家权力是基于公共利益的，这区别于传统国家中的等级和依附关系，应该增加国家的现代权力，削弱其传统权力。

如果说张静强调的是现代国家权力所具有的规范性意义，那么迈可·曼则强调了现代国家权力所具有的结构性意义。迈可·曼将国家权力分为专制性权力（despotic power）与基础性权力（infrastructural power），他指出，国家的专制权力是指国家精英可以在不必与市民社会团体进行例行化协商的前提

① 张静：《现代公共规则与乡村社会》，上海书店出版社2005年版，第48页。

② 张静：《现代公共规则与乡村社会》，上海书店出版社2005年版，第12页。

下自行行动的权力，国家的基础性权力是指国家渗透社会并在其统治区域内有效贯彻政策的制度性能力。① 他认为专制性权力与市民社会是零和博弈关系，而基础性权力则与市民社会的发展同时并存，现代国家权力运作的基础是基础性权力而不是专制性权力。

国家权力的公共性和基础性都是在从传统国家向现代国家转型过程中逐步确立的，作为一个正在向现代转型的国家，中国的国家权力也面临这一转型。在农民合作组织发展过程中，只有确立国家的现代权力，中央政府才能够制定公平的政策，承担作为不同社会组织以及国家内部不同层次之间的利益协调者和规制者的角色。事实也表明，只有国家对农民自发合作组织认可并制定推动合作组织发展的政策，建立基于整体利益上的宏观制度框架，才会有合作组织发展的空间，并设定了地方政府、供销社推动合作组织的行为导向。如果国家没有超越特殊利益的能力，不能在社会生活中处于超越的地位，那么就会被特殊利益组织所操控，农民的利益也就不能得到保障。同时，不同国家层面所面临的社会环境不同，所选择的嵌入方式也就有所差异，表明国家不同层面所具有的基础性权力也大不相同。美国专业合作组织和日本的综合农协模式的共同点在于都确立了国家的现代性权力，它们之间的差异在于国家的基础性权力大小的不同。中国合作组织未来的发展模式应该是一种适合我国国情的国家与社会合作模式，其具体形态还有待在合作组织进一步发展的基础上作更翔实的研究和深入的讨论。

四、当代中国的国家与社会关系：非对等式互嵌

通过考察国家不同层次参与农民合作组织的方式可以发现，改革开放以来中国国家与社会关系发生了变迁，国家从微观经济领域和私人空间退出，从无所不包的全能型国家转变成国家与社会一定程度的分离。部分受全能主

① Michael Mann, *The Sources of Social Power*: *The Rise of Classes and Nation - States*, *1760 - 1914*, Cambridge: Cambridge University Press, 1993.

义国家制度遗产的影响，部分受中国传统政治文化“家国一体”观念的影响，国家依然在社会经济生活中起着主导性作用，而社会也以指向国家而不是反对国家的角色出现，使国家与社会关系并未呈现社会对抗国家，而是呈现国家与社会良性互动的局面。本项研究表明，中国国家与社会关系并非国家与社会互动理论的简单再现，而是表现为国家与社会的非对等性互嵌，即国家与社会之间制度性渠道的性质、作用和多少更多取决于国家的意愿、能力和危机感，较少取决于社会对国家的监督、制约与推动，是一种国家主导式嵌入关系；社会对国家则表现出回应式嵌入，即社会在国家设定的制度环境内通过与国家合作、影响国家政策导向，进而通过改变制度环境而获得生存空间。

在以往研究中，社会中心论和国家中心论都过于强调社会或国家一方对另一方的决定性作用，将国家与社会看做是此消彼长的“零和竞争”关系，而“国家在社会中”和“国家与社会共治”理论则是对两者的超越。“国家在社会中”的研究路径看到了理论与现实的差距，指出连贯统一、有目标导向的整体性国家观仅仅存在于理论中，现实的国家是由多种不同部分组成的，这些组成部分相互促进，或者相互冲突，因此现实世界的复杂性预示着我们最初的分析立场最好避免国家主义的倾向，避免使国家和社会对立，而是将国家看成社会中的一部分。“国家与社会互动”的研究路径认为，在以市场经济为基础的现代社会中，市场不能离开制度独立运转，政府规制与市场经济并不是对立的，相反，市场交往嵌入在一套具体的社会纽带中，这些社会纽带将国家与市场联系起来，为政策协商提供制度性渠道。

20 世纪 80 年代末和 90 年代初，国家与社会关系理论进入中国学者的研究视野。经过短暂的“市民社会对抗国家”路径探索后，大部分学者逐渐接受了国家与社会良性互动的观点。如邓正来指出：“市民社会与国家的关系，在大陆论者那里，更多地被设想为一种基于各自所具有的发展逻辑和自主性而展开的良性互动关系，是一种能拓展为实现民主政治的可欲的基础性结构；因此，市民社会与国家的良性互动关系对中国内地论者来讲更是一种目的性状态，从而他们的研究多趋向于对此一状态的构设以及如何迈向或达致这一状态的道路的设计。"[1] 进入90年代末，很多学者对国家与社会的讨论从以往强调社会团体独立于国家的作用转换到社会团体与国家的合作关系中来，出现了很多探讨国家与社会团体良性互动的研究。[2] 法国政治研究院让·菲利普·贝加（Jean - Philippe Béja）对这一现象概括道："如果说20世纪80年代中国公民社会强调通过政治运动来改变政权性质的话，那么90年代后，公民社会则主要是作为一个第三部门在与政府合作中维持社会稳定。"[3]

在这种新型的国家与社会关系中，国家与社会都在寻找重新进入对方的路径，以建立制度性的联系渠道。我们将这种国家和社会不能独立于另一方行动的关系称为"嵌入性"。一方面，国家需要通过嵌入社会实行社会动员，贯彻国家政策，对社会进行管理和控制，调动社会成员的积极性实现经济发展和社会现代化；另一方面，社会也需要嵌入国家，通过参与国家政策过程影响国家决策，争取更多的资源和生存空间。本项研究表明，在中国的具体实践中，这种互相嵌入关系并非均衡的，而是一种非对等式嵌入。

与全能主义时期不同，国家不再通过强制性和行政命令的手段影响社会成员，而是采用与社会合作的方式重新进入社会。在农民合作组织中，由于农民在社会资源上相对弱势，他们缺乏影响国家政策的渠道，也缺少支付合

---

① 邓正来：《国家与市民社会——一种社会理论的研究路经》，见邓正来：《国家与社会——中国市民社会研究》，北京大学出版社2008年版，第147—148页。

② 顾昕、王旭：《从国家主义到法团主义——中国市场转型过程中国家与专业团体关系的演变》，载《社会学研究》，2005年第2期，第155—175页；康晓光、韩恒：《分类控制：当前中国大陆国家与社会关系研究》，载《社会学研究》，2005年第6期，第73—89页；郁建兴、吴宇：《中国民间组织的兴起与国家——社会关系理论的转型》，载《人文杂志》，2003年第4期，第142—147页；Bruce J. Dickson, *Red capitalists in China: The Party, Private Entrepreneurs, and Prospects for Political Change*, Cambridge: Press Syndicate of the University of Cambridge, 2003; Jonathan Unger, "'Bridges': Private Business, the Chinese Government and the Rise of New Associations", *The China Quarterly*, No. 147, Sep. 1996, pp. 795 - 819; Scott Kennedy, *The Business of Lobbying in China*, Cambridge, Massachusetts: Harvard University Press, 2005。

③ 郎友兴、陈剩勇：《非政府部门与中国地方治理和可持续发展》，"非政府部门与中国地方治理和可持续发展国际研讨会"论文，2006年6月。

作成本的能力，因此一定制度设计的“引导之手”是促使合作形成的关键①，这种“引导之手”就是指国家通过一定的制度安排，建立与社会之间的制度性关联，达成国家对社会的有效嵌入。

从国家的不同层面对农民合作组织的参与方式的分析中可以发现，国家嵌入社会之中包括下述两种意义：第一种意义是国家通过制定政策影响社会，这种形式的嵌入是一种政策性嵌入，其特点是国家并不直接参与社会经济活动，而是通过政策间接影响人们的行为；第二种意义是国家通过行为来嵌入社会，进而建立与社会的关联，其特点是国家在经济或人员上直接参与支持农民合作组织的建设，在具体的行动过程中建立合作关系，这种形式的嵌入是一种行动性嵌入。在对农民合作组织的发展过程中，不同层次的国家与社会建立了不同的嵌入方式，中央政府与社会互动主要是政策性嵌入，地方政府、政府部门和村组织则主要体现为行动性嵌入。通过这些不同的嵌入形式，国家建立了与社会的制度性关联，培养了国家与社会之间的相互了解和信任，为国家与社会良性互动奠定了基础。

与国家嵌入社会相比，社会对国家的嵌入则是较弱的。社会影响国家在积极意义上是指社会力量直接进入政治决策过程，通过参与政策制定影响国家决策；在消极意义上是指社会通过退出权表达对国家政策的不满，在政治领域外寻找自我满足的空间。在中国语境下，社会对国家的影响表现为一种回应式嵌入，即社会接受国家的制度安排并主动寻求与政府的合作，社会利益通过国家机构的传递进入正式决策过程，进而上升为国家政策。对农民合作组织的分析表明，农民合作组织在税收减免、信贷优惠、注册登记方式等方面的利益要求都是通过与农民合作组织管理相关的党和政府机构输入政策渠道的，如农村工作委员会、农业部门、工商部门、财政部门等，农民通常向这些部门“反映”问题，由主管部门向政策制定机构施加压力或在部门之

① 折晓叶分析社区合作中提到，私人的理性行动并不自然产生社区的理性行动，社区共同理性只有经过“引导之手”或是适当的制度安排，才能求得有效的社区集体结果，这种“引导之手”即是社区合作体系支持下的政府行为，可见行政力量是社区整合的主要推动力。

间进行协调，进而出台对农民合作组织优惠的政策。这种回应性嵌入类似戴维·伊斯顿讨论的“内输入”，即“一种严格意义上的由政治角色的经验和活动而不是由社会非政治领域中人们的经验所形成的要求，这些要求来自于政治系统内部所产生的愿望、意向、偏爱或利益，反映了政治系统成员对于系统既有结构的不满”①。农民合作组织并未发挥利益集团独立影响政治决策的作用，而是作为农民利益的聚合器，将聚合的利益输入政府部门，通过政府部门自身来影响政策过程。

回过头来，我们可以检视“国家在社会中”理论和“国家与社会共治”理论在中国的适用性。在农民合作组织发展过程中，由于国家与社会关系呈现非对等性互嵌关系，因此较少出现米格代尔所指称的“社会对国家的俘获”（the capture of the state）。米格代尔指出，“国家在社会中”的一个重要现象就是社会对国家的部分“俘获”，即社会能人通过让自己或亲属担任政府职位确保国家资源按照自己的意愿分配，也即社会的利益团体对国家公共权力的限制。② 应该指出，米格代尔分析的是一些第三世界国家的“强社会弱国家”现象，即由于社会自主力量强大，使国家政策难以贯彻，尤其是公共政策难以得到有效的实施，因此米格代尔认为“强”国家的首要条件是国家与社会分离。③ 而在中国，农民合作组织政策的执行阻力与其说来自社会利益团体，不如说来自国家机构自身，即部分地方政府和政府部门基于自身利益的考量

① 〔美〕戴维·伊斯顿：《政治生活的系统分析》，王浦劬等译，华夏出版社1989年版，第54页。胡伟也分析了中国政治决策过程的内输入，但他更强调权力精英之间的政治折冲，而不是决策中的国家与社会互动，参见胡伟：《政府过程》，浙江人民出版社1998年版，第283—286页；此外，也有学者将这种由部门结构表达整体利益的方式称之为“社会主义的社会法团主义”，以区别于国家法团主义和社会法团主义，见Anita Chen, “Revolution or Corporatism? Workers and Trade Union in Post - Mao China”, *Australian Journal of Chinese Affairs*, No. 29, 1993。

② Joel S. Migdal, *State in Society: Studying How States and Societies Transform and Constitute One Another*, Cambridge, New York: Cambridge University Press, 2001, pp. 88 - 92.

③ Joel S. Migdal, *State in Society: Studying How States and Societies Transform and Constitute One Another*, Cambridge, New York: Cambridge University Press, 2001, pp. 61 - 62.

而对政策进行选择性执行。因此，农民合作组织成败的关键不是分离国家与社会，而是需要建立国家与社会的关联，即确立具有“嵌入性自主”能力的国家，通过国家与社会的制度性联结实现国家与社会共治。

此外，国家与社会互动理论还指出社会力量的发展将为国家制度转型奠定基础。乔纳森·昂格尔（Jonathan Unger）认为，随着社会团体自主意识的成长，社会团体将越来越多代表其成员的利益，从而导致国家法团主义向社会法团主义转变；① 顾昕认为，公民社会对抗国家的路径不适合中国，当政府主动转变职能，将更多的服务递送工作转移给民间社团时，有可能出现向社会法团主义变迁的可能。② 事实上，这些差异是基于对不同的政策领域的考察而形成的，就农民合作领域而言，国家制度转型表现为“国家主导式”变迁路径，即国家与社会之间的“嵌入”关系是否能制度化、常规化和公正化在很大程度上取决于国家的意愿与能力，而随着国家不断赋权给社会，农民的自主意识将逐渐增加，合作组织的制度建设越来越完善，农民合作组织对行政权力的制约和监督也将逐步扩大，进而推进中国的制度转型。中国的制度变迁将是在国家与社会的互相适应中渐进推进的。

总体而言，当我们超出国家—社会的二分的观点，就会发现中国农民合作组织的发展是在国家不同层面与社会不同力量之间的互动中产生的，这种互动方式不再是一方对另一方的零和博弈，而是一种基于共同利益基础上的合作与互相型塑。正如甘阳指出：“社会与国家的良性互动关系越健全，也就越可能较好地抑制双方各自的内在弊病，国家‘型塑社会’的能力越强，也就越能有力促使各阶层之间反复不断地协商妥协，从而在利益分布上向转为合理的方向发展；社会‘型塑国家’的能力越强，则国家自谋私利的机会越

---

① Jonathan Unger, Anita Chan, “China, Corporatism, and the East Asian Model”, *The Australian Journal of Chinese Affairs*, No. 33, Jan. 1995, pp. 29 – 53.

② 顾昕：《公民社会发展的法团主义之道》，载《浙江学刊》，2004 年第 6 期，第 64—70 页。

小。”[①] 在国家与社会的互动过程中，双方的能力都有所加强：国家建立了与社会的制度性关联渠道，对社会有更强的渗透力和回应力，而农民合作组织也得到了更大的发展空间。

① 甘阳：《“民间社会”概念批判》，见张静主编：《国家与社会》，浙江人民出版社 1998 年版，第 32 页。

参考文献

中文文献

1. 毕蓝武:《社团革命——中国社团发展的经济学分析》，山东人民出版社 2003 年版。

2. 毕美家、管爱国:《亚洲农村合作社经济》，中国商业出版社 1997 年版。

3. 边燕杰、邱海雄:《企业的社会资本及其功效》，载《中国社会科学》，2000 年第 2 期。

4. 卜长莉:《社会资本与社会和谐》，社会科学文献出版社 2005 年版。

5. 曹荣湘:《走出囚徒困境——社会资本与制度分析》，上海三联书店 2003 年版。

6. 曹树基:《国家与农民的两次蜜月》，载《读书》，2002 年第 7 期。

7. 陈吉元、陈家骥、杨勋:《中国农村社会经济变迁 1949—1989》，山西经济出版社 1993 年版。

8. 程同顺:《农民组织与政治发展——再论中国农民的组织化》，天津人民出版社 2006 年版。

9. 程同顺:《中国农民组织化研究初探》，天津人民出版社 2003 年版。

10. 党国英:《论取消农业税背景下的乡村治理》，载《税务研究》，2005 年第 6 期。

11. 党国英:《乡村低水平制度均衡的破解路径——一个案例研究》，载

《战略与管理》，2003 年第 4 期。

12. 邓正来：《国家与市民社会：一种社会理论的研究路径》，上海人民出版社 2006 年版。

13. 邓正来：《国家与社会：中国市民社会研究》，四川人民出版社 1997 年版。

14. 邓正来、景跃进：《建构中国的市民社会》，载《中国社会科学季刊》，1992 年第 1 期。

15. 丁水木：《论街道社区和社区行政》，载《社会学研究》，1997 年第 5 期。

16. 杜润生：《杜润生自述：中国农村体制变革重大决策纪实》，人民出版社 2005 年版。

17. 杜润生：《当代中国的农业合作制》，当代中国出版社 2002 年版。

18. 杜吟棠：《合作社：农业中的现代企业制度》，江西人民出版社 2002 年版。

19. 杜志雄：《农村治理结构与发展政策》，山西经济出版社 2004 年版。

20. 费孝通：《江村经济》，江苏人民出版社 1985 年版。

21. 复旦大学国际关系与公共事务学院：《公共政策与政府治理》，上海人民出版社 2006 年版。

22. 顾昕、王旭：《从国家主义到法团主义——中国市场转型过程中国家与专业团体关系的演变》，载《社会学研究》，2005 年第 2 期。

23. 顾昕、王旭、严洁：《公民社会与国家的协同发展——民间组织的自主性》，载《开放时代》，2006 年第 5 期。

24. 郭红东、蒋文华：《影响农户参与专业合作经济组织行为的因素分析——基于对浙江省农户的实证研究》，载《中国农村经济》，2004 年第 5 期。

25. 郭铁民：《中国合作经济发展史》（上、下册），当代中国出版社 1998 年版。

26. 郭晓鸣、宋相涛：《以制度创新促进农民合作组织可持续发展——“〈农民专业合作社法〉颁布后中国农民合作组织发展新动向”国际研讨会综述》，载《中国农村经济》，2008 年第 11 期。

27．郭晓鸣、曾旭晖：《农民合作组织发展与地方政府的角色》，载《中国农村观察》，2005 年第 6 期。

28．韩元钦：《中国农村的合作经济》，东北师范大学出版社 1991 年版。

29．韩元钦：《合作经济是劳动者约定共营制经济》，载《经济研究》，1987 年第 1 期。

30．贺雪峰：《退出权、合作社与集体行动的逻辑》，载《甘肃社会科学》，2006 年第 1 期。

31．贺雪峰：《市场经济下农民合作能力的探讨》，载《探索与争鸣》，2004 年第 9 期。

32．贺雪峰：《乡村研究的国情意识》，湖北人民出版社 2004 年版。

33．贺雪峰：《乡村治理的社会基础：转型期乡村社会性质研究》，中国社会科学出版社 2003 年版。

34．贺雪峰、仝志辉：《村庄权力结构的三层分析》，载《中国社会科学》，2002 年第 1 期。

35．胡必亮：《关系共同体》，人民出版社 2005 年版。

36．胡必亮、胡顺延：《中国乡村的企业组织与社区发展》，山西经济出版社 1997 年版。

37．胡必亮：《中国村落的制度变迁与权力分配》，山西经济出版社 1996 年版。

38．胡连奎：《城市街道社区内国家与社会关系的研究》，中国人民大学博士学位论文，2002 年。

39．胡伟：《政府过程》，浙江人民出版社 1998 年版。

40．黄珺、顾海英、朱国玮：《中国农户合作行为的博弈分析和现实阐释》，载《中国软科学》，2005 年第 12 期。

41．黄小勇：《现代化进程中的官僚制》，黑龙江人民出版社 2003 年版。

42．黄祖辉：《农民专业合作组织发展的影响因素分析——对浙江省农民专业合作组织发展现状的探讨》，载《中国农村经济》，2002 年第 3 期。

43．黄祖辉：《农民合作：必然性、变革态势与启示》，载《中国农村经济》，2000 年第 8 期。

44. 贾德裕：《现代化进程中的中国农民》，南京大学出版社 1998 年版。

45. 贾西津、沈恒超、胡文安：《转型时期的行业协会——角色、功能与管理体制》，社会科学文献出版社 2004 年版。

46. 江惠生：《合作经济理论与农村改革》，华南理工大学出版社 1995 年版。

47. 江瑞平：《日本农业》，中国农业出版社 1990 年版。

48. 焦必方：《日本的农业、农民和农村——战后日本农业的发展与问题》，上海财经大学出版社 1997 年版。

49. 景跃进：《党、国家与社会：三者维度的关系——从基层实践看中国政治的特点》，载《华中师范大学学报（人文社会科学版）》，2005 年第 3 期。

50. 景跃进：《当代中国农村“两委关系”的微观解析与宏观透视》，中央文献出版社 2004 年版。

51. 康晓光：《分类控制：当前中国大陆国家与社会关系研究》，载《社会学研究》，2005 年第 6 期。

52. 康晓光：《创造希望：中国青少年发展基金会研究》，广西大学出版社 1997 年版。

53. 孔祥智：《陕、宁、川农民合作经济组织的作用及制约因素调查》，载《经济理论与经济管理》，2005 年第 6 期。

54. 蓝宇蕴：《都市里的村庄》，生活·读书·新知三联书店 2005 年版。

55. 李惠斌、杨雪冬：《社会资本与社会发展》，社会科学文献出版社 2000 年版。

56. 李培林：《村落的终结——羊村的故事》，商务印书馆 2005 年版。

57. 李伟民、梁玉成：《特殊信任与普遍信任：中国人信任的结构与特征》，载《社会学研究》，2002 年第 3 期。

58. 李熠煜：《关系与信任——中国乡村民间组织实证研究》，中国书籍出版社 2004 年版。

59. 李煜：《文化资本、文化多样性与社会网络资本》，载《社会学研究》，2001 年第 4 期。

60. 林南:《社会资本——关于社会结构与行动的理论》，上海人民出版社2004年版。

61. 林毅夫:《制度、技术与中国农业发展》，上海三联书店1992年版。

62. 林毅夫:《中国的奇迹：发展战略与经济改革》，上海三联书店1994年版。

63. 刘娅:《解体与重构：现代化进程中的“国家——乡村社会”》，中国社会科学出版社2004年版。

64. 刘军:《法村社会支持网络：一个整体研究的视角》，社会科学文献出版社2006年版。

65. 刘林平:《关系、社会资本与社会转型：深圳“平江村”研究》，中国社会科学出版社2002年版。

66. 刘世定:《嵌入性与关系合同》，载《社会学研究》，1999年第4期。

67. 陆学艺:《中国农村现代化道路研究》，广西人民出版社1998年版。

68. 罗红光:《不等价交换：围绕财富的劳动与消费》，浙江人民出版社2000年版。

69. 毛丹:《中国农村公共领域的生长——政治社会学视野里的村民自治诸问题》，社会科学文献出版社2006年版。

70. 毛丹:《一个村落共同体的变迁——关于尖山下村的单位化的观察与阐释》，学林出版社2000年版。

71. 毛寿龙:《政治社会学》，中国社会科学出版社2001年版。

72. 毛寿龙、李梅:《有限政府的经济分析》，上海三联书店2000年版。

73. 梅德平:《中国农村微观经济组织变迁研究1949—1985——以湖北省为中心的个案分析》，中国社会科学出版社2004年版。

74. 牛若峰:《也论合作制》，载《调研世界》，2000年第6期。

75. 潘维:《农民与市场——中国基层政权与乡镇企业》，商务印书馆2003年版。

76. 庞金友:《现代西方国家与社会关系理论》，中国政法大学出版社2006年版。

77. 裴小林:《集体土地制：中国乡村工业发展和渐进转轨的根源》，载

《经济研究》，1999 年第 6 期。

78. 秦晖：《农民中国：历史反思与现实选择》，河南人民出版社 2003 年版。

79. 秦晖：《新农村建设凸显“农民组织”问题》，http://qinhui09q.vip.bokee.com，2007 年 2 月 16 日。

80. 秦柳方：《中国各种经济合作社》，中国文史出版社 1994 年版。

81. 秦庆武：《中国农村组织与制度的新变迁——农村新型合作经济发展探索》，中国城市出版社 2001 年版。

82. 邱泽奇：《乡镇企业改制与地方威权主义的终结》，载《社会学研究》，1999 年第 3 期。

83. 邱海雄、徐建牛：《产业集群技术创新中的地方政府行为》，载《管理世界》，2004 年第 10 期。

84. 任进：《政府组织与非政府组织》，山东人民出版社 2003 年版。

85. 任军锋：《国家、社会与政治——英语学界当代中国政治研究》，载《上海行政学院学报》，2006 年第 1 期。

86. 沈以宏：《供销合作社所有制性质考察与研究》，中国商业出版社 1988 年版。

87. 石敏俊、金少胜：《中国农民需要合作组织吗？——沿海地区农户参加农民合作组织意向研究》，载《浙江大学学报（人文社会科学版）》，2004 年第 5 期。

88. 石秀和：《国外合作社简介》，中国商业出版社 1989 年版。

89. 时和兴：《关系、限度、制度：政治发展过程中的国家与社会》，北京大学出版社 1996 年版。

90. 史敬棠：《中国农业合作化运动史料》（上、下册），生活·读书·新知三联书店 1959 年版。

91. 宋宏远：《中国农业政策与涉农部门行为》，财政经济出版社 1998 年版。

92. 苏国勋：《理性化及其限制》，上海人民出版社 1988 年版。

93. 孙立平：《动员与参与——第三部门募捐机制个案研究》，浙江人民出版社 1999 年版。

94. 孙立平：《关系、社会关系与社会结构》，载《社会学研究》，1996 年第 5 期。

95. 孙立平：《向市场经济过渡中的国家自主性问题》，载《战略与管理》，1996 年第 4 期。

96. 孙晓莉：《中国现代化进程中的国家与社会》，中国社会科学出版社 2001 年版。

97. 孙亚范：《现阶段我国农民合作需求与意愿的实证研究》，载《江苏社会科学》，2003 年第 1 期。

98. 谭同学：《楚镇的站所——乡镇机构生长的政治生态考察》，中国社会科学出版社 2006 年版。

99. 唐士其：《国家与社会的关系：社会主义国家的理论与实践比较研究》，北京大学出版社 1998 年版。

100. 唐兴霖：《政府行为与农村发展——中国部分农村地区经济和社会发展进程中政府行为比较研究》，载《政治学研究》，2000 年第 1 期。

101. 汪和建：《新经济社会学的中国研究》，载《南京大学学报（哲学·人文科学·社会科学)》，2000 年第 2 期。

102. 王沪宁：《当代中国村落家族文化——对中国社会现代化的一项探索》，上海人民大学出版社 1999 年版。

103. 王景新：《乡村新型合作经济组织崛起》，中国经济出版社 2005 年版。

104. 王铭铭：《走在乡土路上——历史人类学札记》，中国人民大学出版社 2003 年版。

105. 王树桐：《世界合作社运动史》，山东大学出版社 1996 年版。

106. 王思斌：《村干部权力竞争解释模型之比较——兼述村干部权力的成就型竞争》，载《北京大学学报（哲学社会科学版)》，2005 年第 3 期。

107. 王思斌：《经济体制改革对农村社会关系的影响》，载《社会科学研究》，1987 年第 6 期。

108. 王颖：《新集体主义——乡村社会的再组织》，经济管理出版社

1996 年版。

109. 王颖:《社会中间层——改革与中国的社团组织》，中国发展出版社 1993 年版。

110. 魏道南、张晓山:《中国农村新型合作组织探析》，经济管理出版社 1998 年版。

111. 温铁军:《新农村建设实践展示》，文津出版社 2006 年版。

112. 夏英:《政府扶持农民合作社的理论依据与政策要点》，载《农村经营管理》，2004 年第 6 期。

113. 夏勇:《依法治国：国家与社会》，社会科学文献出版社 2004 年版。

114. 项继权:《乡村集体化与民主化——若干乡村的实证分析》，载《中国农村观察》，1999 年第 2 期。

115. 谢岳、葛阳:《社会资本重建中的政治命题》，载《上海交通大学学报》，2006 年第 3 期。

116. 辛逸:《农村人民公社分配制度研究》，中共党史出版社 2005 年版。

117. 徐畅:《1927—1949 年国共两党农村合作比较研究》，载《社会科学辑刊》，2004 年第 6 期。

118. 徐旭初、黄祖辉:《转型中的供销社——问题、产权与演变趋势》，载《浙江大学学报（人文社会科学版)》，2006 年第 5 期。

119. 徐旭初:《中国农民专业合作经济组织的制度分析》，经济科学出版社 2005 年版。

120. 徐勇:《内核—边层：可控的放权式改革——对中国改革的政治学解读》，载《东方》，2002 年第 12 期。

121. 徐勇:《治理转型与竞争——合作主义》，载《开放时代》，2001 年第 7 期。

122. 许平:《法国农村社会转型研究》，北京大学出版社 2001 年版。

123. 杨德寿主编:《中国供销合作社史料选编》，中国财政经济出版社 1986 年版。

124. 杨坚白:《合作经济学概论》，中国社会科学出版社 1990 年版。

125. 杨善华、苏红:《从“代理型政权经营者”到“谋利型政权经营者”——向市场经济转型背景下的乡镇政权》，载《社会学研究》，2002 年第 1 期。

126. 杨团：《延安市农民技术经济组织调查报告》，中国社会学网：www.sociology.cass.cn，2006 年。

127. 杨雪冬：《市场发育、社会生长和公共权力构建——以县为微观分析单位》，河南人民出版社 2002 年版。

128. 杨雪冬：《国家的自主性与国家能力：组织现实主义国家理论述评》，载《马克思主义与现实》，1996 年第 1 期。

129. 尹树广：《国家批判理论》，黑龙江人民出版社 2002 年版。

130. 应瑞瑶：《合作社的异化与异化的合作社——兼论中国农业合作社的定位》，载《江海学刊》，2002 年第 6 期。

131. 应若平：《农民专业合作组织的生发机制》，中国农业出版社 2006 年版。

132. 于建嵘：《农会组织与建设新农村》，载《华中师范大学学报（人文社会科学版）》，2007 年第 1 期。

133. 于建嵘：《20 世纪中国农会制度的变迁及启迪》，载《福建师范大学学报（哲学社会科学版）》，2003 年第 5 期。

134. 于建嵘：《岳村政治——转型期中国乡村政治结构的变迁》，商务印书馆 2001 年版。

135. 俞弘强：《中国政府与农民关系研究述评——对当代中国社会学学者相关成果的考察》，载《厦门大学学报（哲社版）》，2004 年第 5 期。

136. 俞可平：《中国公民社会的兴起与治理的变迁》，社会科学文献出版社 2002 年版。

137. 郁建兴、吴宇：《中国民间组织的兴起与国家—社会关系理论的转型》，载《人文杂志》，2003 年第 4 期。

138. 郁建兴：《社会主义市民社会的当代可能性》，载《文史哲》，2003 年第 1 期。

139. 苑鹏：《中国农村市场化进程中的农民合作组织研究》，载《中国社会科学》，2001 年第 6 期。

140. 曾峻：《公共秩序的制度安排：国家与社会关系的框架及其运用》，学林出版社 2005 年版。

141. 张静：《现代公共规则与乡村社会》，上海书店出版社 2005 年版。

142. 张静：《基层政权：乡村制度诸问题》，浙江人民出版社 2000 年版。

143. 张静：《政治社会学及其主要研究方向》，载《社会学研究》，1998 年第 3 期。

144. 张静：《国家与社会》，浙江人民出版社 1998 年版。

145. 张静：《信任问题》，载《社会学研究》，1997 年第 2 期。

146. 张乐天：《告别理想：人民公社制度研究》，东方出版社 1998 年版。

147. 张鸣：《政府的作为与民间社会的成长——以河北 F 县调查为个案》，载《华中师范大学学报（人文社会科学版）》，2005 年第 1 期。

148. 张鸣：《来自传统世界的资源》，载《读书》，2003 年第 1 期。

149. 张鸣：《乡村社会权力与文化结构的变迁（1903—1953）》，广西人民出版社 2001 年版。

150. 张其仔：《社会资本论——社会资本与经济增长》，社会科学文献出版社 1999 年版。

151. 张小劲：《分立与合作：从独立型自主到合作型自主》，见《中国书评》（第六辑），上海人民出版社 2007 年版。

152. 张晓山：《改造传统的组织资源——供销社近期改革措施的实证研究》，载《管理世界》，2001 年第 4 期。

153. 张晓山：《中国农村新型合作组织探析》，经济管理出版社 1998 年版。

154. 张晓山：《走向市场：农村的制度变迁与组织创新》，经济管理出版社 1996 年版。

155. 张晓山、苑鹏：《合作经济理论和实践》，中国城市出版社 1991 年版。

156. 章敬平：《南平寓言》，浙江人民出版社 2004 年版。

157. 赵凯：《中国农业经济合作组织发展研究》，中国农业出版社 2004 年版。

158. 赵树凯：《乡村治理：组织和冲突》，载《战略与管理》，2003 年第 6 期。

159. 折晓叶：《合作与非对抗性抵制：弱者的“韧武器”》，载《社会学研究》，2008 年第 3 期。

160. 折晓叶、陈婴婴：《产权怎样界定：一份集体产权私化的社会文本》，载《社会学研究》，2005 年第 4 期。

161. 折晓叶：《荷兰农业合作组织的中介功能及其启示——兼谈农民与市场的中介问题》，载《管理世界》，2002 年第 6 期。

162. 折晓叶、陈婴婴：《社区的实践——“超级村庄”的发展历程》，浙江人民出版社 2000 年版。

163. 折晓叶、陈婴婴：《超级村庄的基本特征及“中间”形态》，载《社会学研究》，1997 年第 6 期。

164. 折晓叶：《村庄边界的多元化——经济边界开放与社会边界封闭的冲突与共生》，载《中国社会科学》，1996 年第 3 期。

165. 中国（海南）改革发展研究院编：《中国农民组织建设》，中国经济出版社 2005 年版。

166. 中国社会科学院农村发展研究所：《2002—2003 年：中国农村经济形势分析与预测》，社会科学文献出版社 2003 年版。

167. 钟笑寒：《为什么农协不是一个坏主意？——再论日本农业对中国的借鉴意义》，载《清华大学中国经济研究中心研究动态》，总第 162 期，2003 年 11 月 2 日。

168. 钟笑寒：《日本农业的基本问题及其对中国的借鉴意义》，载《清华大学中国经济研究中心研究动态》，总第 71 期，2001 年 10 月 15 日。

169. 章奇、刘明兴：《意识形态与政府干预》，载《经济学》，2005 年第 2 期。

170. 周飞舟：《从汲取型政权到“悬浮型”政权——税费改革对国家与农民关系之影响》，载《社会学研究》，2006 年第 3 期。

171. 周维宏：《中日农村经济组织比较》，经济科学出版社 1997 年版。

172. 周晓虹：《传统与变迁——江浙农民的社会心理及其近代以来的嬗

变》，生活·读书·新知三联书店 1998 年版。

173. 周雪光：《组织社会学十讲》，社会科学文献出版社 2003 年版。

174. 朱胜豪：《供销社、人民银行与地方政府——关于宝丰县基层供销合作社股金挤兑的调查报告》，载《北京大学中国经济研究中心学刊》，2000 年第 1 期。

175. 朱中健：《供销合作社概述》，中国财政经济出版社 1988 年版。

176. 庄孔韶：《银翅：中国的地方社会与文化变迁》，生活·读书·新知三联书店 2000 年版。

177. 〔俄〕A. 恰亚诺夫：《农民经济组织》，萧正洪译，于东林校，中央编译出版社 1996 年版。

178. 〔法〕布尔迪厄：《文化资本与社会炼金术——布尔迪厄访谈录》，包亚明译，上海人民出版社 1997 年版。

179. 〔美〕戴维·伊斯顿：《政治生活的系统分析》，王浦劬等译，华夏出版社 1989 年版。

180. 〔美〕杜赞奇：《文化、权力与国家——1900—1942 年的华北农村》，王福明译，江苏人民出版社 1994 年版。

181. 〔美〕弗朗西斯·哈戈皮安（Frances Hagopian）：《重访发展政治学》，王正绪、方瑞丰译，载《开放时代》，2006 年第 4 期。

182. 〔美〕弗兰西斯·福山：《信任：社会道德与繁荣的创造》，李宛蓉译，远方出版社 1998 年版。

183. 〔美〕弗里曼、毕克伟、赛尔登：《中国乡村，社会主义国家》，陶鹤山译，社会科学文献出版社 2002 年版。

184. 〔美〕黄宗智：《长江三角洲小农家庭与乡村发展》，中华书局 2000 年版。

185. 〔美〕黄宗智：《华北的小农经济与社会变迁》，中华书局 1986 年版。

186. 〔美〕莱斯特·M. 萨拉蒙：《全球公民社会——非营利部门视界》，贾西津、魏玉等译，社会科学文献出版社 2002 年版。

187. 〔美〕罗伯特·帕特南：《使民主运转起来：现代意大利的公民传

统》，王列、赖海榕译，江西人民出版社 2001 年版。

188.〔美〕马克·赛尔登：《革命中的中国：延安道路》，魏晓明、冯崇义译，社会科学文献出版社 2002 年版。

189.〔美〕莫洛·F. 纪廉等编：《新经济社会学——一门新兴学科的发展》，姚伟译，社会科学文献出版社 2006 年版。

190.〔美〕塞缪尔·亨廷顿：《变革社会中的政治秩序》，李盛平、杨玉生等译，华夏出版社 1988 年版。

191.〔美〕施坚雅：《中国农村的市场和社会结构》，史建云、徐秀丽译，虞和平校，中国社会科学出版社 1998 年版。

192.〔美〕托尼·塞奇：《盲人摸象：中国地方政府分析》，邵明阳译，载《经济社会体制比较》，2006 年第 4 期。

193.〔美〕詹姆斯·C. 斯科特：《国家的视角：那些试图改善人类状况的项目是如何失败的》，王晓毅译，社会科学文献出版社 2004 年版。

194.〔美〕詹姆斯·C. 斯科特：《农民的道义经济学：东南亚的反叛与生存》，程立显、刘建等译，译林出版社 2001 年版。

195.〔美〕詹姆斯·科尔曼：《社会理论的基础》，邓方译，社会科学文献出版社 1999 年版。

196.〔日〕立花隆：《农协——巨大的挑战》，刘新付译，中国农业出版社 1984 年版。

197.〔日〕青木昌彦：《比较制度分析》，周黎安译，上海远东出版社 2001 年版。

198.〔西〕汉克·托马斯：《蒙德拉贡——对现代工人合作制的经济分析》，刘红、胡庄君译，上海三联书店 1991 年版。

199.〔英〕卡尔·波兰尼：《大转型：我们时代的政治与经济起源》，冯钢、刘阳译，浙江人民出版社 2007 年版。

英文文献

1. Birnbaum, Pierre, "State, Ideologies and Collective Action in Western Europe", *International Social Science*, Vol. 32, 1980, pp. 671 - 686.

2. Chen, Anita, "Revolution or Corporatism? Workers and Trade Union in Post – Mao China", *Australian Journal of Chinese Affairs*, No. 29, 1993.

3. Dickson, Bruce J., *Red Capitalists in China: The Party, Private Entrepreneurs, and Prospects for Political Change*, Cambridge: Press Syndicate of the University of Cambridge, 2003.

4. Diamond, Larry, "Rethinking Civil Society: Toward Democratic Consolidation", *Journal of Democracy*, Vol. 5, 1994, pp. 4 – 17.

5. Evans, Peter B. (ed.), *State – Society Synergy: Government and Social Capital in Development*, Berkeley: University of California, 1997.

6. Evans, Peter B., "Government Action, Social Capital and Development: Reviewing the Evidence on Synergy", *World Development*, Vol. 24, 1996, pp. 178 – 209.

7. Evans, Peter B., *Embedded Autonomy: States and Industrial Transformation*, Princeton, New Jersey: Princeton University Press, 1995.

8. Evans, Peter B., Dieterich Rueschemeyer and Theda Skocpol (eds.), *Bring the State Back In*, Cambridge: Cambridge University Press, 1985.

9. Fock, Achim and Jun Zhao, "Farmer – controlled Organizations in China: Pushed Forward or Taking – off?: An Assessment against International Experience", paper presented at "International Conference on Promoting the Development of Farmer Cooperative Economic Organization in China", Beijing, Dec. 16 – 17, 2006.

10. Foster, Kenneth W., "Embedded within State Agencies: Business Associations in Yantai", *China Journal*, No. 47, Jan. 2002, pp. 41 – 65.

11. Fox, Jonathan, "Empowerment and Institutional Change: Mapping 'Virtuous Circles' of State – Society Interaction", paper presented at "Working Meeting on Power, Rights and Poverty Reduction", Mar. 23rd – 24th, 2004.

12. Fox, Jonathan, *The Politics of Food in Mexico: State Power and Social Mobilization*, Ithaca: Cornell University Press, 1992.

13. Grannovert, Mark S., "The Strength of Weak Ties", *American Journal of Sociology*, Vol. 78, 1973, pp. 1360 – 1380.

14. Grootaert, Christiaan and Thierry Van Bastelaer, *The Role of Social Capital in Development: An Empirical Assessment*, Cambridge University Press, 2002.

15. Grootaert, Christiaan and Deepa Narayan, Veronica Nyhan Jones and Michael Woolcock, *Measuring Social Capital*, Washington, D. C.: The World Bank, 2004.

16. He, Baogang, *The Democratic Implications of Civil Society in China*, New York: ST. Martin's Press, 1997.

17. Kennedy, Scott, *The Business of Lobbying in China*, Cambridge, Massachusetts: Harvard University Press, 2005.

18. Lam, Wai Fung, "Institutional Design of Public Agencies and Coproduction: A Study of Irrigation Associations in Taiwan", in Peter B. Evans (ed.), *State – Society Synergy: Government and Social Capital in Development*, Berkeley: University of California, 1997, pp. 11 – 47.

19. Lin, Nan, "Local Market Socialism: Local Corporatism in Action in Rural China", *Theory and Society*, Vol. 24, No. 3, 1995.

20. Mann, Michael, *The Sources of Social Power*, *Volume I: A History of Power from the Beginning to A. D. 1760*, Cambridge: Cambridge University Press, 1986.

21. Migdal, Joel S. (ed.), *Boundaries and Belonging: States and Societies in the Struggle to Shape Identities and Local Practices*, Cambridge; New York: Cambridge, 2004.

22. Migdal, Joel S., *State in Society: Studying How States and Societies Transform and Constitute One Another*, Cambridge: New York: Cambridge University Press, 2001.

23. Migdal, Joel S., Atul Kohli and Vivienne Shue (eds.), *State Power and Social Forces: Domination and Transformation in the Third World*, New York: Cambridge University Press, 1994.

24. Migdal, Joel S., *Strong Societies and Weak States: State – Society Relations and State Capabilities in the Third World*, New Jersey: Princeton University Press, 1988.

25. Nash, Kate and Alan Scott, *The Blackwell Companion to Political Sociology*, Oxford: Blackwell Publisher, 2001.

26. O'Brien, Kevin J. and Lianjiang Li, "Popular Contention and its Impact in Rural China", *Comparative Political Studies*, Vol. 38, No. 3, 2005, pp. 235 – 259.

27. O'Brien, Kevin J. and Lianjiang Li, "Selective Policy Implementation in Rural China", *Comparative Politics*, Vol. 31, No. 2, Jan. 1999, pp. 167 – 186.

28. O'Brien, Kevin J., "Rightful Resistance", *World Politics*, Vol. 49, No. 1, Oct. 1996, pp. 31 – 55.

29. Oi, Jean C., *Rural China Takes Off: Institutional Foundations of Economic Reform*, Berkeley: University of California Press, 1999.

30. Oi, Jean C., "The Evolution of Local State Corporatism", in Andrew Walder (ed.), *Zouping in Transition: The Process of Reform in Rural North China*, Cambridge Mass: Harvard University Press, 1998.

31. Oi, Jean C., "The Role of the Local State in China's Transitional Economy", *The China Quarterly*, No. 144, Dec. 1995, pp. 1132 – 1149.

32. Oi., Jean C., *State and Peasant in Contemporary China: The Political Economy of Village Government*, California: University of California Press, 1989.

33. Ostrom, Elinor, "Crossing the Great Divide: Coproduction, Synergy and Development", in Peter B. Evans (ed.), *State – Society Synergy: Government and Social Capital in Development*, Berkeley: University of California, 1997, pp. 85 – 118.

34. Pearson, Margaret M., "The Janus Face of Business Associations in China: Socialist Corporatism in Foreign Enterprises", *The Australian Journal of Chinese Affairs*, No. 31, Jan. 1994, pp. 25 – 46.

35. Pellissery, Sony, "'State – in – Society' Approach and Implications for Rural Development Policy", *Asia – Pacific Journal of Rural Development*, Vol. 15, No. 1, July 2005.

36. Pieke, Rrank N., "Networks, Groups, and the State in the Rural Economy of Raoyang Country, Hebei Province", in Vermeer, Edward B., Frank N. Pieke

and Woei Lien Chong (eds.), *Cooperative and Collective in China's Rural Development: Between State and Private Interests*, Armonk, N.Y.: M. E. Sharpe, 1997, pp. 56 – 272.

37. Portes, Alejandro (ed.), *The Economic Sociology of Immigration*, New York: Russell Sage Foundation, 1995.

38. Selden, Mark, "Household, Cooperative and State in the Remaking of China's Countryside", in Vermeer, Edward B., Frank N. Pieke and Woei Lien Chong (eds.), *Cooperative and Collective in China's Rural Development: Between State and Private Interests*, Armonk, N.Y.: M. E. Sharpe, 1997, pp. 17 – 45.

39. Selden, Mark (ed.), *The Political Economy of Chinese Socialism*, Armonk: M. E. Sharpe, Inc., 1988.

40. Shen, Minggao, Scotte Rozelle and Linxiu Zhang, "Farmer's Professional Associations in Rural China: State Dominated or New State – Society Partnerships?", FED Working Papers, Series No. FE20050013, www.fed.org.cn.

41. Shue, Vivienne, *The Reach of the State: Sketches of the Chinese Body Politic*, Stanford, California: Stanford University Press, 1988.

42. Saich, Tony, "Negotiating the State: The Development of Social Organizations in China", *The China Quarterly*, No. 161, Mar. 2000, pp. 124 – 141.

43. Skocpol, Theda and Marshall Ganz, Ziad Munson, "A Nation of Organizers: The Institutional Origins of Civil Voluntarism in the United States", *American Political Science Review*, Vol. 94, No. 3, Sep. 2000, pp. 527 – 546.

44. Skocopol, Theda, "Bring the State Back In: Strategies of Analysis in Current Research", in Peter Evans, Dietrich Rueschemeyer and Theda Skocpol (eds.), *Bringing the State Back In*, Cambridge, UK: Cambridge University Press, 1985, p. 15.

45. Tarrow, Sidney, "Making Social Science Work across Space and Time", *American Political Science Review*, Vol. 90, 1996, pp. 389 – 397.

46. Unger, Jonathan, "'Bridges': Private Business, the Chinese Government and the Rise of New Associations", *The China Quarterly*, No. 147, Sep. 1996, pp.

795 – 819.

47. Unger, Jonathan and Anita Chan, "China, Corporatism, and the East Asian Model", *The Australian Journal of Chinese Affairs*, No. 33, Jan. 1995, pp. 29 – 53.

48. Varshney, Ashutosh, *Ethnic Conflict and Civic Life: Hindus and Muslims in India*, New Haven, Conn: Yale University Press, 2002.

49. Vermeer, Edward B., Frank N. Pieke and Woei Lien Chong (eds.), *Cooperative and Collective in China's Rural Development: Between State and Private Interests*, Armonk, N. Y.: M. E. Sharpe, 1997.

50. Walder, Andrew (ed.), *China's Transitional Economy*, New York: Oxford University Press, 1996.

51. Walder, Andrew, "Local Governments as Industrial Firms", *American Journal of Sociology*, Vol. 101, No. 2, Sep. 1995, pp. 263 – 301.

52. Walder, Andrew, *Communist Neo – traditionalism: Work and Authority in Chinese Industry*, Berkeley: University of California Press, 1986.

53. Waldner, David, *State Building and Late Development*, New York: Cornell University Press, 1999.

54. Waldron, Scott and Colin Brown, "State Sector Reform in China: Structural Considerations in Agriculture", Paper presented at "the 15th Annual Conference of the Association of Chinese Economic Studies" held at the Royal Melbourne Institute of Technology, Melbourne, Oct. 2 – 3, 2003.

55. Wang, Shaoguang, "State Effectiveness and Democracy", http://www.cuhk.edu.hk.

56. Wang, Xu, "Mutual Empowerment of State and Peasantry: Village Self – Government in Rural China", PhD Dissertation, Princeton University, 2001.

57. Wang, Xu, "Mutual Empowerment of State and Society: Its Nature, Conditions, Mechanisms, and Limits", *Comparative Politics*, Vol. 31, No. 2, Jan. 1999, pp. 231 – 249.

58. Woolcock, Michael, "Social Capital and Economic Development: Toward a

Theoretical Synthesis and Policy Framework", *Theory and Society*, No. 27, 1998, pp. 151 – 208.

59. Zhou, Xueguang, Wei Zhao, Qiang Li and He Cai, "Embeddedness and Contractual Relationships in China's Transitional Economy", *American Sociological Review*, Vol. 68, Feb. 2003, pp. 75 – 102.

未刊出文献

政策汇编

1. 农业部农村经济体制与经营管理司、农业部农村合作经济经营管理总站编:《农民专业合作经济组织建设参阅资料》, 2004 年。

2. 农业部农村经济体制与经营管理司编:《农民专业合作组织专刊》, 2005 年。

3. 北京市农村合作经济经营管理站编:《农民专业合作经济理论与实践》, 2002 年。

4. 陕西省农业厅编:《陕西省农民专业合作经济组织建设参阅资料》, 2005 年。

调查报告

1. 全国人大农业与农村委员会课题组:《农民合作经济组织法立法专题研究报告》, 2004 年 3 月。

2. 国务院发展研究中心农村经济研究部:《促进中国农民合作经济组织发展国际研讨会主题报告》, 2006 年 12 月。

3. 姜长云:《中国农民商业组织的发生、活动与经验》, 国家发展与改革委员会产业发展研究所, 2005 年。

4. 陈洁:《中国农民合作经济组织的政策与法律环境研究》, 农业部农村经济研究中心, 2006 年。

5. 封小霖:《中国农民专业合作组织案例调研报告》, 北京瑞富尔农村发展研究事务所, 2004 年 8 月。

6. 杨联芳:《中国农民专业协会综合调查报告》，北京瑞富尔农村发展研究事务所，2004 年 7 月。

7. 潘劲:《合作社理论与中国农村合作社实践》，中国社会科学院农村发展研究所，2001 年。

8. 〔丹〕德里克·贝克（Derek Baker)、索伦·锡尔加德（Søren Theilgaard):《农民集体行动——国外相关经验》，丹麦 Abel Projects ApS，丹麦合作社联合会，2004 年 6 月。

9. 世界银行支持中国农民合作组织发展项目:《四川省试点县农民专业协会案例调研报告》，2004 年 12 月。

10. 世界银行:《四川省试点县农民专业协会发展现状与需求评估》，2004 年。

11. 加拿大国际开发署:《内蒙古武川县农民合作组织发展报告》，2006 年 3 月。

12. 加拿大国际开发署:《四川井研县农民合作组织发展报告》，2005 年 5 月。

会议文集

1. 国务院发展研究中心农村经济研究部:《中国农民合作经济组织发展论文集》，促进中国农民合作经济组织发展国际研讨会，2006 年 12 月。

2. 国务院发展研究中心农村经济研究部:《农民合作组织立法国际研讨会论文集》，农民合作组织立法研讨会，2005 年 4 月。

3.《南方农业报》、中国社科院农村所社会问题研究中心、华中师大中国农村问题研究中心、乡镇论坛:《“农民合作组织与新农村建设”研讨会论文集》，2006 年 9 月 22 日。

4. 中国人民大学:《新农村建设与和谐社会论文集》，2006 年中国人文社会科学论坛，2006 年 7 月。

5. 中国合作经济学会、中国农村合作经济管理学会、中国村社发展促进会:《中国农村社区合作组织建设论文集》，2006 年 4 月。

楷模，在此表示深深的敬意和由衷的感谢！

国务院发展研究中心发展研究基金会为我提供了2005—2006年度“发展奖学金”，使我有幸在国务院发展研究中心农村经济研究部进行为期一年的实习，从而获得了宝贵的调研机会。感谢国务院发展研究中心农村经济研究部的韩俊、徐小青、谢扬、张仲法、崔晓黎、潘耀国、郭建军、肖俊彦等老师，他们对农村问题的真知灼见和对农村政策观察的高屋建瓴开拓了我的视野，加深了我对中国国情的理解。也要感谢农村经济研究部的罗丹、秦中春、张云华等师兄，他们提供了大量国内外的调研报告和书籍，对写作提出了宝贵的意见；此外，对与我一同在农村部实习的江文涛、王鹏翔、张丽、陈佳、陈丹梅等同学表示感谢，我们一起度过了许多紧张而愉快的调研时光。

论文调研过程中，得到内蒙古武川县、河北邯郸市、山东泰安市、江苏苏州市、山东省供销社等多个调研机构和农民合作经济组织的大力支持，他们对调研工作的支持使我获得了第一手资料，他们的坦诚和热情令我难以忘怀。课题还得到了农村经济研究专家的帮助，对农业部农村经济研究中心的郑有贵、社科院农村发展研究所的苑鹏、中国人民大学农业与农村发展学院的仝志辉等老师表示衷心的感谢。

此外，还要特别感谢中央编译局的同事和中央编译出版社。进入中央编译局工作以来，马克思主义研究部（原世界社会主义研究所）领导和同事始终鼓励我深入开展学术研究，并提供了充裕的研究时间和良好的工作环境，使我能够在现有的基础上较快地开拓了新的研究领域，开阔了研究视野。中央编译出版社的贾宇琰主任和侯天保编辑为本书的出版付出了大量的辛劳，在此对他们的耐心和细致表示感谢。

最后要感谢我的家人对我的殷切期盼和无私支持，他们的鼓励是我不断前行的力量源泉！

由于能力所限，研究还存在很多不足之处。研究试图将国家概念进行细分，但是没有就不同国家层次之间的互动展开讨论；研究将社会作为一个整体看待，事实上社会也是由不同的组织构成的，它们与国家不同层次构成一个网状的关联；另外，面对中国不断发展和变化的社会环境，研究总是滞后于现实的需要，自己曾计划在毕业后对访谈对象进行回访，但由于诸多原因

后　记

本书是在我博士毕业论文的基础上修改而成的。早在中国人民大学硕
学习期间，我就对农村问题研究萌发了极大的兴趣，对国家与农民的关系
及农民组织问题进行了初步的接触。2004 年攻读博士学位后，出于对这一
题的兴趣，我选择了农民合作组织作为博士研究课题。不过，研究开始后
才发现，农民合作组织涉及政治学、经济学、社会学和法学等多个相关学
的知识，既要跨越学科壁垒进行多方位的资料收集，又要坚持学科意识有
对性的探讨，这对我而言是一个不小的挑战。幸运的是，在中国人民大学
其他研究单位各位老师的耐心指导和悉心关怀下，我终于完成了这次充满
战的学术之旅。

在本书即将出版之际，要对给予过关心和帮助的老师和同学表示诚挚
谢意。感谢博士期间一直对我给予关心和指导的彭明教授。彭老师学识渊
治学风格严谨，待人处世乐观豁达，“板凳须坐十年冷，文章不写一句空”
是彭老师治学态度的真实写照，也成为我求学路上勉励自己求真务实的箴
时间如白驹过隙，转瞬而过，先生 2007 年不幸因病与世长辞，然而，先生
教导始终犹在耳畔，鞭策我保持一颗虔诚的心，在学术的沃土里默默耕耘。

感谢中国人民大学国际关系学院的张小劲教授和其他老师对我的关心
在研究中感到迷茫时，张小劲老师总是及时为我指点迷津；在我有所松懈时
张老师用谨严的治学态度勉励我以较高的标准要求自己，做到精益求精；
研究经费紧缺的情况下，张老师还为课题的调研提供了经费支持，使课题
够得以顺利进行。张老师乐观豁达的人生态度和兢兢业业的工作作风是我

未能成行，这也成为很大的遗憾。我期盼今后能够有机会延续对这一问题的研究，以期更深入地探讨促进中国农村社会和经济发展的制度安排，这些尚未解决问题也将是我在今后的研究之路上不断前行的最大动力。

李姿姿

2011 年 7 月